零起步学KDJ操盘

吴超◎著

SPM
南方出版传媒
广东经济出版社
—广州—

图书在版编目（CIP）数据

零起步学 KDJ 操盘/吴超著. —广州：广东经济出版社，2018.11
ISBN 978-7-5454-6326-2

Ⅰ. ①零… Ⅱ. ①吴… Ⅲ. ①股票投资-基本知识Ⅳ. ①F830.91

中国版本图书馆 CIP 数据核字（2018）第 149200 号

出 版 人：李　鹏
责任编辑：蒋先润
责任技编：许伟斌
封面设计：汪要军

零起步学 KDJ 操盘
Lingqibu Xue KDJ Caopan

出版发行	广东经济出版社（广州市环市东路水荫路 11 号 11～12 楼）
经销	全国新华书店
印刷	广东新华印刷有限公司 （广东省佛山市南海区盐步河东中心路）
开本	730 毫米×1020 毫米　1/16
印张	15.25
字数	213 000 字
版次	2018 年 11 月第 1 版
印次	2018 年 11 月第 1 次
印数	1～5 000 册
书号	ISBN 978-7-5454-6326-2
定价	45.00 元

如发现印装质量问题，影响阅读，请与承印厂联系调换。
发行部地址：广州市环市东路水荫路 11 号 11 楼
电话：（020）37601950　邮政编码：510075
邮购地址：广州市环市东路水荫路 11 号 11 楼
电话：（020）37601980　营销网址：http://www.gebook.com
广东经济出版社新浪官方微博：http://e.weibo.com/gebook
广东经济出版社常年法律顾问：何剑桥律师

前言

Preface

KDJ 指标：波段操作的探照灯

KDJ 指标叫做随机指标，是炒股朋友们经常使用的一种技术分析指标，尤其是在中短期趋势分析中，KDJ 指标因波动迅捷，成为一种趋向极强的技术指标。

我们都知道，波段操作的关键，在于准确把握波段的高点与低点，而 KDJ 指标明显的功能，就是在这种波段运行的转折之际，发出明显的趋势反转的信号。可以毫不夸张地讲，KDJ 指标是投资者波段操作的探照灯，因此受到众多投资者的青睐。

为什么这样讲呢？

我们都知道，KDJ 指标是由三条曲线构成的，但 KD 两线一直运行在 0～100 的数值范围，只有 J 线可以向上超越 100，达到 100+，向下超越 0，成为负值。这就决定了在 KDJ 指标中，其运行区间显示始终是固定在 0～100 之间。这就使得分线 50 线成为一个多空趋势的分水岭。

当 KDJ 三线向上突破 50 线后呈向上运行时，趋势为多头上涨；当 KDJ 三线向下跌破 50 线后继续下行时，趋势为空头下跌。这种 KDJ 指标对趋势的准确判断，是判断股价强弱的标准。

这是对整体趋势的判断。更为关键的是买卖点的判断，当趋势由弱转强时，KDJ 指标又会发出明显的反转向上迹象，如低位金叉、J 线大角度向上、三线向上发散、低位钝化等形态，成为波段低点的征兆；当趋势由强转弱时，KDJ指标又会发出明显的反转向下迹象，如高位死叉、J线大角度向下、三线向下发散、高位钝化等形态，成为波段高点的征兆。

此外，KDJ底背离与顶背离也为这种趋势反转提供了更为可靠的依据。因此，KDJ指标才成为波段操作的探照灯。

然而在实际应用的过程中，很多投资者在使用KDJ指标判断行情时，总是感觉这一指标的波动快了些，错过很多根据KDJ指标的买入信号买入时的最佳时机，卖出时趋势又已经转为下跌，即使操作没有失误，也会出现难以获利的情况。那么，是什么原因造成这种现象的呢？

原因很简单，和任何一种技术指标一样，在使用KDJ指标做行情研判时，我们不能简单地用KDJ买入与卖出形态来机械地判断买点与卖点。因为股价的变化，在大多情况下是需要量能的配合的，这就涉及量价关系的结合。只有在KDJ指标发生买入或卖出的信号时，配合量价关系的变化，KDJ指标的买入与卖出形态才能够准确地作为趋势反转的判断。这也就是很多人在使用KDJ指标时，会造成失误的根本原因所在。

为了能够让更多的投资者和初入股市的朋友深刻了解KDJ指标和学会使用KDJ指标来操盘，我们特编写了本书。而为了让读者能够真正学会KDJ指标，本书从最基础的KDJ知识入手，并根据我们在实战中的体会，按照循序渐进的逻辑，层层推进，逐级深入地解析，并配以实战案例，做到了理论与实践的充分结合。即使是没有任何炒股基础的读者，也能够通过本书的学习，达到从无知到学会再到精确使用KDJ指标做行情研判的目的。

因此，只要认真学习了本书内容，哪怕你是股市菜鸟，也会成长成为使用KDJ指标来波段操盘的高手。这样，就等于在交易过程中为自己举起了一盏探照灯：在趋势转变时不再迷茫，实现波段低点时买入股票、波段高点时卖出股票的操作，实现最终的投资获利。

目录

Contents

第 1 篇　基础篇

第 2 篇　实战技巧篇

第 3 篇　高级实战技巧篇

第 1 篇

基础篇

第1章 认识 KDJ

投资者如果想熟练运用 KDJ 这一指标，首先就要全面了解 KDJ 指标，如 KDJ 指标是什么类型的技术指标，如何调出 KDJ 指标。再有就是，KDJ 指标是由哪些指标组成的，KDJ 指标运行的规律是什么，什么时候 KDJ 指标会形成超买与超卖的状态，以及 KDJ 指标的钝化现象是什么。只有投资者明白了这些基础的东西，才能做到合理运用。

1.1 什么是 KDJ

KDJ 是通过一定周期内的最高价、最低价和最后一个计算周期的收盘价，及这三者之间的比例关系，计算出最后一个计算周期的未成熟随机值 RSV，然后根据平滑移动平均线的方法来计算 K 值、D 值与 J 值，并绘成曲线图来研判股票走势的技术指标。

1.1.1 KDJ 指标：随机指标

KDJ 指标，又叫做随机指标，主要是用于对股价中短期趋势变化的分析，大多用于对股市或期市的趋势判断。

KDJ 指标是根据统计学的原理，通过对一个特定的周期内，通常以 9 日或 9 周为计算周期，出现过的最高价和最低价，以及最后一个计算周期的收盘价和这三者之间的比例关系，计算出最后一个计算周期内的未成熟随机值

RSV，再根据平滑移动平均线的方法计算出相应的K值、D值和J值。根据这些数值的大小，绘成曲线图，然后通过曲线图的变化来分析和研判股票或指数的具体走势。

由于K、D、J有数值大小的不同，所以能够通过数值来判断股市是否出现了超买或超卖的情况，因此KDJ指标经常被认为是一种超买超卖类指标。

实战案例

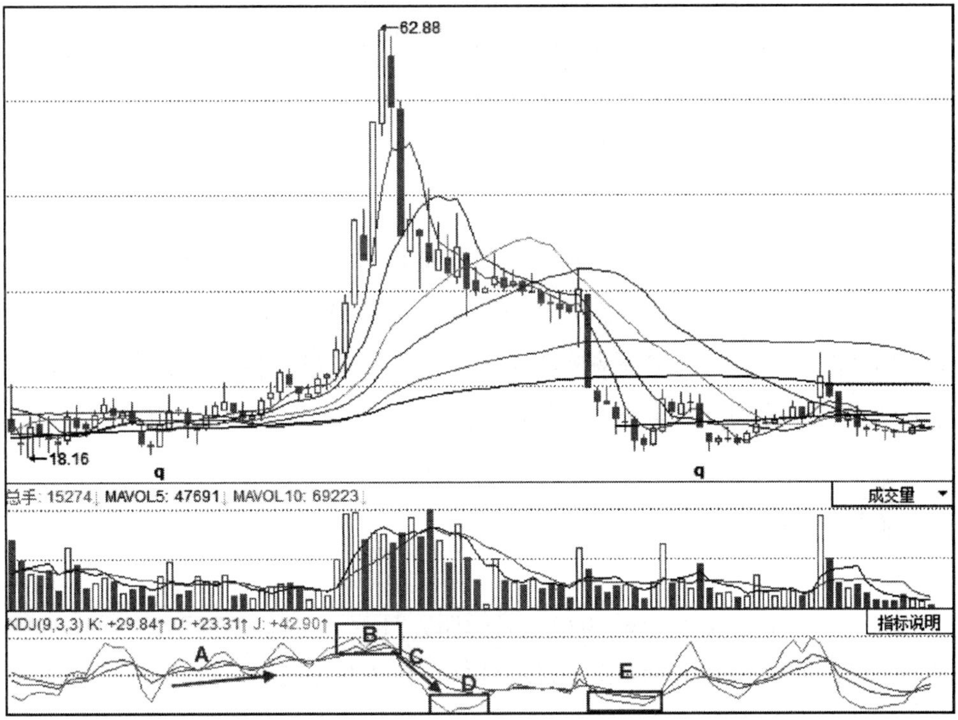

图1－1　福建金森周线图

图1－1是福建金森（002679）周线图，在A区域，KDJ三线震荡向上，表明股价趋势已经慢慢转强。进入B区域后，出现超买现象，形成形态上涨的高位，其后出现了三线向下的C段下跌趋势。在D区域，出现超卖现象，

因此股价止跌震荡。进入 E 区域后，股价震荡后再次形成 KDJ 超卖现象，股价再次中止下跌，出现了震荡走势。

实战要点

（1）在炒股软件中，通常 KDJ 计算时的取值，是以 9 日或 9 周来计算的，即系统会默认在这一计算周期内的 KDJ 指标的显示结果。

（2）在根据 KDJ 判断趋势时，当出现超买超卖现象时，往往是趋势出现反转的时候，如图 1－1 中 B 区域的情况。然而，是否趋势会真正出现反转，还应根据其后的演变来判断，如图 1－1 中 D 区域及之后 E 区域的情况。

1.1.2 KDJ 指标的显示区域

KDJ 指标在 K 线图上，通常是显示在 K 线图的最下方一排，即上面是 K 线，下方是成交量的显示，再下方则是 KDJ 指标的显示区域。所以，当打开某一周期的 K 线图后，只需观察由上至下第三排区域中 KDJ 指标的显示，即可根据 KDJ 指标的变化来判断行情。

实战案例

图 1－2 是国轩高科（002074）日线图，打开后，最上方的 A 区域为 K 线显示区域，下方 B 区域为成交量显示区域，位于最下方的 C 区域为 KDJ 指标显示区域。

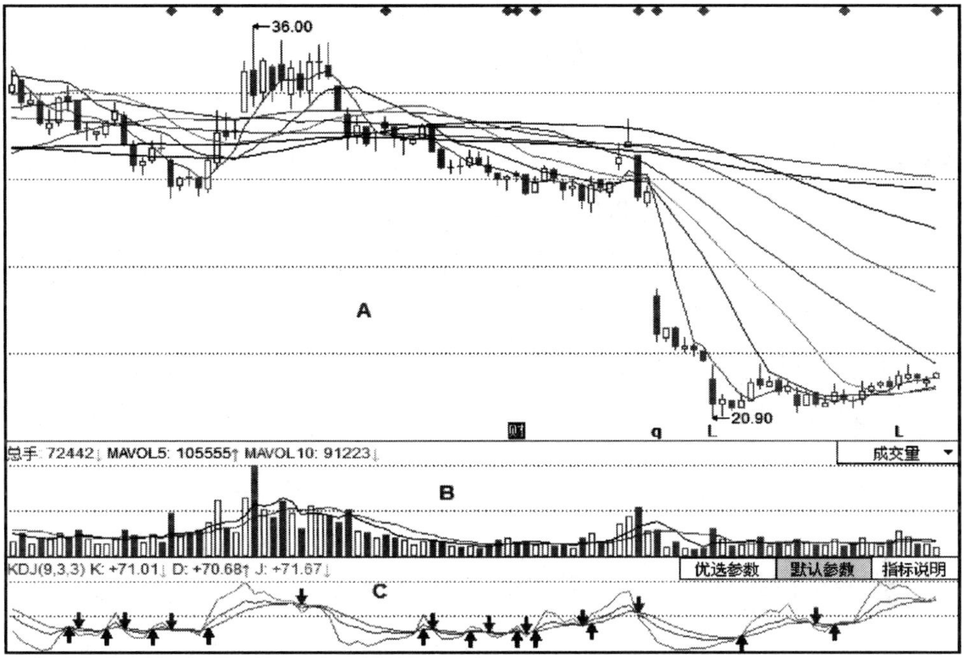

图 1－2　国轩高科日线图

实战要点

在查找 KDJ 显示区域时，不应按照由上向下或由下向上的位置来分辨，而应通过 KDJ 指标来确认。因为 KDJ 指标的显示区域通常是在最下方一排指标区域，但如果投资者将成交量区域的显示删掉，K 线图上就只是显示 K 线和 KDJ 指标两个区域。如果再将整个指标区域删掉，屏幕上就只剩下 K 线的显示了。

1. 1. 3　调出 KDJ 指标的方法

投资者在学习如何使用 KDJ 指标来判断趋势前，必须要先学会如何在炒股软件中调出 KDJ 指标。调出的方法其实很简单，具体有如下两种方法：

（1）打开炒股软件中大盘指数或任意一只股票的任意一个周期图后，在最下方倒数第二行的位置，最左边“设置”“指标平台”的右侧，会出现像 MACD 等指标的名称，如图 1－3 所示。只要找到 KDJ 后，用鼠标左键点击 KDJ，KDJ 指标就会出现在指标区域内。如果没有发现 KDJ 字样，可以通过这一排最后方的左右调节纽调节，直到 KDJ 字样出现后，再点击即可。

（2）打开炒股软件中大盘指数或任意一只股票的任意一个周期图后，将电脑输入法调整为英文或大写状态下，直接输入 KDJ，屏幕右下角即会跳出一个小对话框，然后选中其中 KDJ 指标显示，点击鼠标左键，或是直接按一下键盘上的回车键，屏幕上的指标区域即会出现 KDJ 指标的情况。

实战案例

（1）调出 KDJ 指标的方法一。

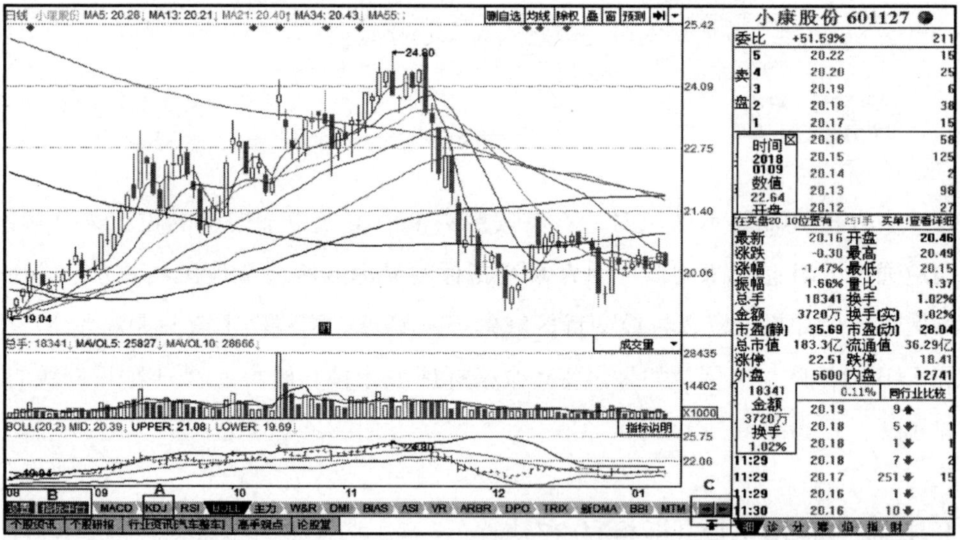

图 1－3 小康股份日线图

图 1－3 是小康股份（601127）日线图，屏幕上的指标区域显示为 BOLL，找到 B 区域的“设置”“指标平台”后，在右侧寻找 A 区域的 KDJ，点击鼠标左键即可。如果没有显示，则点击 C 区域的前后两个箭头按钮，直到指标平台右侧出现 KDJ 并点击，指标区域即会出现 KDJ 的显示。

（2）调出 KDJ 指标的方法二。

图 1－4　上证指数 1 分钟图

图 1－4 是上证指数（000001）1 分钟图，将电脑输入法调为英文或大写后，输入 KDJ，即会跳出 A 区域所在的小对话框，敲击一下键盘回车键或是直接用鼠标指针点击 A 区域一行，指标区域即会显示为 KDJ 指标的情况。

实战要点

（1）通常炒股软件会默认关闭前的显示指标，即关闭前如果查看的是 KDJ 指标，则再次打开炒股软件时也会自动显示出 KDJ 指标的情况，此时直接查看即可。

（2）在图1－3与图1－4的两种调出KDJ指标的方法中，K线图可以是大盘指数，也可以是任意一个周期的K线图，但切换K线图周期后，如果我们要查看KDJ，就应根据这两种方法中的一种再次调出。因为调出KDJ指标后，只能显示这一周期图上的KDJ指标情况，并不意味着其他周期图上也会显示出KDJ指标的情况。

1.2 KDJ指标的构成

KDJ指标是由K线、D线、J线三条曲线组成，并且每条曲线均有不同的数值大小，其中J线可以为正值，也可以为负值。另外，在KDJ指标构成中，50线也是不容忽视的一条线，因为它是多空趋势的分界线。

1.2.1 K线

K线是KDJ指标中的一条线，是由一个个K值连接而成的曲线，计算K值时应先计算出RSV值，即n日RSV＝（$C_n - L_n$）÷（$H_n - L_n$）×100，在这一公式中，C_n为第n日的收盘价，L_n为n日内的最低价，H_n为n日内的最高价。比如，通常以9日的周期计算时：

9日RSV＝（第9日的收盘价－9日内的最低价）÷（9日内的最高价－9日内的最低价）×100。

在得出RSV值后，按照“当日K值＝2/3×前一日K值＋1/3×当日RSV”的公式，即可得出当日K值，再将这一个个K值连成曲线，就会形成K线。

由于在炒股软件中，系统均是按照9日或9周这一时间周期计算的K值，所以实际上是无需投资者进行计算的。在此以同花顺为例，投资者只需明白，在KDJ指标区域，K线即是那根黄色的曲线即可。

实战案例

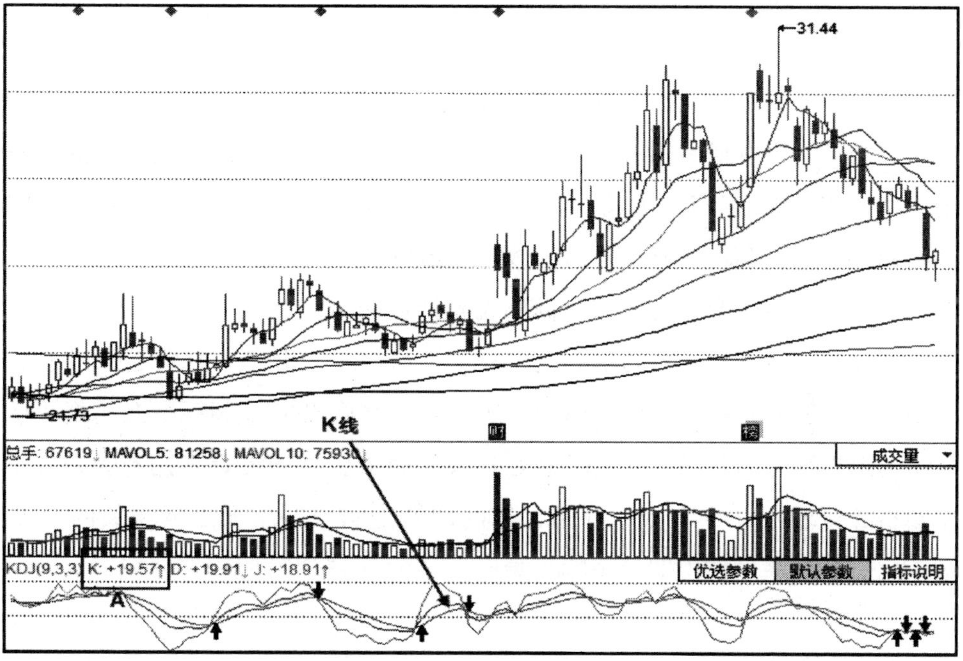

图1－5　石基信息日线图

图1－5是石基信息（002153）日线图，在系统默认为9日为计算周期的基础上，在下方的KDJ指标显示区域中，如图中所示，位于中间的那根黄色的线，即是K线。

实战要点

（1）K线是KDJ指标中三条线之中的一条线，K线是有数值大小的，只要查看KDJ指标区域中的左上角的显示，即可查看到K值的大小，如图1－5中A区域的情况。

（2）在同花顺炒股软件中，K 线表现为一根黄颜色的曲线，所以只要调出 KDJ 指标的显示，区域中那根黄颜色的曲线，即是 K 线。

1.2.2 D 线

D 线，是 KDJ 指标三条线中的一根线，并且同样是具有数值的。计算 D 线时，同样需要先得出 RSV 值（如上一节中所介绍的方法），然后根据 RSV 值，以“当日 D 值 = 2/3 × 前一日 D 值 + 1/3 × 当日 K 值”的公式进行计算。在得到一个个 D 值后，将其连接成线，就形成一条曲线。

投资者在使用 KDJ 指标时，同样无需计算 D 线的数值，因炒股软件中通常都是在默认为 9 日参数的基础上，自动计算并生成 D 线。在同花顺炒股软件中，D 线表现为一条绿色的曲线。所以，只要调出 KDJ 指标，找出指标区域中的那根绿色的曲线，即可确定为 D 线。如果想要查看 D 线的数值，可将鼠标指针对准当日的 D 线，在指标区间的左上角位置就会出现相关的 D 线数值。

实战案例

图 1－6 是两面针（600249）日线图，在下方 KDJ 指标区域内，如图中箭头所示，那根绿色的曲线，即是 D 线，查看某一日的 D 线数值，可查看 KDJ 指标区间的左上角位置的显示，即 A 区域所示，就是 D 线的数值。

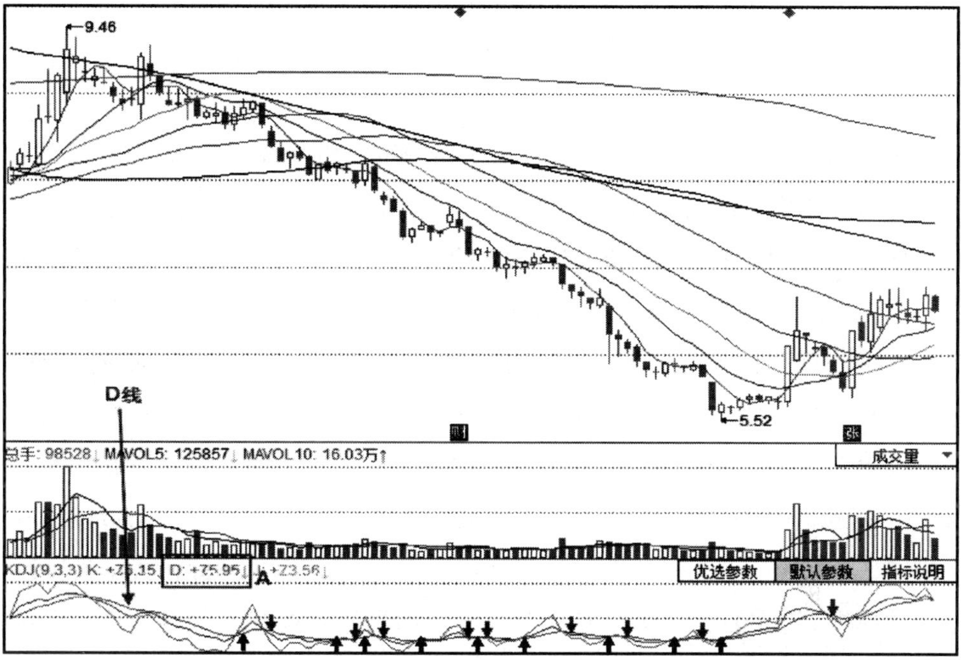

图 1-6　两面针日线图

实战要点

（1）D 线是 KDJ 指标三条线中的一条曲线，有数值大小之分，并且为正值，如图 1-6 中 A 区域的情况。

（2）在同花顺炒股软件中，D 线表现为一根绿色的曲线，查看某日 D 线的数值时，应将鼠标指针对准当日的 D 线，指标区间的左上角位置即会出现相应的 D 值大小。

（3）在计算 K 值与 D 值时，如果没有前一日的 K 值与 D 值，可分别用 50 来代替。

1.2.3 J线

在 KDJ 指标中，J 线是三条线中的一条曲线，和 K 线与 D 线一样，J 线也是有数值大小之分的，可以是正值，也可以为负值。计算 J 值时，同样应先计算出 RSV 值，然后按照“J 值 =3×第9 日 K 值 -2×第9 日 D 值”的公式计算。

投资者在实际观察 KDJ 指标时，也是无需计算 J 值的，因为系统同样会默认为在9 日周期的基础上，对 J 值进行自动计算，并生成曲线。我们只要明白，J 值在同花顺炒股软件中显示为紫色即可。

如果要查看 J 线的某一日数值时，可将鼠标指针对准所要查看的日期所对应的指标区间的 J 线，在指标区间的左上角位置，就会显示出 J 值的大小。

实战案例

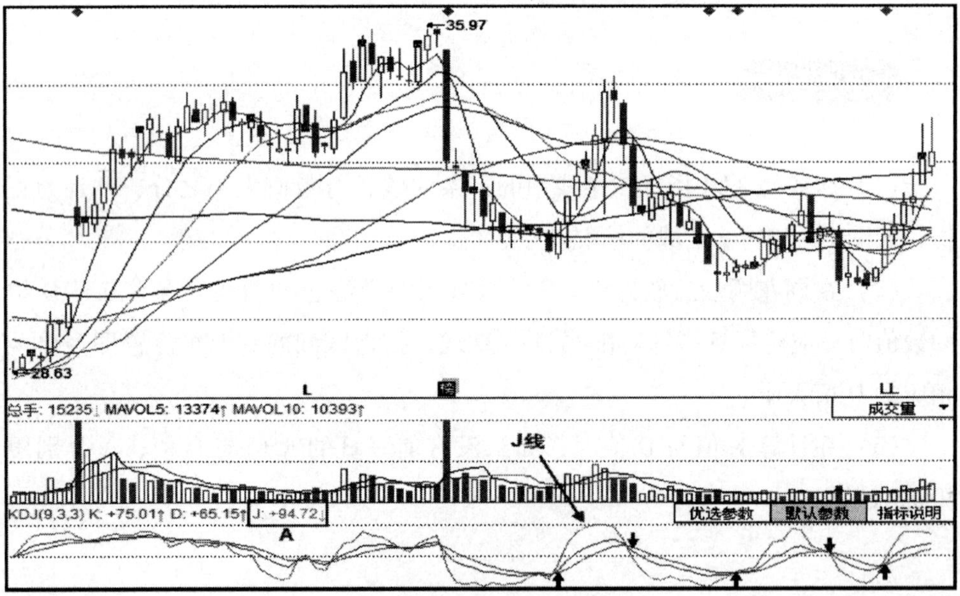

图 1-7　葵花药业日线图

图 1－7 是葵花药业（002737）日线图，在最下方的 KDJ 指标显示区域中，如箭头所示，那根紫色的曲线，就是 J 线。查看 J 线数值时，应将鼠标指针对准所要查看的日期对应的 J 线，在指标区间的左上角就会出现 J 值的大小，如图 1－7 中 A 区域的情况。

实战要点

（1）在 KDJ 指标中，J 线同样是三根曲线中的一条，是有着数值大小之分的，可以为正数，也可以为负数，如图 1－7 中 A 区域的情况。

（2）J 线在同花顺炒股软件中，系统默认显示为一条紫色的曲线，查看其数值大小时，需要将鼠标对准想要查询的日期所对应的 J 线，指标区间的左上角位置就会显示出 J 值的具体数值。

1.2.4　50 线

从严格意义来讲，50 线不属于 KDJ 指标中的一个指标构成，因 KDJ 指标只是由三条不同颜色的 K 线、D 线和 J 线组成的，但是由于在判断行情时，50 线刚好是 KDJ 指标区间的一条中分线，有着重要的研判标杆作用，所以在认识 KDJ 指标时，是不能忽视 50 线的。

寻找 50 线很简单。在 KDJ 指标区域中，位于区间中间的那一条虚线就是 50 线。所以，调出 KDJ 指标的显示，中间那条虚线即可确认为 50 线。

实战案例

图 1－8 是柘中股份（002346）日线图，在最下方的 KDJ 指标区域里，位于中间的那条水平方向的虚线，即是 50 线，如图 1－8 中长箭头所示的位置。

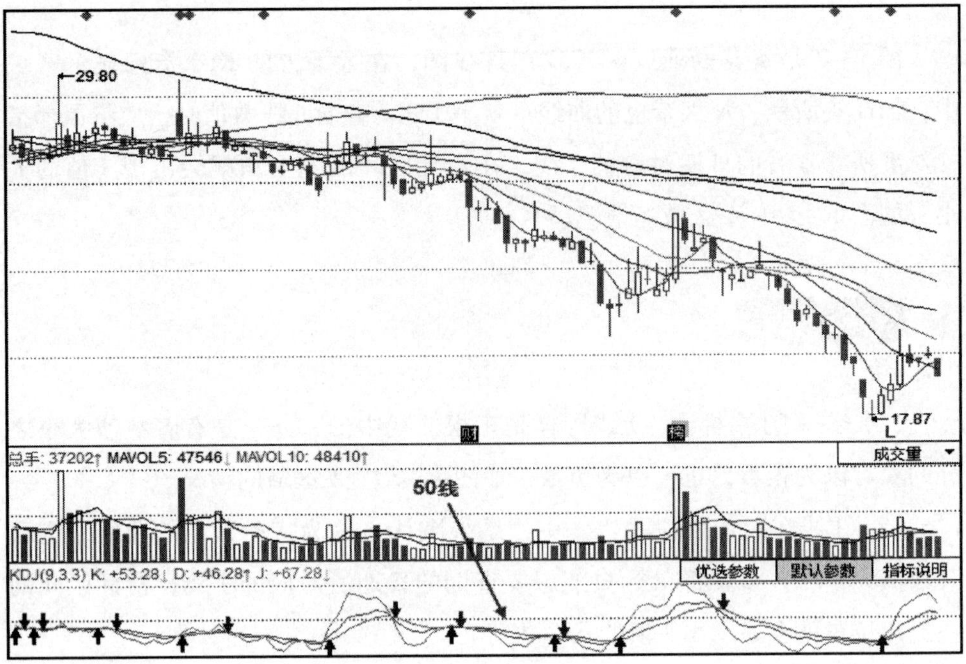

图 1－8　柘中股份日线图

实战要点

（1）严格来讲，50 线并不是 KDJ 指标的构成部分，但因其在判断行情时有着重要的作用，所以在了解 KDJ 指标时，应学会认识 50 线。

（2）查看 50 线时，调出 KDJ 指标的显示后，那根位于指标区域中间的一条水平方向的虚线，就是 50 线，如图 1－8 中所示。

1.3　KDJ 运行的规律

KDJ 指标中的 K 线和 D 线始终在 0～100 之间运行，J 线可以超越这一范围，向下出现 0 以下的负值，也可以向上超越 100。KDJ 指标一直是在这一运行范围内做着向上或向下的运行，并且 KDJ 三线与 50 线的不同位置，又决定了多空趋势。

1.3.1　KDJ 指标的运行区间

KDJ 指标的运行区间，就是在 K 线图上 KDJ 指标显示区域的范围，一直在 0 ～ 100 之间上下运行并显示，这从 K 线与 D 线的数值极限中可以发现，一直保持在 0 ～ 100 之间，即一直为正值。所以，KDJ 区间值的显示，一直是 0 ～ 100 之间。这是指标显示区间的范围，但是从 KDJ 三条线的数值来看，J 线的数值不受 0 ～ 100 的极限约束，可以为 100 以上，也可以是 0 以下。然而，由于 KDJ 运行区间的显示限制，当 J 线数值向上超过 100，或是向下跌破 0 时，显示上就会出现 J 线沿区间上沿或下沿平行运行的情况。所以，KDJ 指标的运行区间，显示上均是在 0 ～ 100 之间进行着向上或向下的来回运行。

实战案例

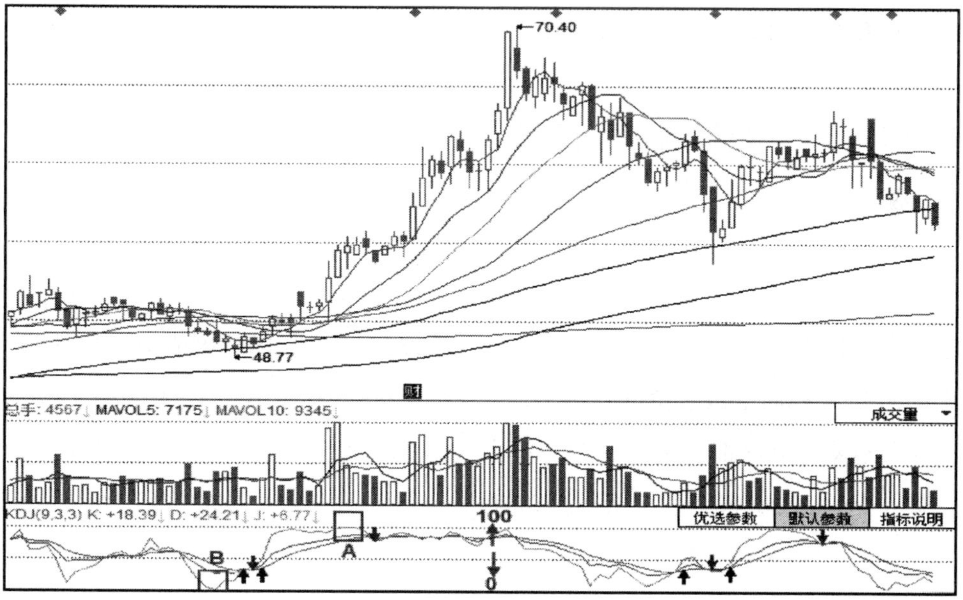

图 1－9　康弘药业日线图

图 1-9 是康弘药业（002773）日线图，调出 KDJ 指标显示后，在最下方的指标显示区域，上方与下方有两条水平方向的虚线，最上方的一条数值为100，最下方的一条数值为 0。KDJ 指标一直都在 0～100 这一区域上下运行，即使在 B 区域，J 线数值显示为负值时，J 线也仍然在这一运行区域内，显示为沿区间下沿平行运行的状态。A 区域 J 线数值超过 100，但 J 线依然在这一区间平行运行。所以说，KDJ 三条线一直是运行在 0～100 这一区间。

实战要点

（1）KDJ 指标的运行区间，是指指标区域的显示区间，因为只有 K 值与 D 值始终保持在 0～100 之间，J 值却能够出现向上超过 100，向下低于 0，如图 1-9 中 B 区域与 A 区域的情况。

（2）无论股价如何上涨或下跌，KDJ 指标都始终运行在 0～100 这一区间之内，只有 J 线数值在超过 100 后出现 J 线沿区间上沿平行的状态，在跌破 0 值为负数时，出现 J 线沿区间下沿平行的状态。

1.3.2 KDJ 指标的运行规律

在了解了 KDJ 指标的运行区间后，即可明白 KDJ 指标的运行规律，即在 0～100 这一范围内，在正常的情况下，当 KDJ 数值由小变大时，即 KDJ 三条线显示为向上或震荡向上运行时，趋势为上涨趋势；当 KDJ 数值由大变小时，即 KDJ 三条线向下或震荡向下运行时，为下跌趋势；当 KDJ 三条线相距较近处于几近黏合状态时，为震荡趋势；当 K 线与 D 线相距较近平行震荡或上下小幅震荡，J 线出现上下大幅度波动时，为趋势幅度略大的震荡趋势。

这就是 KDJ 指标在 0～100 这一范围之内的正常运行规律。如果出现反常的现象，比如 KDJ 三线向上或震荡向上运行，股价却在下跌或震荡下跌时，或是 KDJ 三线向下或震荡向下运行，股价却在上涨或震荡上涨时，则是一种背离状态。这种反趋势的异常现象，会在后面 KDJ 背离一章中详细介绍，在此，我们先认清 KDJ 指标正常状态下的运行规律即可。

实战案例

（1）下跌趋势与弱势震荡。

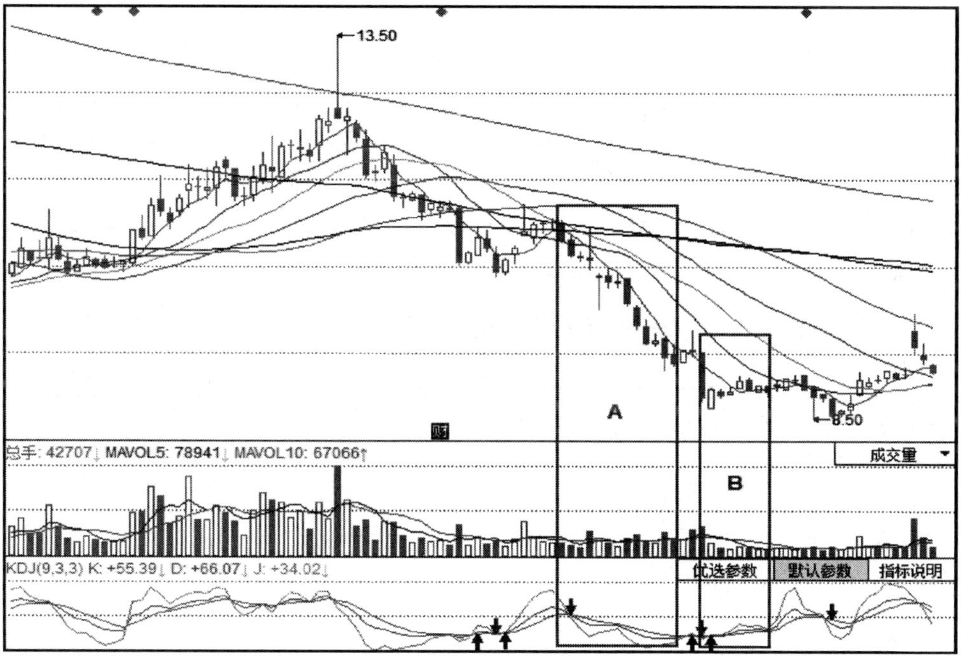

图 1－10　亚太股份日线图

图 1－10 是亚太股份（002284）日线图，在 A 区域，KDJ 三线出现下行及震荡下行，此期间股价是处于下跌趋势。进入 B 区域后，三线相距较近，处于相互黏合状态下的小幅震荡，此期间股价处于小幅的弱势震荡。

（2）上涨趋势与强势震荡。

图 1－11 是恒宝股份（002104）日线图，在进入 A 区域后，KDJ 三线为向上运行，股价为上涨趋势。进入 B 区域后，三线处于相距较近的黏合状态下的小幅震荡，此期间股价为高位小幅震荡趋势。

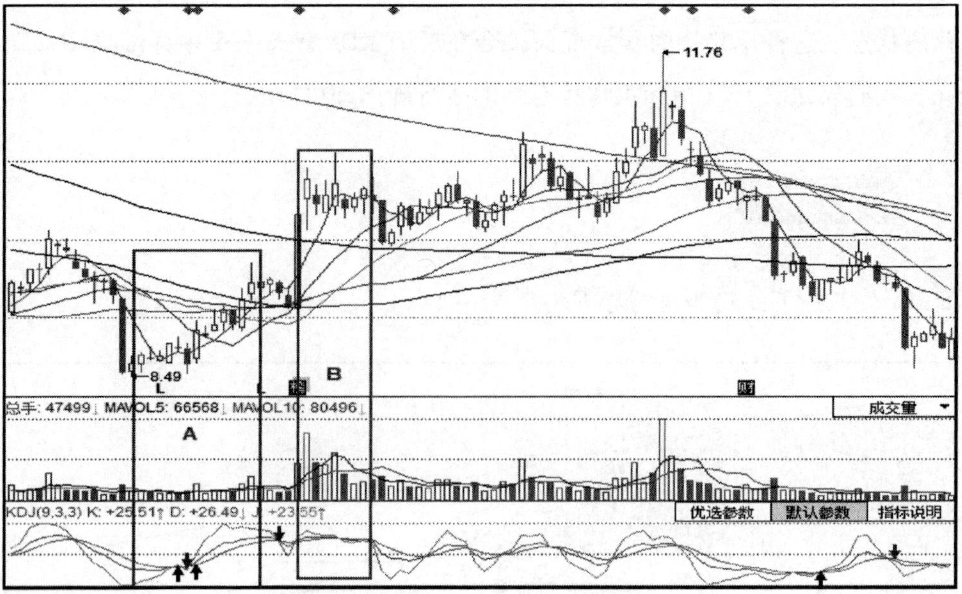

图 1－11　恒宝股份日线图

（3）K 线和 D 线相距较近的 J 线大幅震荡。

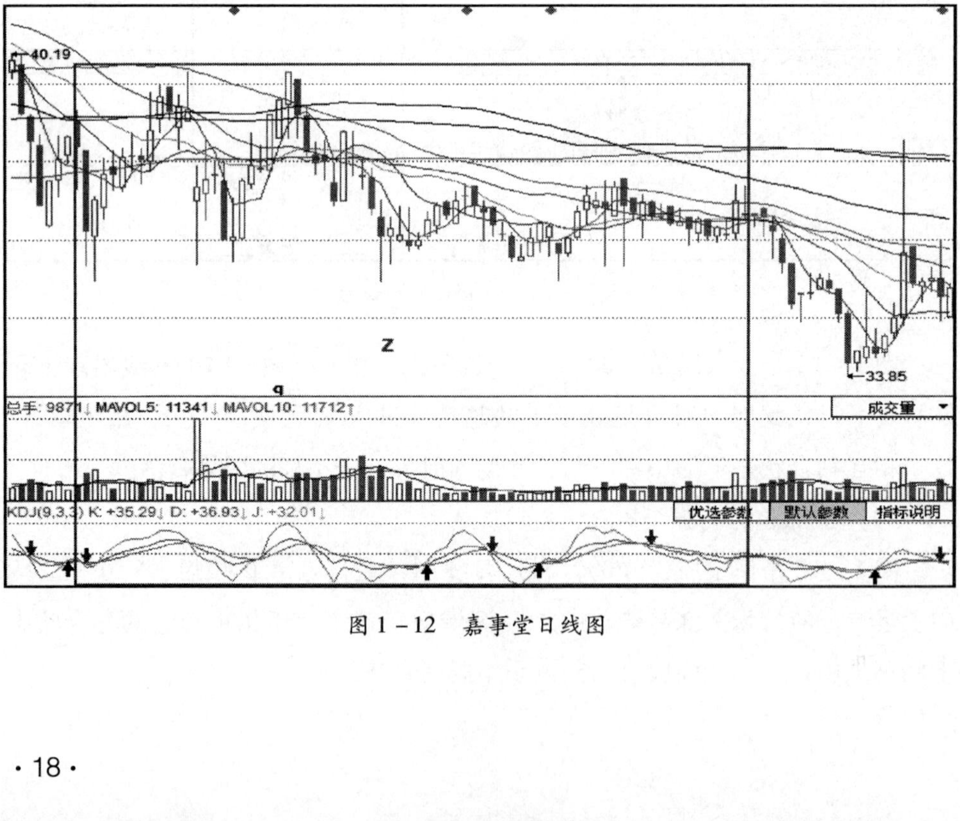

图 1－12　嘉事堂日线图

图 1 – 12 是嘉事堂（002462）日线图，在 Z 区域，K 线和 D 线相距较近小幅震荡，而 J 线出现上下较大幅度的起落，股价表现为较大幅度的震荡整理。

实战要点

（1）在 0 ～ 100 的运行范围内，当 KDJ 三线明显向上或震荡向上运行时，股价表现为上涨趋势，如图 1 – 11 中 A 区域的情况。如果此期间出现 KDJ 三线相距较近状态下的小幅震荡，股价则表现为上涨的小幅震荡整理，如图 1 – 11中 B 区域的情况。

（2）如果 KDJ 三线明显表现为向下运行或震荡下行，股价则表现为下跌趋势，如图 1 – 10 中 A 区域的情况。如果此期间出现 KDJ 三线相距较近状态下的黏合小幅震荡，股价则表现为下跌中的弱势震荡，如图 1 – 10 中 B 区域的情况。

（3）如果出现 K 线与 D 线处于相距较近状态下的小幅震荡，只有 J 线作略大幅度的上下震荡，趋势则表现为较大幅度的震荡，如图 1 – 12 中 Z 区域情况。

1.3.3　50 线的意义

前面已经讲过，50 线是 KDJ 指标运行区间的那条位于中间的虚线，即整个 KDJ 指标运行区间的中分线。因为 KDJ 指标的运行区间是 0 ～ 100，所以这条中分线实际上就成为趋势强与弱的分水岭。

当 KDJ 三线位于 50 线以上运行时，表示的是一种趋势的强势；当 KDJ 三线在 50 线下方运行时，表示的是一种趋势的弱势；当 KDJ 三线围绕 50 线小幅震荡时，尤其是 K 线和 D 线相距较近，震荡幅度较小，而 J 线允许上下震荡幅度略大时，此时股价往往表现为震荡整理的趋势。

50 线虽然从严格意义上讲，不能作为 KDJ 指标的一种构成指标，但它的存在，其实际意义不可忽视。因为 50 线是判断股价强弱的标志性线。

实战案例

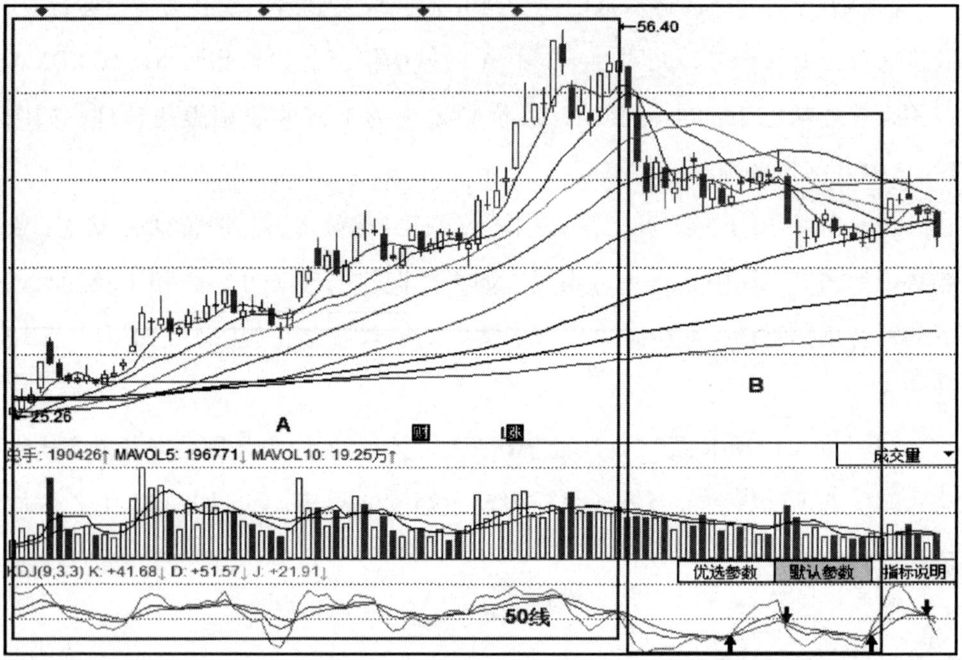

图 1－13　中科曙光日线图

图 1－13 是中科曙光（603019）日线图，在 A 区域，KDJ 三线一直在 50 线以上运行，股价表现为上涨趋势。当进入 B 区域后，KDJ 三线跌破 50 线，并在 50 线下方运行，股价表现为下跌的弱势。

图 1－14 是卫士通（002268）日线图，在进入 C 区域后，K 线和 D 线在相距较近的情况下，出现围绕 50 线的小幅震荡，J 线震荡的幅度略大，此时股价处于震荡整理的趋势。

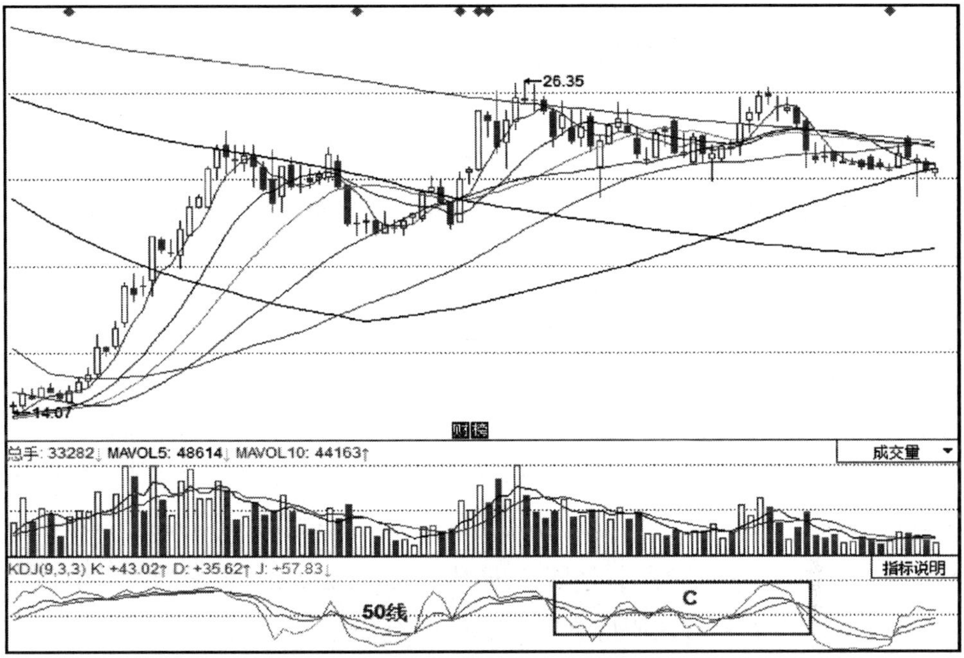

图 1－14　卫士通日线图

实战要点

（1）50 线是 KDJ 指标的中分线，KDJ 三线在 50 线上方运行时，为上涨趋势，如图 1－13 中 A 区域的情况；KDJ 三线在 50 线下方运行时，为下跌趋势，如图 1－13 中 B 区域的情况。

（2）当 KDJ 三线，尤其是其中的 K 线和 D 线在相距较近的状态下，出现围绕 50 线小幅震荡时，此时允许 J 线上下震荡的幅度略大，股价趋势为震荡整理，如图 1－14 中 C 区域的情况。

（3）在根据 KDJ 三线与 50 线的位置判断股价趋势时，最好观察长周期的 K 线图，通常观察日线或周线以上级别 K 线图时，则更易判断准确。短周期图上的情况，只能代表短期的强弱。

1.4 KDJ 超买与超卖

KDJ 指标是判断超买与超卖的重要指标，判断的方法较为简单，就是 D 值大于 80 时为超买，小于 20 时为超卖。但超买与超卖只是判断股票走势强弱的参考，应再结合当前的趋势变化判断行情。

1.4.1 超买

由于 KDJ 指标中融合了移动平均线速度上的概念，同时在设计过程中主要是研究最高价、最低价和收盘价之间的关系，并融合了动量观念、强弱指标的优点，所以 KDJ 指标不仅可以判断股价趋势的变化，还能判断盘中动量的变化，也就是我们常说的盘中超买与超卖的情况。

在判断超买时，首先要明白，超买就是盘中买盘远远大于卖盘的情况。这种情况，表明的是一只股票受到了市场资金的大力追捧，投资者争相买入。而股价的运行往往到了一种过度的接连上涨后，一旦出现持续超买，或超买较为严重时，必然会出现物极必反的情况。所以说超买是判断趋势反转向下的信号，但不能单独作为研判趋势变化的依据，只能在超买状态下，结合其他的情况进行综合判定，但超买状况无疑是股价趋势即将发生反转向下时的一记警钟。

KDJ 指标超买情况的判断是通过 D 值，当 D 线的数值大于 80 时，说明这只股票已经进入超买的情况。此时，结合 KDJ 运行的区间会发现，D 线已经运行到了区间顶部的高位区，但只有超买持续到达极限时方为反转的信号。

实战案例

图 1 – 15 是亿帆医药（002019）日线图，在上涨趋势中，当进入 B 区域，

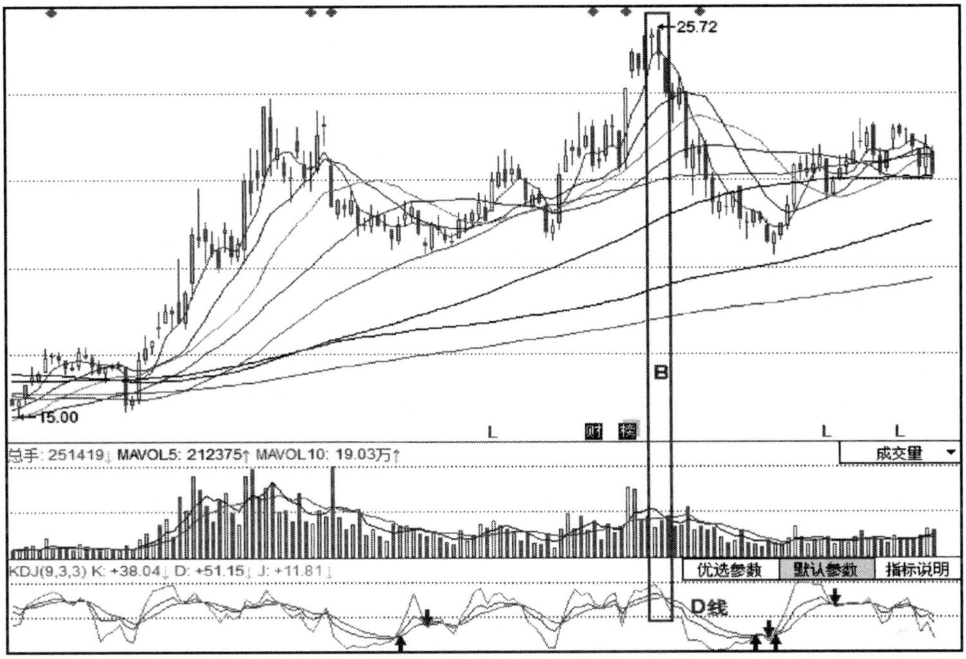

图 1－15　亿帆医药日线图

股价在高位区接连上涨的过程中，D 值由之前的 78.2 上升到了 81.98、83.46、80.89，连续三个交易日出现了超买现象，表明盘中买盘远远大于卖盘，但这三个交易日后又回落到了 76.32。这表明超买现象已经结束，出现由超买状态快速转化为卖盘大于买盘的状况，且成交量持续为放大状态的阴量，KDJ 三线出现向下发散，且股价经过前期的大幅上涨，幅度达到了 80% 左右，因此可确认趋势出现反转，投资者应选择卖出股票。

实战要点

（1）超买出现时，KDJ 指标中的 D 值必须大于 80，是位于指标区间的高位区，如图 1－15 中 B 区域的情况。

（2）在股票上涨趋势中，尤其是股价大幅上涨后，KDJ 指标在高位区出现持续超买时，往往是趋势反转前的征兆，此时应结合 KDJ 卖出形态的出现和量价关系来判断卖点，如图 1－15 中的情况。

1. 4. 2 超卖

超卖是与超买相反的一种情况，是指在下跌趋势中，出现了卖盘远远大于买盘的情况，所以也往往是股价否极泰来的一种表现。

当盘中出现超卖时，同样应根据 KDJ 指标中的 D 值大小来判断。当 D 值处于小于 20 的数值时，即说明盘中出现超卖的情况。

然而，超卖现象的出现，同样不能作为单独判断趋势反转向上的依据，只能作为一种参考，再结合 KDJ 指标的形态和量价关系来综合判断此时股票是否真正出现了买点。

实战案例

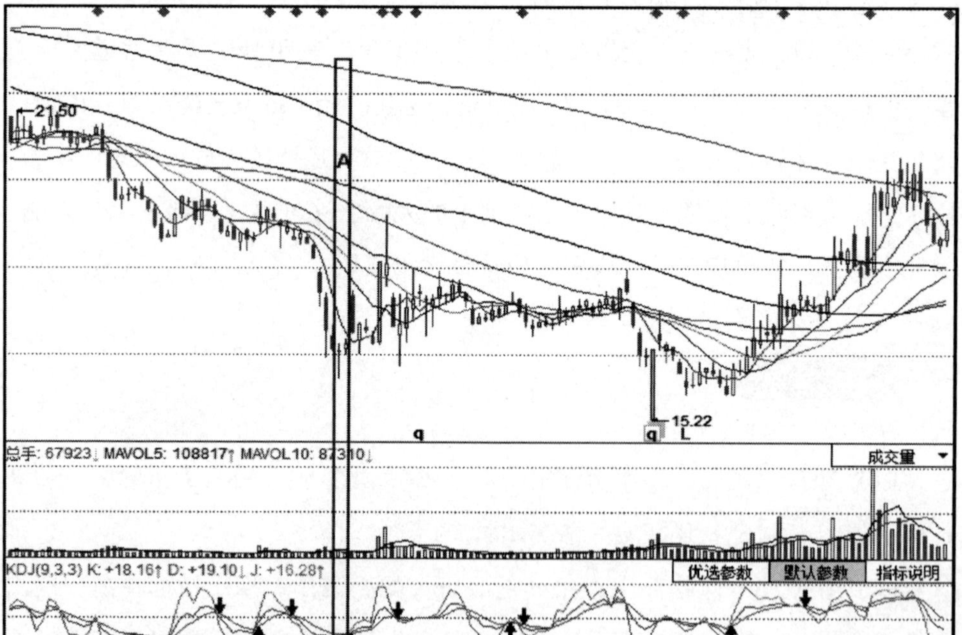

图 1－16　浪潮信息日线图

图 1－16 是浪潮信息（000977）日线图，在下跌趋势中，当进入 A 区域后，接连两个交易日，D 值达到了 19.57、19.10，形成超卖现象，表明此期间卖盘远远大于买盘。此时均线依然处于明显的空头趋势，虽然 KDJ 形成金叉，但成交量依然处于较小状态的地量水平。所以只能说明短期的下跌即将结束，不能判断为趋势已经出现了反转，但底部出现已经不远，应持续观察。

实战要点

（1）超卖现象出现时，KDJ 指标中的 D 值必须小于 20，如图 1－16 中 A 区域的情况。

（2）超卖现象，仅代表快速下跌后卖盘出现了远远大于买盘的情况，市场极弱，但股价是否见底仍未可知，只能说明短期的下跌趋势或会出现缓解，如图 1－16 中的情况。所以，这只能作为股价即将见底前的参考信号。

1.5　KDJ 指标钝化

KDJ 指标的钝化是 KDJ 指标的一种特殊形态，通常表现在 J 线的运行状态上，即 J 线沿指标区间上沿或下沿平行运行的状态。鉴于短周期图上经常出现钝化，所以判断行情时应从日线或周线来观察。

1.5.1　高位钝化

由于受 KDJ 运行区间的影响，KDJ 指标才会出现高位钝化。高位钝化出现，就是指当 K 线与 D 线在运行到高位区，J 线的数值达到 100 以上时，因区间无法再显示其向上的走势，所以就会出现 J 线沿着区间上沿平行运行的状态。

高位钝化经常会出现在短周期图上的上涨趋势中，是股价快速上涨后的一种表现，但在利用高位钝化判断趋势反转时，应从更长周期图上去观察，尤其是周线以上的K线图上出现较长时间的高位钝化，往往是趋势即将反转的征兆。在日线或更为低周期级别的K线图上，高位钝化经常出现，不能作为卖出股票的唯一依据，只能作为卖点的参考。

实战案例

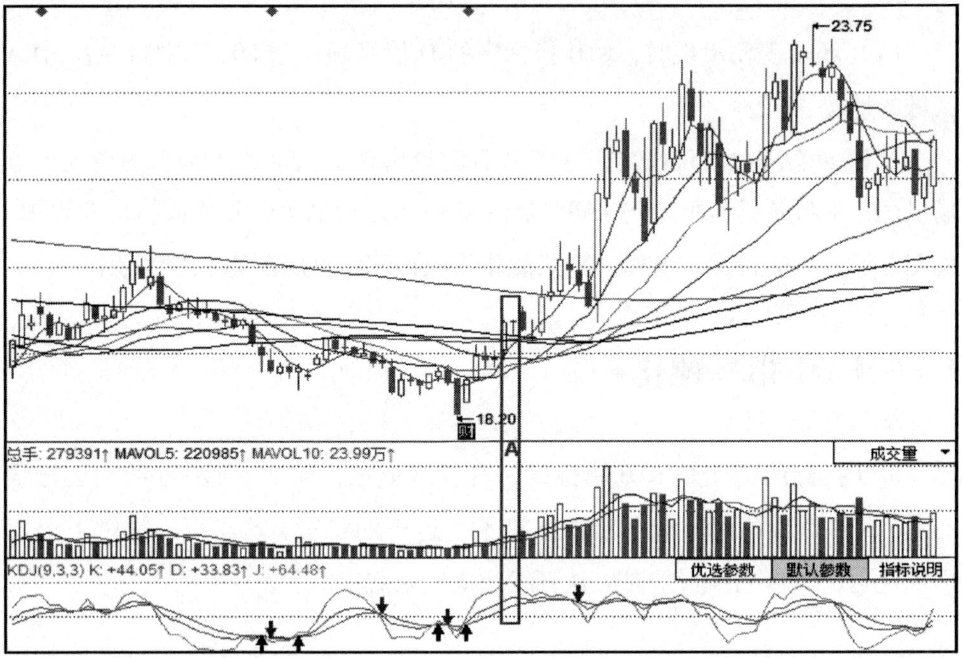

图1－17　航天信息日线图

图1－17是航天信息（600271）日线图，在弱势震荡行情中，当股价小幅上涨后，进入A区域，J线即运行到了区间顶部，数值达到100以上，为109.6、114.8。但指标区间的显示，J线继续上行的趋势未能体现出来，而是出现了沿区域上沿持续水平运行的情况，形成高位钝化。在其后，股价出现了持续的震荡上涨，因此不能以高位钝化来单独作为卖出股票的判断依据。

实战要点

（1）高位钝化出现时，在 KDJ 指标区域，J 线会表现为沿区间上沿平行运行的现象，而此期间 J 值的数值是大于 100 的，如图 1－17 中的情况。

（2）在较低周期级别的 K 线图上，高位钝化不能作为研判高点卖出时的依据，如图 1－17 中的情况，只有在周线及以上周期级别 K 线图上出现较长时间的高位钝化现象时，方可结合其他情况来判断具体的卖点。

1.5.2 低位钝化

低位钝化和高位钝化刚好相反，同样是由于 KDJ 运行区间的限制，即当 J 值小于 0 为负数时，由于指标区间无法再显示其向下的趋势时，呈现出的 J 线沿区间下沿平行运行的状态。

在利用低位钝化判断行情时，同样应选择周线以上级别的 K 线图，尤其是长期出现低位钝化时，往往是股价见底时的征兆。但是，如果观察的 K 线图周期过短时，则不能单独以低位钝化现象作为买入股票的依据，应结合 KDJ 指标的买入形态和量价关系来综合判断。因为在日线以下级别的 K 线图上，低位钝化会经常出现。

实战案例

图 1－18 是通策医疗（600763）日线图，在弱势震荡行情中，进入 A 区域后，J 值出现了跌破 0 值并转为负值的情况，数值跌破 0 值到了 －6.66，最高则只有 10.09。由于指标区域无法再显示其向下的走向，所以 J 线表现为沿区间下沿（0 值）水平运行的状态，形成低位钝化。此期间成交量处于地量，股价表现为弱势震荡，所以低位钝化不能作为买入股票的参考依据，最好在

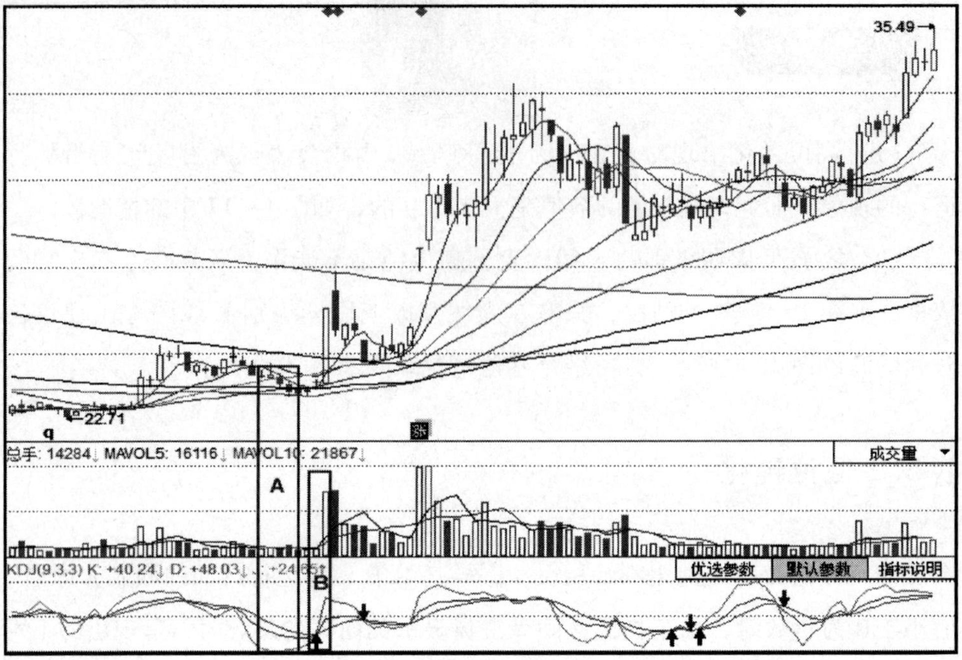

图 1－18 通策医疗日线图

进入 B 区域后出现 J 线大角度金叉、量价齐升时，再买入股票。

实战要点

（1）低位钝化出现时，J 线会呈沿区间下沿（0 值）水平运行的状态，此期间的 J 值为 0 值以下的负值状态，如图 1－18 中 A 区域的情况。

（2）日线或以下级别的 K 线图上，经常会出现低位钝化，所以不能以此形态作为判断趋势反转买点的唯一依据，应根据 KDJ 指标的买入形态和量价情况来判断买点，如图 1－18 中 B 区域的情况。只有周线上出现持续较长的低位钝化时，才有可能是股价触底的表现。

第2章

KDJ的实战意义

虽然很多投资者都知道，KDJ指标又叫做随机指标，是由KDJ三条曲线构成，却不明白这三条线究竟各自有着怎样的实战意义。比如，K线和D线在实战中都各自代表着什么意义，其运行方向的变化，又会起到什么作用；J线的实战意义是什么，它的反应又起到了什么样的作用。如果不明白这些，在使用KDJ指标做行情研判的过程中，我们只根据一些简单的KDJ买入与卖出形态来判断行情，就会在交易过程中经常出现操作失误。

2.1　K线的实战意义

K线在实战中有着重要意义，因为通常J线上下波动较快，而K线往往变化相对较慢，但在利用K线判断趋势时，应与D线结合，才能准确判断趋势。

2.1.1　K线的意义

谈到K线在实战中的意义时，就要明白在KDJ指标的三条线中，K线是其中运行速度适中的一条线，即其数值的变化，通常是小于J线，大于D线的。从移动平均线的角度来看，K线就相当于BOLL指标中的中轨，所以是保持适中运行的中间线，就像均线系统中的中期均线，如20日均线和30日均线一样，这就意味着K线有明显的支撑与阻力作用。同时，K线的运行方向的变化，在趋势发生转变时，往往起着不容忽视的指向性作用。

所以，投资者在利用KDJ指标判断趋势转变时，应当时刻留意K线运行方向的变化。

实战案例

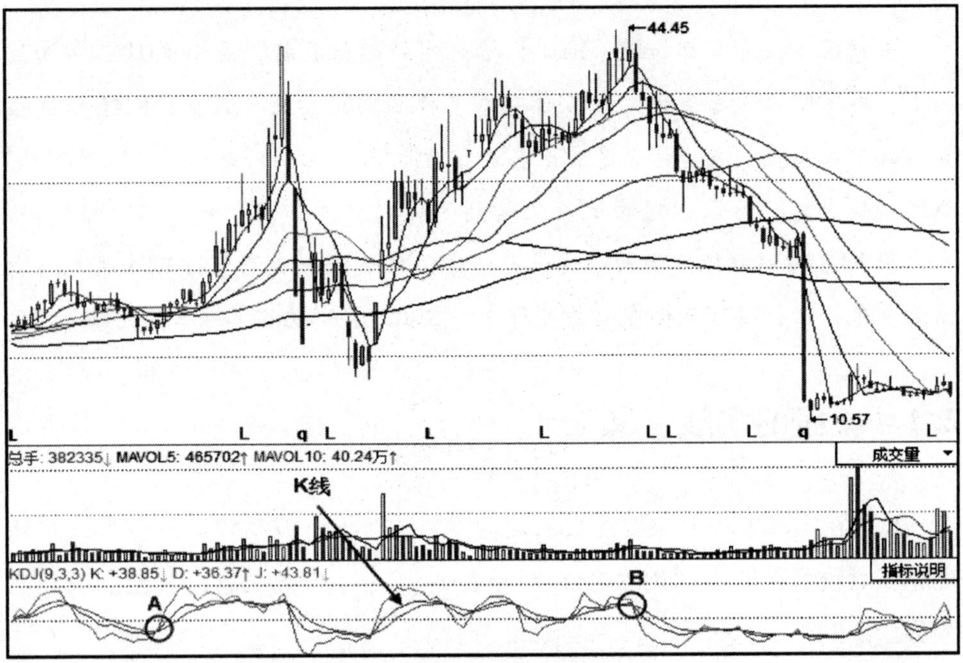

图2-1 好想你周线图

图2-1是好想你（002582）周线图，黄色的K线一直处于D线与J线之间的位置，在A区域出现趋势转为上涨时，J线率先反转向上运行后，K线也紧随其后出现了由下行转为平行再转为上行，趋势才转为了上涨趋势。在B区域，K线同样位于三线的中间位置，当J线率先转为下行后，同样是K线由上行转为平行后再转为了下行，趋势才出现了反转向下的弱势。

实战要点

（1）在KDJ指标中，K线类似于均线系统中的中期均线，只有K线出现了方向反转时，趋势才能真正出现反转，如图2－1中A区域与B区域的情况。

（2）当KDJ表现为三线相距较近的震荡时，K线的实战参考意义会不明显，如图2－1中B区域之前与之后的情况。

2.1.2　K线的实战作用

作为KDJ指标中的中期均线，K线在判断趋势时有重要的参考作用。这种参考作用通常表现在其对股价的支撑或阻碍上。比如，当股价出现反转向上时，虽然最先做出反应的是J线，但只有K线平行后同时转为向上运行时，才能决定反弹或反转的成立，而K线转上行之际出现J线向上与K线和D线形成金叉，才更为可信。这就是中期平均线所起到的支撑作用。

相反，当趋势转为下跌时，只有K线出现平行后转为下行时，才表明调整或反转开始了，而这种情况下形成的死叉，更具有转势的意义。当J线再次转为上行，K线也转为了向上时，才能表明趋势会出现一定的反弹或反转。这是由于K线具有中期压力的阻碍作用。

只有明白了K线在实战中的助涨与助跌的作用，才能准确地判断出趋势的变化。

实战案例

图2－2是湖南天雁（600698）周线图，在A区域，形成金叉时，K线已经转为上行，表明趋势转强。在其向上突破了50线后的回调过程中，即C

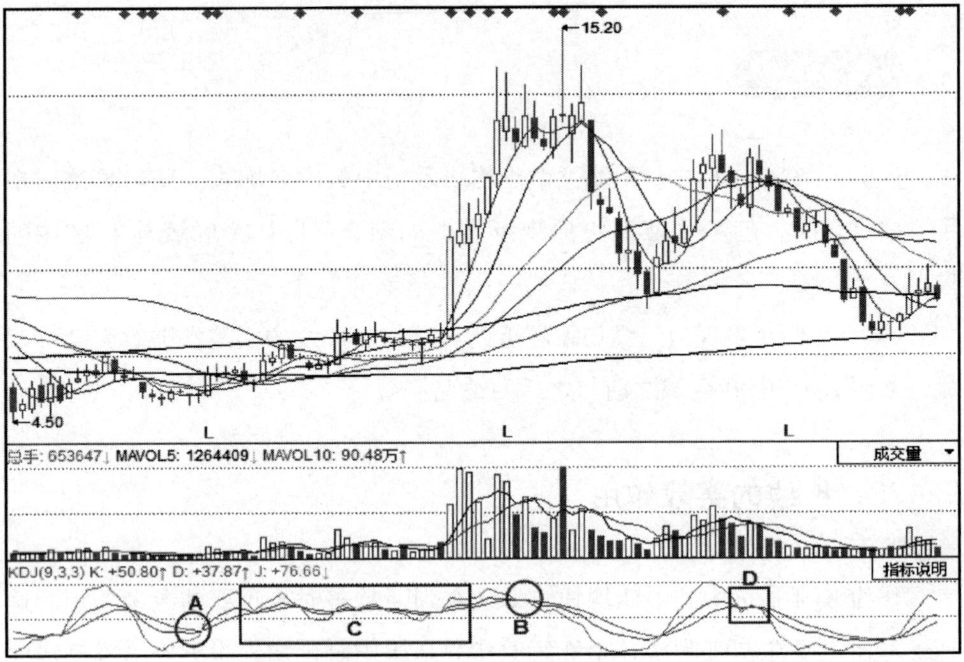

图 2-2 湖南天雁周线图

区，J 线下行时，在 K 线附近获得支撑，趋势再次转强。其后进入 B 区域 K 线跌破 D 线，形成死叉，在随后小幅回升过程中，J 线即将向上触及 K 线时受到了上方 K 线的压力，趋势又一次转弱。在 D 区域，K 线再次向下跌破 D 线，趋势再次转弱。这就是股票运行中 K 线对趋势的影响所造成的支撑与阻力作用。

实战要点

（1）K 线属于中期平均线，其功能类似于均线系统中的中期均线的作用，所以在实战中具有承上启下的支撑与阻力的作用。

（2）K 线的支撑作用，表现在上涨趋势的回调中，当 J 线跌破或接近 K 线时，就会受到 K 线的支撑，如图 2-2 中 C 区域的情况；K 线的压力或阻力作用，来自在下跌趋势中，J 线即将向上突破或接近 K 线时，就会受到来自 K

线的压力，形成阻碍J线继续向上的阻力，如图2－2中B区域的情况。

2.2 D线的实战意义

D线在实战中，尤其是在对金叉与死叉的判断中，其方向的微妙变化，往往起着重要的参考作用，但通常要结合K线的情况一起判断才更为准确。

2.2.1 D线的意义

D线在KDJ指标中，属于较长周期的平均线，这一点类似于均线系统中的长期均线，如60日均线和120日均线，所以其反应往往较为迟钝。因此，在KDJ指标运行过程中，D线便是在三条线中属于最落后的那根。

这种落后主要表现在：上涨趋势中，D线始终都是处于K线与J线之下运行的；下跌趋势中，D线都是位于K线与J线之上运行的。其实在分辨D线时，只要判断出趋势是上涨还是下跌，就很容易分辨出D线。

所以，观察上涨趋势时，只要发现D线没有走平后转为下行，并形成三线向下发散的形态时，尤其是D线与K线在相距较近的情况下，保持着小幅震荡时，就意味着只是一种强势震荡。相反，在下跌趋势中，只要发现D线没有出现走平后转为明显上行，并形成三线向上发散时，尤其是D线与K线保持相距较近情况下的小幅震荡时，趋势依然是一种弱势震荡。

实战案例

图2－3是南兴装备（002757）周线图，在A区域，D线向上，KDJ三线形成金叉后出现三线向上发散，并向上突破了50线，说明趋势转为上涨。至E区域时，出现K线和J线首次向下跌破D线，且K线与D线相距较近，因此属于一种强势震荡。当运行到B区域后，KDJ形成死叉的同时，D线由平

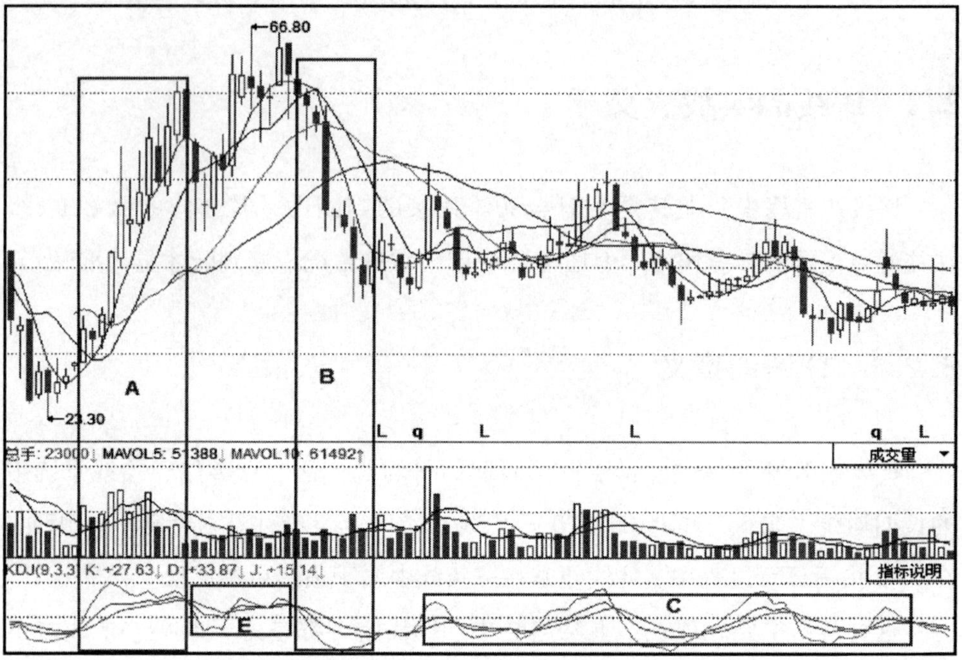

图 2-3　南兴装备周线图

行转为下行，形成三线向下发散，表明趋势已经转弱为下跌。进入 C 区域，K 线与 D 线形成相距较近状态的小幅震荡，表明此区域趋势是一种弱势震荡。

实战要点

（1）D 线类似于长期均线，在 KDJ 指标中，是一条反应最迟钝的平均线，上涨趋势中往往位于 K 线和 J 线之下，如图 2-3 中 A 区域的情况；下跌趋势中，D 线往往运行在 K 线和 J 线的上方，如图 2-3 中 B 区域的情况。

（2）如果 KDJ 三线是位于 50 线以上，出现 K 线与 D 线的接近甚至是黏合小幅震荡，为强势震荡，如图 2-3 中 E 区域的情况；如果 KDJ 三线是在 50 线以下，出现 K 线与 D 线的接近甚至几近黏合小幅震荡，则为弱势震荡，如图 2-3 中 C 区域的情况。

2.2.2　D 线的实战作用

在实战中，D 线就像长期均线一样，同样具有较强的支撑和压力作用。

一旦在上涨趋势中首次出现 K 线和 J 线向下接近或跌破 D 线时，D 线都会形成一种支撑，促使 K 线和 J 线再次回到 D 线之上运行。当下跌趋势中，一旦 K 线和 J 线向上接近或升破 D 线时，又会受到来自 D 线的压力，形成制约 K 线和 J 线继续反弹的阻力。

如果发现 D 线与 K 线处于相距较近状态的小幅震荡时，趋势往往为震荡行情。因为属于中长期平均线的缠绕，所以此时 D 线的细小波动，只能说明震荡的大小，而 KDJ 的形态不能作为判断买卖点的依据。

因此，单从 D 线在实战中所起到的作用来说，关键就是要明白 D 线在上涨趋势中的支撑作用，以及在下跌趋势中的压力作用。

实战案例

图 2－4 是特力 A（000025）周线图，在 A 区域，形成 D 线向上的三线向上发散形态，趋势转为上涨，此期间在 1、2、3、4 分区域多次出现 K 线与 J 线向下跌破 D 线的情况，都因 D 线的支撑作用，使上涨趋势得以延续，K 线与 J 线也再次回到了 D 线之上运行。到了 C 区域，形成 D 线向下运行的三线发散形态，说明趋势已转为弱势。进入 B 区域后，在 5、6 分区域出现了两次 K 线与 J 线升破 D 线后的再次跌回，这主要就是来自 D 线的阻力作用，表明上行的压力较大。

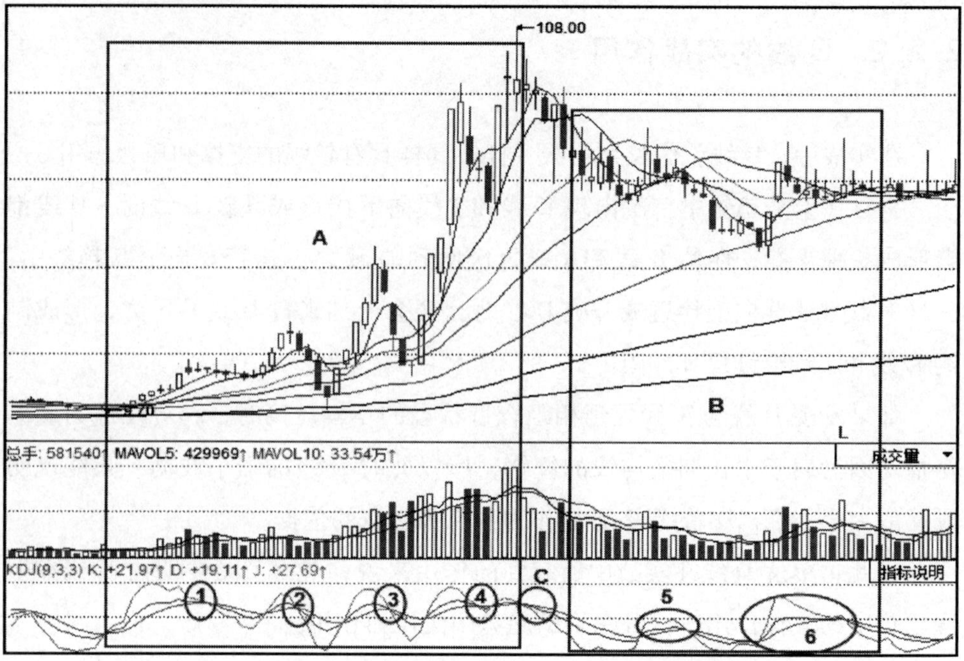

图 2－4　特力 A 周线图

实战要点

（1）D 线在实战中的作用，既可以助涨，也可以助跌。所以，在运用 KDJ 指标中的 D 线作为判断行情时，应首先区分出当前的趋势，如图 2－4 中的 A 区域的上涨趋势中出现的 1、2、3、4 等处的情况，就是 D 线的助涨行为，也就是支撑作用。图 2－4 中 B 区域出现的 5、6 处的情况，就是下跌趋势中 D 线的助跌行为，也就是阻力作用。

（2）判断趋势的强弱，应根据 KDJ 三线是在 50 线的上方或下方来确定，这一点会在后面的章节中详细介绍。但是当 K 线与 D 线处于 50 线附近的双线相距较近情况下的黏合小幅震荡时，表明的是一种震荡趋势，此时 D 线的支撑与阻力作用不明显。

2.3　J 线的实战作用

J 线在实战中起着重要的参考作用，因为当趋势发生变化时，最先是由 J 线做出方向性的反应，尤其是当 J 线形成大角度向上或大角度向下时，更是判断趋势变化的重要依据。

2.3.1　J 线的意义

在 KDJ 指标的三条线中，J 线是活跃度最明显的一条线，敏感性极强，往往会率先做出方向性的判断，所以类似于均线系统中的 5 日均线。

尤其是当 KDJ 三线高位区域出现向下运行时，或是 KDJ 三线在低位区震荡期间，J 线总是会先于 K 线和 D 线做出明确向上或向下反应。如果带动 K 线和 D 线也出现同步向上运行，表明趋势已经转暖；如果带动 K 线和 D 线也出现同步向下运行，表明趋势已经转弱。

所以，J 线在运行过程中，往往起到了开路先锋的作用，是反应最为灵敏的一条曲线。

实战案例

图 2－5 是北化股份（002246）日线图，在 A 区域，当 KDJ 三线在 50 线以下的底部低位区运行，整理结束，J 线最先出现明显的向上运行，而此时 K 线已经转为平行，D 线依然呈略向下运行的态势。经过其后的上涨，当进入 B 区域后，KDJ 三线已经向上运行到顶部高位区。当趋势转为下跌时，也是 J 线最先出现向下运行，并依次引领 K 线和 D 线相继转为平行与下行。所以说，当趋势明朗时，回过头来看，会发现 J 线始终是处于引领 K 线和 D 线改变运行方向的形态。

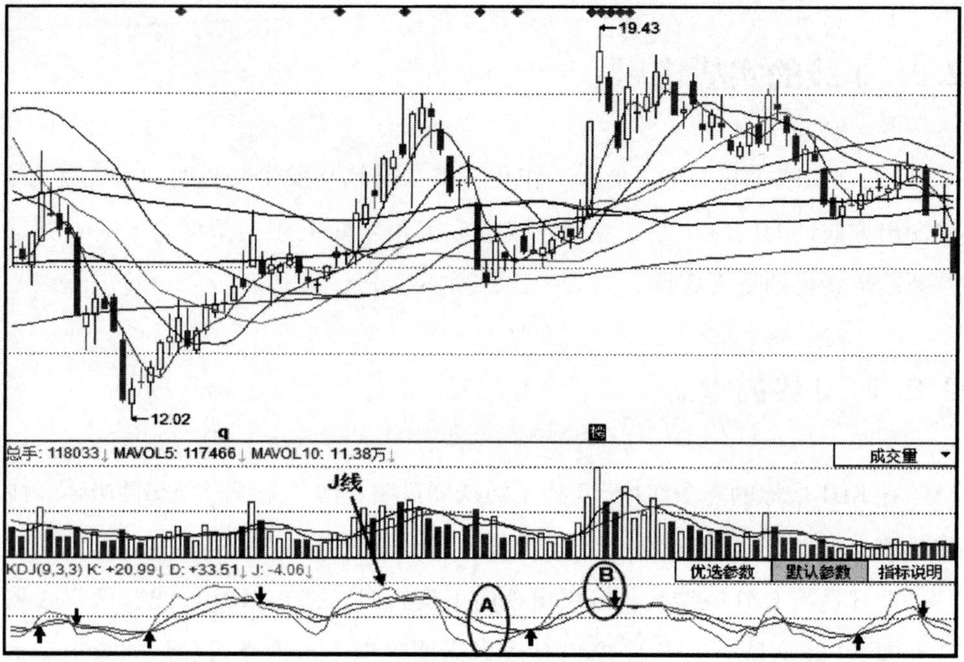

图 2-5　北化股份日线图

实战要点

（1）在 KDJ 三条线中，J 线在实战中，往往起着开路先锋的作用，是最先改变运行方向的引导线，如图 2-5 中的情况。

（2）当趋势转为上行时，J 线引导的方向是向上的，如图 2-5 中 A 区域的情况；当趋势转为下跌时，J 线引导的方向为向下，如图 2-5 中 B 区域的情况。

2.3.2　J 线的实战作用

实战应用中，J 线起到的指向作用往往是最重要的，尤其是在金叉或死叉出现前，J 线的方向最先变化，更能较早预示出趋势的演变方向。

当趋势由调整或下跌转为向上运行时，J 线通常会率先带动 K 线与 D 线改变原有的下行方向，以大角度向上的方式出现，并形成金叉，或是 KDJ 三线在形成金叉后出现三线向上的发散。当趋势由上涨或高位震荡转为向下运行时，又会以大角度向下的方式形成死叉，或是死叉后出现三线均向下运行的发散。

但是，在判断买卖点时，应再结合量价关系等指标来综合判断，以确保趋势反转时的操盘成功率，这主要是因为 KDJ 指标是一种随机指标，移动变化相对较快。

然而，当 K 线与 D 线出现相距较近状态下的小幅震荡时，J 线上下起伏的幅度会大，但因属于震荡趋势，所以此时的 J 线向上或向下的率先而为，往往是一种上下震荡的表现，不能成为判断买卖点的依据。

实战案例

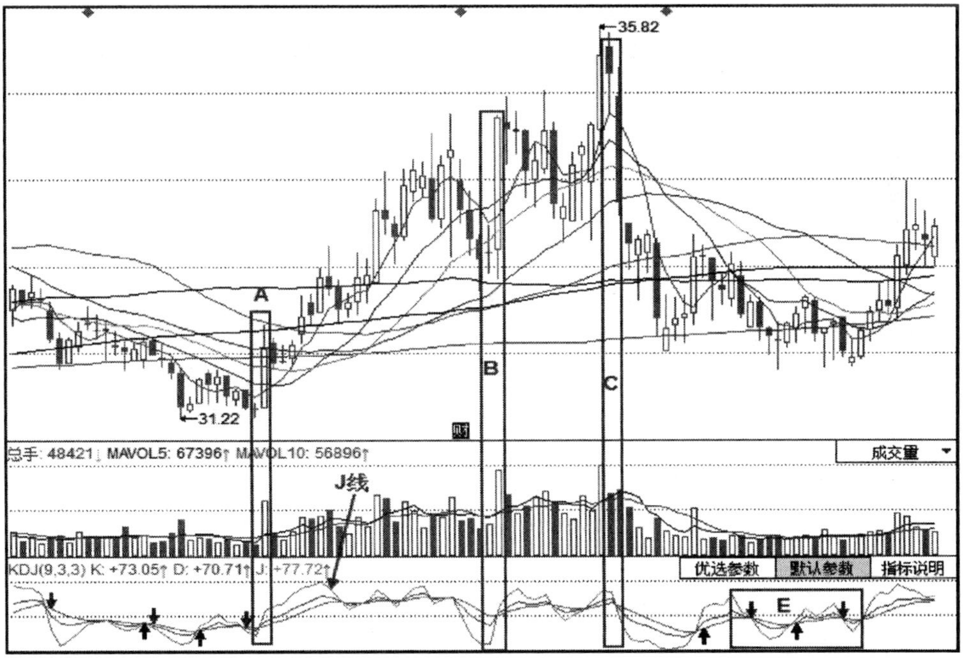

图 2－6　同仁堂日线图

图2－6是同仁堂（600085）日线图，在A区域和B区域，当股价结束调整时，J线均出现以大于60度的水平角度向上运行的情况，形成J线大角度向上，并引领K线和D线转为向上运行，形成金叉，同时成交量也出现了明显的阳量放大。当进入C区域后，也是J线以大于60度的水平角度形成大角度向下运行，并引领K线和D线也转为下行，同时形成三线向下的死叉，从而确定了趋势的反转向下。但在E区域，K线和D线相距较近，尽管J线出现一定幅度的上行或下行，但此时为震荡行情，所以不能作为买卖股票的参考依据。

实战要点

（1）在实战中，J线的方向性引导往往是上涨或下跌趋势出现时的最先征兆，但上涨或下跌的转折，必须形成J线大角度上行或下行，或是三线向上或向下发散等形态，并应再结合量价关系综合判断，如图2－6中A区域与C区域的情况。

（2）在实战中，如果K线和D线在相距较近的震荡趋势中，J线的方向性引导，往往是不能作为买卖股票的参考依据，只能表明股价的上下震荡方向，如图2－6中E区域的情况。

第3章 KDJ与趋势的关系

KDJ指标不仅是随机指标，还是一种趋势类指标。因此，根据KDJ指标的运行情况，是完全可以对趋势进行判断的，比如做简单的上涨、下跌、震荡三种趋势的判断。但仅仅明白这一点是远远不够的，因为趋势是在不断演变的，只有明白了趋势在各种演变时的KDJ状态，以及趋势反转时的KDJ状态，才能更准确地把握好趋势转换时的买卖点。

3.1　如何利用KDJ判断趋势

趋势直接关系到具体的操作，尤其是当趋势转向上时为买入股票的信号，而趋势转向下时为卖出股票的信号，因此在利用KDJ判断行情时，关键是如何运用这一指标来判断多空趋势的变化。

3.1.1　多头趋势的判断

由于KDJ是一种趋向性指标，所以通过KDJ指标运行的情况，是可以判断趋势的。多头趋势是一种上涨趋势，在利用KDJ指标来判断多头趋势时，主要是通过KDJ指标的三条线和50线的关系来确定。

因为50线是KDJ指标的区间中分线，所以就像天平一样，当KDJ三线向上突破50线后，继续向上运行时，就说明趋势已经转强为多头上涨趋势了。

然而，在判断趋势时有一个问题需要注意，就是在 KDJ 多头趋势成立后，如果出现股价持续上涨，但 KDJ 三线出现到达顶部后的持续震荡走低，这就是一种背离情况。这属于一种特殊的情况，我们将在后面的章节中详细讲解。在此，我们只需要了解多头趋势是如何判断即可。

实战案例

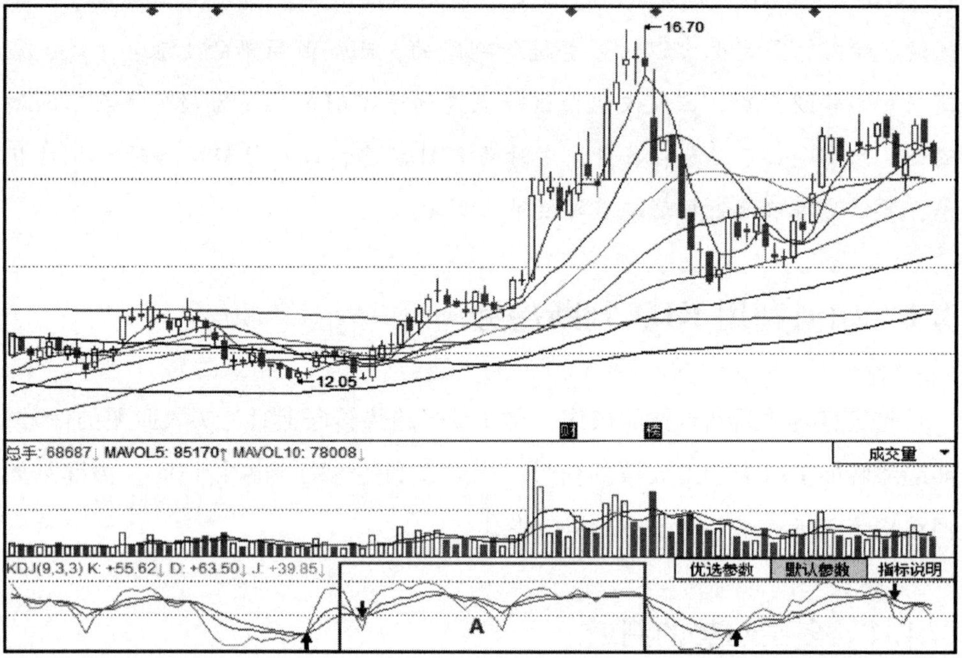

图 3－1　海正药业日线图

图 3－1 是海正药业（600267）日线图，在进入 A 区域，KDJ 三线在经过了底部区域的震荡后，转为向上运行，并相继向上突破 50 线，出现三线震荡向上运行的情况，表明市场已经转暖，股价进入了上涨时期。在多头趋势下，投资者应采取逢调整结束即买入股票的策略。

实战要点

（1）在利用 KDJ 判断多头趋势时，应根据 KDJ 三条线是否向上突破 50 线，并在其后于 50 线上震荡上行为标准，如图 3－1 中 A 区域的情况。

（2）如果 KDJ 三线只是短暂升破 50 线，但随后又跌破了 50 线，只能说明是一种震荡反弹行情。

（3）如果 KDJ 三线在向上突破 50 线后，出现股价上涨，KDJ 三线却震荡走低的情况，说明是一种背离，应在背离结束后，即股价与 KDJ 同步向下运行时卖出股票。

3.1.2 空头趋势的判断

空头趋势就是下跌趋势，在利用 KDJ 指标判断空头趋势时，仍然应以 50 线为标准，当 KDJ 三线由 50 线以上向下运行，并向下相继跌破 50 线后，继续向下运行时，表明市场已经进入由空方力量主宰的情况，应当采取回避或观望的策略。

在判断空头趋势时，如果发现 KDJ 三线，或是其中的任意一根或两根虽然跌破了 50 线，但很快又回升到了 50 线上，表明这时只是上涨趋势的一种调整，此时不应确认为已经进入空头趋势。

另外，当 KDJ 三线或 K 线和 D 线，在 50 线附近呈 K 线和 D 线相距较近情况下的黏合小幅震荡时，若出现小幅跌破 50 线的情况，只能说明是震荡中出现震荡走弱的现象，不能以空头趋势对待。

实战案例

图 3－2 是两面针（600249）日线图，当三线运行到了区间顶部高位区

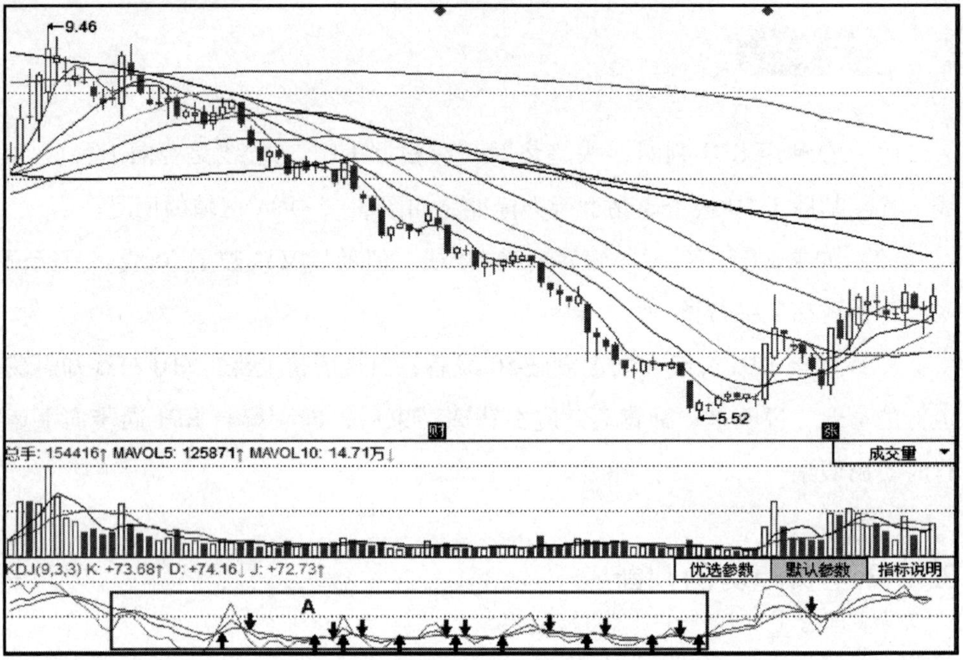

图 3－2　两面针日线图

后，出现向下运行，在进入 A 区域后，KDJ 三线相继向下跌破了中间的那条虚线，即 50 线，其后三线继续向下运行，形成标准的空头趋势，此时应采取回避或观望的策略，不应轻易买入股票。

实战要点

（1）利用 KDJ 指标判断空头趋势时，关键是看 KDJ 三线的位置和指标区域中间的那条 50 线，只有当 KDJ 三线相继向下跌破 50 线后继续向下运行时，方可确认进入空头趋势，如图 3－2 中 A 区域的情况。

（2）如果股价持续上行、KDJ 三线却震荡下行跌破了 50 线，这同样是一种背离，也不能判定为进入了空头趋势。

3.1.3 震荡趋势的判断

在利用 KDJ 指标判断震荡趋势时，最为核心的就是分析 K 线和 D 线，这是由移动平均线的周期决定的。因为 J 线移动得过快，所以其变动只能反映出短期的波动，无法真正表现出大趋势，只有 K 线和 D 线处于几近黏合状态的小幅震荡时，方可确认为震荡趋势。这是对大趋势的判断方法。此时的 K 线与 D 线可以存在幅度极小的上、下运行，通常是位于 50 线附近，允许 J 线与 K 线、D 线同样黏合，也允许 J 线做上下较大幅度的上行或下行。当 J 线与 K 线、D 线同样黏合时，表明震荡趋势的震荡幅度相对小；当 J 线上下震荡的幅度较大时，表明震荡趋势的震荡幅度相对大而已。

然而，震荡趋势除了大趋势的震荡外，还存在另外两种情况：上涨中继的震荡整理、下跌中继的震荡整理。

上涨中继的震荡整理，就是指在经过一定幅度的上涨后出现的 K 线和 D 线的黏合震荡，此时多数的情况下，K 线与 D 线是位于 50 线上方，处于几近黏合状态的小幅波动，允许 J 线做围绕 K 线和 D 线的上下大幅波动。

下跌中继的震荡整理，是指在下跌过程中出现的 K 线和 D 线的黏合震荡。此时在大多数的情况下，K 线与 D 线是位于 50 线下方，处于相距较近的小幅波动，同样允许 J 线做围绕 K 线和 D 线的上下大幅波动。

值得注意的一点是，无论是上涨中继的强势震荡整理，还是下跌中继的弱势震荡整理，之后的趋势往往会延续之前的趋势，所以叫做中继震荡整理。但这不是必然的结果，因为一旦上涨中继震荡出现走弱，或是下跌中继震荡转强，都会引发变盘，造成趋势的反转，所以在判断震荡趋势结束时，应根据 KDJ 转强或转弱的信号来决定买卖点。

实战案例

（1）大趋势的震荡判断。

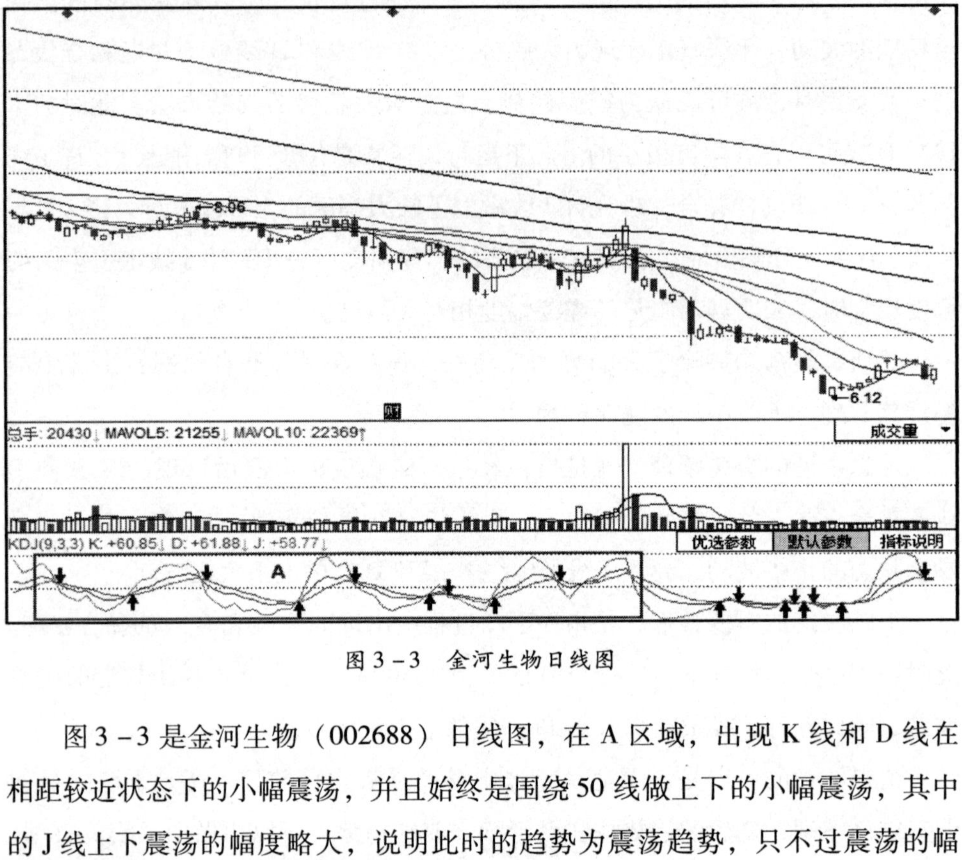

图 3-3　金河生物日线图

图 3-3 是金河生物（002688）日线图，在 A 区域，出现 K 线和 D 线在相距较近状态下的小幅震荡，并且始终是围绕 50 线做上下的小幅震荡，其中的 J 线上下震荡的幅度略大，说明此时的趋势为震荡趋势，只不过震荡的幅度略大些。因此，在这种震荡趋势中，应保持观望的策略。

（2）上涨中继的震荡判断。

图 3-4 是福晶科技（002222）日线图，在上涨趋势中，当进入 A 区域后，K 线与 D 线出现相距较近的黏合小幅震荡，并且一直处于 50 线以上，只有 J 线波动的幅度略大，表明此股进入上涨趋势中的震荡整理行情。此时同样需要回避操作，最好进入 B 区域形成金叉后，KDJ 三线向上发散时方可买入。

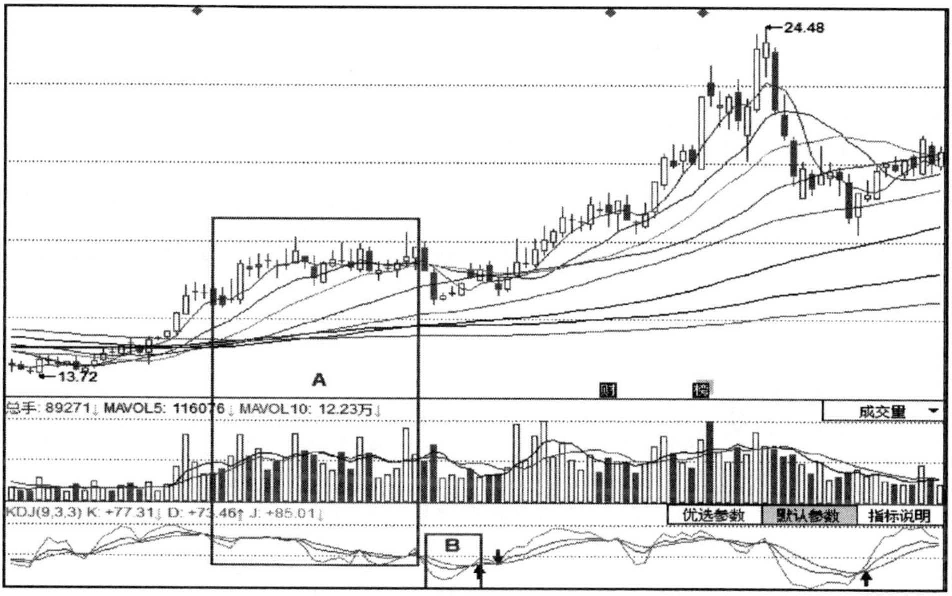

图 3－4　福晶科技日线图

（3）下跌中继的震荡判断。

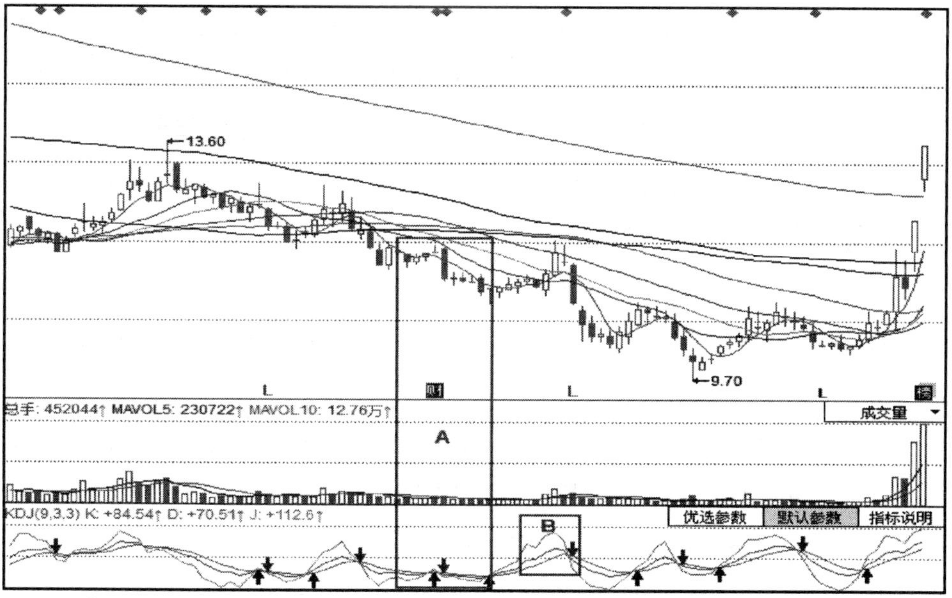

图 3－5　安妮股份日线图

图 3－5 是安妮股份（002235）日线图，在下跌趋势里，当进入 A 区域后，出现 KDJ 三线在低位区，处于 50 线以下的黏合小幅震荡，属于下跌趋势的中继震荡整理行情。尽管在其进入 B 区域后形成三线向上发散的形态，但 K 线与 D 线相距仍然较近，且出现 K 线与 D 线突破 50 线后转为平行，J 线冲高回落，因此，此股此阶段仍然属于震荡趋势，应继续保持观望的策略。

实战要点

（1）在判断震荡趋势时，首先应判断是大趋势的震荡，还是局部小趋势的震荡，再根据实际情况制定出相应的策略。如果是大趋势震荡，通常是 K 线和 D 线在相距较近的黏合状态下的小幅震荡，允许 J 线震荡幅度略大，但同样要操持观望策略，不能轻易买入股票，如图 3－3 中的情况。

（2）如果发现震荡为整理形态，即类似图 3－4 中的上涨中继的震荡整理，或类似图 3－5 中的下跌中继的震荡整理，不能在震荡时期，即断定中继整理后就会恢复原有趋势的运行，应在 KDJ 指标发出明显的向上变盘时再买入，如图 3－4 中 B 区域的情况。若是下跌趋势中出现的中继整理，更应当持续观察后再判断是否会出现反转。如果只是短暂的反转，同样不要轻易买入股票，如图 3－5 中 B 区域的情况。

3.2 KDJ 与趋势演变

趋势并不是一成不变的，因此，在使用 KDJ 指标做行情研判时，不仅要学会如何判断趋势，还要学会如何利用 KDJ 指标判断趋势的变化，因为不同趋势的演变，最终决定了是买入股票还是卖出股票。

3.2.1　启动时的 KDJ 征兆

当一只股票出现启动时，KDJ 指标均会出现明显的上行征兆，比如金叉后三线明显向上发散，J 线大角度上行改变了 K 线和 D 线向下运行的方向等形态。

然而，这只是 KDJ 指标发出的征兆，具体一只股票是真启动，还是主力资金在震仓洗盘，就需要进一步观察量价的关系。因为一只股票要启动，必须得到盘中资金的关注，即买盘突然成倍增多，或持续增加，即 KDJ 出现买入形态时，成交量以小阳量持续增加，或成交阳量突然成倍放大，股价也出现同步上涨时，方可确认股价的上涨已经启动。

这里还有一个问题需要注意，就是如果成交阳量突然放大，量能不可过大。物极必反，一旦量能过大，甚至是达到天量时，后市即使会启动上涨，短期内仍然会出现因短时涨幅过大而引发的卖盘。这意味着后市的调整是不可避免的，而一旦在后市的调整中量能不能持续，出现变盘继续震荡的概率极高。

所以，观察一只股票是否是真启动时，应多方面考量后方可做判断。

实战案例

图 3 –6 是用友网络（600588）日线图，在弱势震荡行情中，当进入 A 区域后，KDJ 指标出现金叉后形成明显的三线向上发散，且 D 线向上，K 线向上突破了 50 线，同时股票出现快速上涨，成交量也由最初阴量时的 46613 手，接连放大为阳量的 96453 手、380350 手，成交量在放大到两倍多的情况后，再次放大到近四倍。这说明股价已经快速出现量价齐升的状态，已经启动上涨，因此应果断买入。

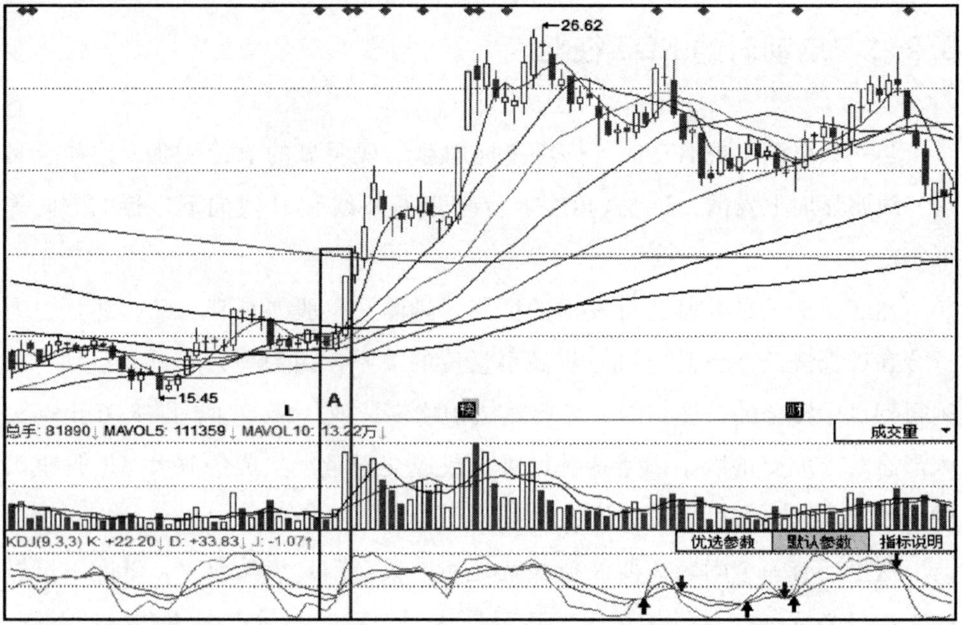

图 3－6　用友网络日线图

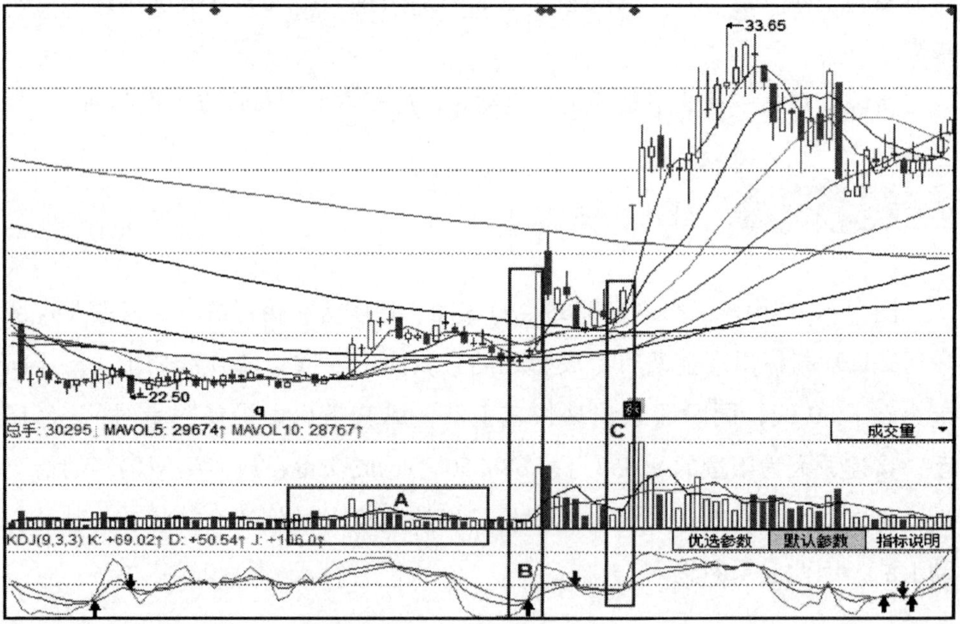

图 3－7　通策医疗日线图

图 3 –7 是通策医疗（600763）日线图，在弱势震荡中，在 A 区域出现持续小阳量的情况下，B 区域虽然形成 J 线大角度向上金叉后三线向上发散形态，但成交量出现格外阳量放大，成交量从 18784 手突然放大到 171176 手的阳量，放大幅度接近 10 倍。突然的过度放大，说明其后必然会出现短线的调整，因此，应在其进入 C 区域 KDJ 线再次形成金叉后向上发散，成交阳量再次明显放量、股价上涨时，才表明股价已经启动上涨，这时再买入股票。

实战要点

（1）当一只股票启动上涨时，KDJ 指标必然会发出金叉后三线向上发散、J 线大角度向上等买入形态，但此时的 KDJ 买入形态只是一种启动的征兆，不能仅仅以 KDJ 的启动形态来判定买点。

（2）当股票启动上涨时，一旦 KDJ 出现启动时的征兆，应再观察量价关系是否出现量价齐升时再决定是否买入，如图 3 –6 中 A 区域的情况。但是突然放量时，若阳量过大，则短线后市必然会出现调整，如图 3 –7 中 B 区域的情况，此时不应过早买入，而应在量能再次萎缩后再次出现量价齐升、KDJ 发出买入信号时再买入，如图 3 –7 中 C 区域的情况。

3.2.2　转强时的 KDJ 征兆

当一只股票出现由弱转强时，往往是在下跌的末端。股价在低位震荡时期，如果股价转强，KDJ 三线会在区间低位区反复弱势震荡，此时无论 KDJ 指标如何反复起落，K 线与 D 线始终都是处于相距较近状态下的双线小幅震荡，只有 J 线可能会出现较大幅度的上下波动。

这时候，再观察量价关系就会发现，股价出现持续的上涨或下跌的反复震荡，但成交量方面一直处于较低水平下的阳量持续出现。其间，成交量多数保持买入的阳量大于阴量。

这就说明，股价即将转强。此时，可采取少量逢低买入的策略，即当股价下跌中出现止跌时以少量资金来买入股票，待真正出现启动的征兆时，再重仓买入。

实战案例

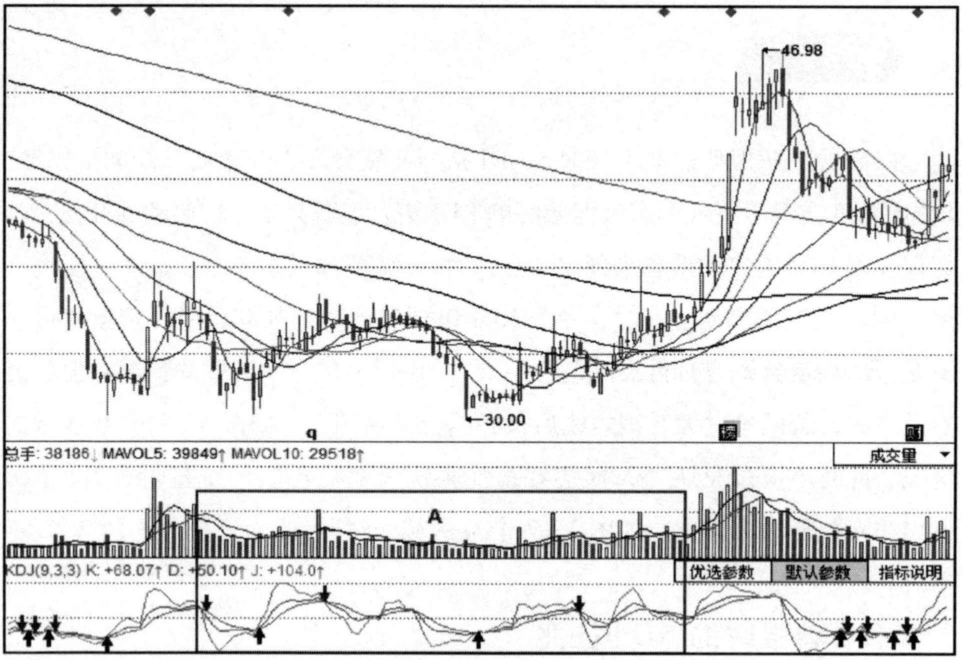

图3-8 生意宝日线图

图3-8是生意宝（002095）日线图，当股价在弱势下跌过程中，进入A区域后，K线和D相距的距离已经很近，并且在50线附近形成小幅上行或下行的震荡，只有J线在大幅上下波动，但股价的涨跌幅度不大，形成低位震荡，从J线向下波动的低点也可以看出，KDJ指标反复出现低位的震荡。与此同时，成交量却较之前略微放大，且多数以持续小阳量的方式出现，就整个A区域而言，明显看出小阳量要多于小阴量。这说明，股价已经由弱势逐渐

转强，可选择在股价震荡下跌出现止跌时，轻仓买入股票。过了 A 区域后启动上涨时，再重仓买入。

实战要点

（1）当一只股票由弱势逐渐转强时，KDJ 指标往往会发出围绕 50 线或在低位区反复震荡的征兆，此时 K 线和 D 线往往相距较近，允许 J 线出现反复的大幅震荡，如图 3－8 中 A 区域的情况。

（2）当一只股票出现由弱转强时，尽管 KDJ 指标会发出弱势震荡的征兆，但是同样要观察量价关系才能决定，即股价出现涨跌幅度不大，成交量却出现反复小阳量，并在 KDJ 弱势震荡期间，阳量的总量明显高于阴量的总量，如图 3－8 中 A 区域的情况，此时方可选择逢低轻仓买入。

3.2.3　转弱时的 KDJ 征兆

当一只股票由强势转弱时，KDJ 指标同样会发出明显的征兆。然而，从股票的涨跌趋势规律来分析，大多都是涨短跌长，即牛市往往很短，熊市却很长。而从主力资金介入与离开一只股票的时间分析，又有着介入时缓慢，因怕众多投资者发觉，而离开时因已获利，所以往往很快。

综合这些因素可以作出判断，当股价出现由强转弱时，往往是快速的，KDJ 指标会在到达顶部高位区后，形成 J 线大角度向下死叉、三线快速向下发散，或是强势转弱的金叉不叉等卖出形态。

由于资金的快速撤离，成交量也会出现阴量的格外放大。若形成天量阴量，或是呈放大状态下的持续阴量，股价也会表现出上影线较长的 K 线，或大阴线，以及持续阴线。

只是，从一只股票整个的流通盘考虑，对于盘子大的股票，往往主力资金无法在极短时间内完成抛售。所以，大盘股在此时往往会出现 KDJ 指标在高位震荡，股价高位震荡，成交量处于放大状态下的持续阴量出现。

实战案例

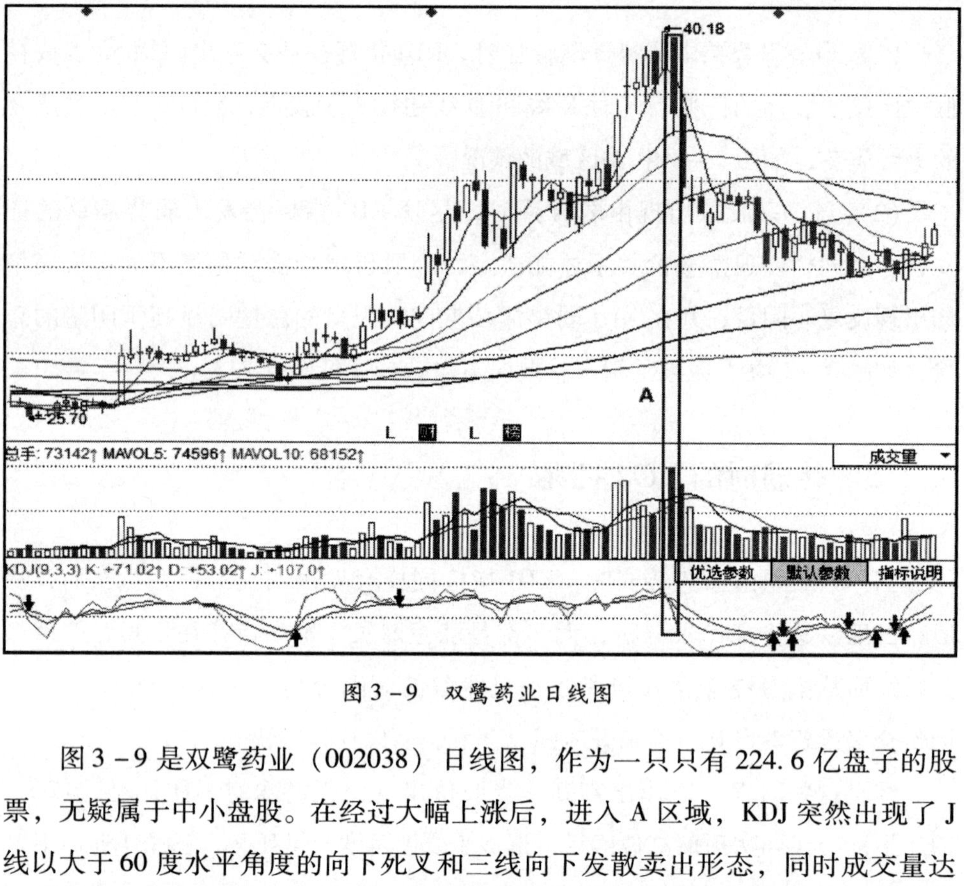

图 3－9　双鹭药业日线图

图 3－9 是双鹭药业（002038）日线图，作为一只只有 224.6 亿盘子的股票，无疑属于中小盘股。在经过大幅上涨后，进入 A 区域，KDJ 突然出现了 J 线以大于 60 度水平角度的向下死叉和三线向下发散卖出形态，同时成交量达到上涨期间的最高量，达到与成交量显示区间上沿齐平的情况，即形成天量阴量，股价也未再创出新高，而收于一根大阴线，这表明股价已经快速转弱，应果断在当日卖出股票。

图 3－10 是中国联通（600050）日线图，作为一只流通盘有 2005 亿的股票，无疑属于大盘股。在进入 A 区域后，K 线与 D 线出现相距较近的黏合小

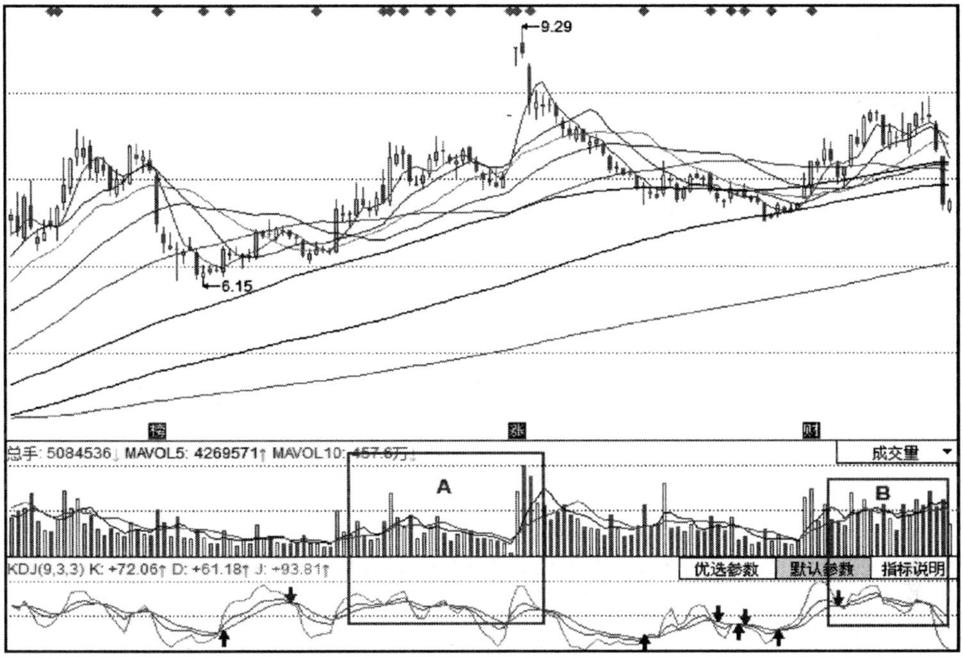

图 3-10　中国联通日线图

幅震荡，并且位于 50 线之上，其后在 A 区域尾端出现天量阴量后的持续放大状态的阴量，但股价回落并不明显，甚至在当日还创出了 9.29 元的新高。这说明主力资金已经开始大举抛售，但由于盘子大，主力资金不可能一下卖完手中筹码，所以其后出现三线相距较近的弱势震荡，并且成交量也多以放大状态的阴量出现，表明主力资金一直在抛售股票。进入 B 区域后，股价出现小幅回升，但 KDJ 指标在向上运行到高位区后，依然形成三线相距较近状态下的小幅震荡，成交量依然以放大状态的阴量为主。这说明在 A 区域与 B 区域期间，主力资金一直是以大举卖出股票为主，所以，在 A 区域尾端时应卖出一定股票，而在 B 区域冲高回落开始时，应选择清仓出局。

实战要点

（1）在判断股价趋势转弱时，应首先观察这只股票是大盘股还是中小盘股，因两者转弱时的形态略有不同，如图3－9与图3－10中的情况。

（2）大盘股在转弱时，往往是KDJ指标高位震荡逐渐转弱的一种过程，同时股价在高位震荡期间，下跌幅度通常不大，但成交量均为放大状态的阴量居多，如图3－10中A区域与B区域期间的情况。

（3）中小盘股在趋势转弱时，往往时间较短，KDJ指标会发出明显的J线大角度向下死叉、三线向下发散等形态，成交量会出现持续放大状态的阴量，或形成阴量天量，股价快速回落。因此，此时投资者的交易应以快速卖出为主。

3.3 KDJ钝化与趋势反转

趋势反转是买入股票和卖出股票的关键注意点，而KDJ指标的钝化又往往是趋势反转时的一种征兆。因此，有必要去了解各种不同的KDJ钝化。不同的KDJ钝化，往往预示着不同的趋势反转。

3.3.1 低位钝化与趋势反转向上

当趋势出现反转向上前，KDJ往往会形成J线的低位钝化现象，尤其是在周线上，一旦出现J线的低位钝化现象，尤其是低位钝化时间持续较长时，则说明趋势即将出现反转向上的变化，这时应果断买入股票。

这种方式，往往适用于大波段操作者，所以选择的K线图应以周线或以上级别K线图为主。因为日线或以下级别K线图，经常会出现低位钝化，仅仅从低位钝化的形态来判断趋势的反转，往往成功率不高。只有低位钝化后出现大角度向上金叉、成交量阳量放大等形态时，才更具有意义。

所以，在单独以低位钝化来判断趋势的反转向上时，应以周线或以上级别的K线图进行观察。

实战案例

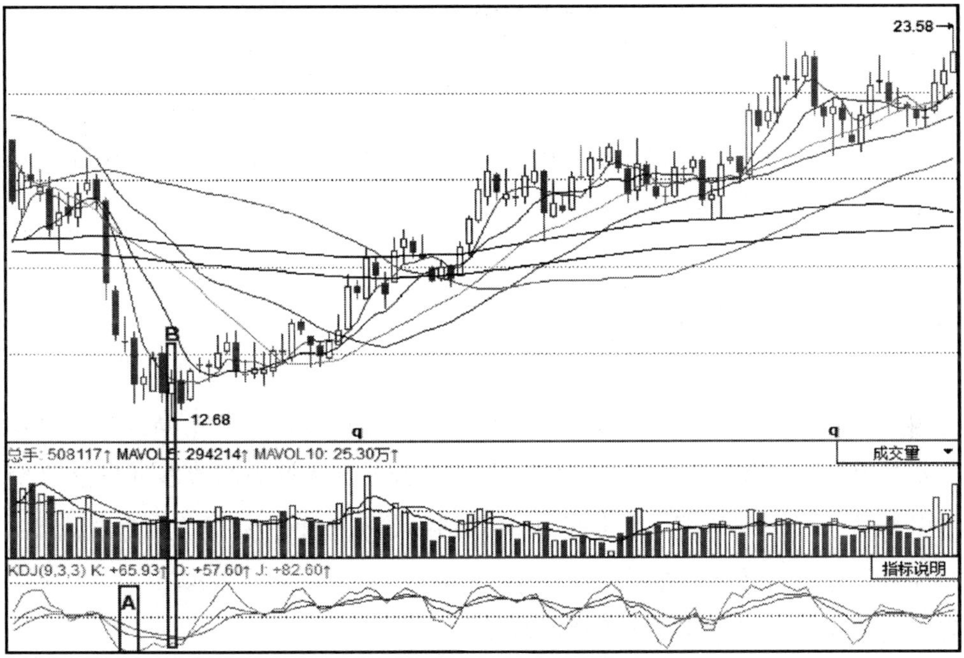

图 3－11　华润双鹤周线图

图 3－11 是华润双鹤（600062）周线图，将 K 线图进行“向前复权”的调整后发现，在下跌趋势里，当进入 A 区域后，出现 J 线沿区间下沿平行运行的情况，即形成低位钝化现象。再观察 J 线低位钝化的时间，时间达到两周，这说明趋势即将反转向上，应在低位钝化结束，股价止跌回升时选择买入股票，即 B 区域时。

如果想从更精细的角度出发，也可以再观察日线上的情况来确定买点。

实战要点

（1）在选择利用低位钝化来判断趋势的反转向上时，应从周线或以上级别的 K 线图上去观察，如图 3－11 中 A 区域的情况。因日线及以下级别的 K 线图上，经常会出现低位钝化，仅仅以低位钝化形态来判断趋势的反转，往往失误率较高。

（2）低位钝化发生在周线上时，应确保钝化持续的时间不能过短，否则将降低准确率。同时，在观察周线时，最好将 K 线图调整到“向前复权”或“向后复权”后再行观察，如图 3－11 中的情况。这是由于大多数股票经常出现高送转，从而影响到 KDJ 指标的显示，比如大幅高送转实施后，KDJ 指标会出现快速向下运行到底部区域，此时的低位钝化是不准确的。

3.3.2 高位钝化与趋势反转向下

当趋势出现反转向下前，此时 KDJ 指标由于已经运行到了高位区，所以经常会出现 J 线沿区间上沿平行运行的高位钝化。尤其是当周线或以上级别的 K 线图上，一旦出现高位钝化，并且持续较长时间，在结束高位钝化后，往往就是趋势反转向下的征兆。所以，投资者应在高位钝化结束后，出现 J 线与股价同步向下运行时，果断卖出股票。

由于高位钝化体现的是 J 线的冲高行为无法显现出来，也就是买盘过于强大的表现，所以在日线及以下级别的 K 线图上，会经常出现。而股票在强势中的转弱必须强到极致时，才会出现物极必反的现象，所以，单独利用高位钝化现象判断趋势反转向下时，应以周线或以上级别的 K 线图来观察。

考虑到股票会经常出现高送转，为了确保 KDJ 指标的正常显示，在使用周线或以上级别的 K 线图来观察高位钝化现象时，仍然要将行情调整到“向前复权”或“向后复权”后再来观察。

实战案例

图 3－12 是浙江富润（600070）周线图，将 K 线图调整到“向前复权”

图 3 – 12　浙江富润周线图

后发现，在上涨趋势中，当股票进入 A 区域，KDJ 指标运行到高位区后，出现 J 线沿区间上沿平行运行的状态，形成高位钝化。观察高位钝化的时间，发现达到 15 天，这说明趋势即将转为向下，因此，应在高位钝化结束后，当股票进入 B 区域，J 线与股价出现同步向下走势时，果断卖出股票。

实战要点

（1）在利用高位钝化观察走势反转时，应选择周线或以上级别的 K 线图来观察，并且要将 K 线图调整到“向前复权”或“向后复权”后再来观察，如图 3 – 12 中的情况。这是由于，当股票实施高送转后，或许会出现本来已经形成高位钝化，但由于高送转的发生，使得 KDJ 指标因股价在显示上的下跌，而显示到了指标低位区的情况。

（2）在利用高位钝化来判断趋势是否会发生反转时，和低位钝化的情况类似，尤其是在结束高位钝化后，股价依然在上涨，这便是一种背离，所以应在高位钝化结束后，股价与J线同步向下运行时，再选择卖出股票，如图3－12中的情况。

第 2 篇

实战技巧篇

第 4 章 KDJ 交易技巧

在了解和掌握 KDJ 指标基础知识后，就应当了解一下 KDJ 指标的实战应用技巧了，比如买入股票时的金叉和卖出股票时的死叉，以及 KDJ 出现钝化现象时的简单操盘方法。但是，在了解这些实战中基本形态的同时，还要搞清楚一些具有强烈买入与卖出股票信号的金叉与死叉形态，还有哪些是无效金叉与死叉。只有对这些形态做到有效分析，并识别出哪些是具有操作性的买入或卖出形态后，才能够熟练地使用这些形态来操作。这，就是 KDJ 交易的技巧。

4.1 KDJ 金叉买入技巧

KDJ 金叉是买入股票时的重要参考依据，但不同位置的金叉，意义往往也不同，因此，在运用 KDJ 金叉判断行情时，应准确识别出不同的金叉，并分辨出什么是无效金叉，这样才能更为准确地运用金叉来捕捉买入时机。

4.1.1 金叉

金叉，又叫黄金交叉，是指当 J 线向上与 K 线和 D 线形成自下而上的交叉时的形态。

金叉是买入股票的重要依据，但由于 KDJ 指标在日线或以下级别的 K 线图上经常会出现滑动过快的现象，所以利用金叉形态来判断买点，往往会形成判断不准确的情况，即当金叉形成时，有可能股价已经到了上涨末端。所以，如果是仅仅凭借金叉来判断买点，周线或以上级别的 K 线图上，金叉时买入更为可靠。金叉形成后出现三线向上发散时，买入后股价出现上涨的概率更高。

最为可靠的情况，就是通过 KDJ 金叉形态，结合量价关系来综合判断，即金叉出现时，三线出现向上发散，成交量显示阳量放大，股价上涨。这种情况一旦出现，说明股价其后会出现上涨，应及时买入股票。

实战案例

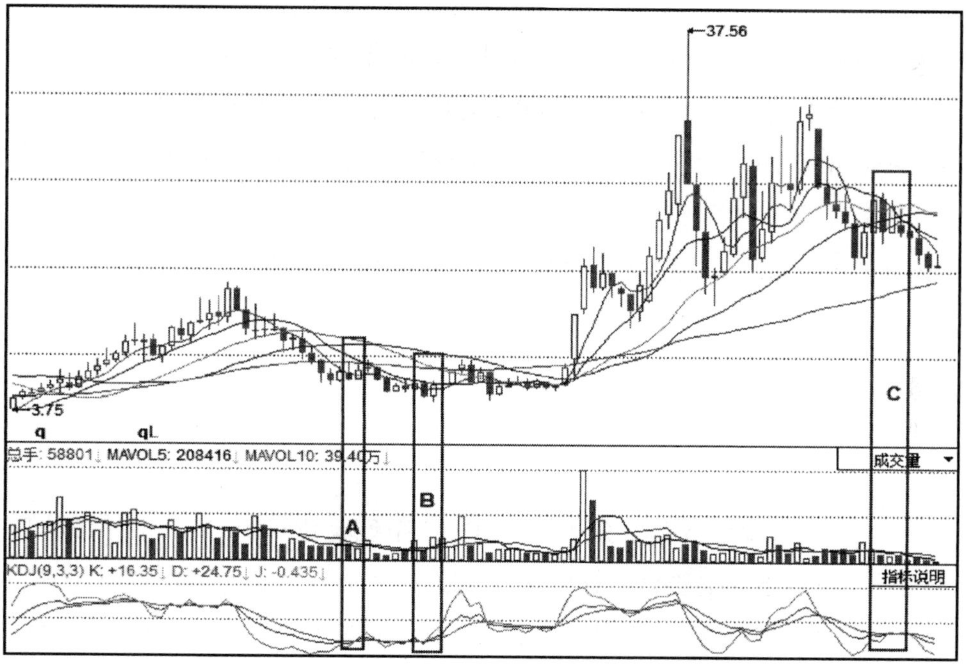

图 4－1　凤凰光学月线图

图 4－1 是凤凰光学（600071）月线图，将 K 线图调整到“向前复权”后发现，在 B 区域，出现 J 线向上与 K 线和 D 线的交叉，形成金叉。由于金

叉出现后改变了K线和D线平行的状态，形成向上运行，且三线向上发散，成交量同时出现明显放大，所以应及时买入股票。但是，在观察金叉形态时，A区域与C区域也出现J线向上与K线和D线的交叉，同样是形成金叉。但由于这两个金叉形成后，K线与D线并未改变平行的状态，且成交量不仅未放大，反而在A区域出现缩小，在C区域则出现略放大的阴量，所以这两个金叉不能作为买入股票的依据。

实战要点

（1）金叉是利用KDJ指标判断买点的重要依据和形态，但由于KDJ指标为随机指标，上下滑动较快，所以在利用金叉判断行情时，应以周线或以上级别的K线图为准，成功率更高，如图4-1的情况。

（2）在利用金叉判断趋势反转的买点时，应结合K线和D线在金叉形成期间是否出现方向向上的改变为主要的指标依据。只有金叉后J线的向上交叉改变了K线与D线平行的状态，转为向上运行，并形成三线向上发散，同时成交量也出现明显的阳量放大时，方可买入股票，如图4-1中B区域的情况。

4.1.2 强势金叉

强势金叉，就是指发生金叉时，KDJ三条线是位于50线以上区域的形态。由于50线是多空趋势的分界线，所以发生在50线以上的金叉时，意味着上涨趋势中出现了调整后继续向上，这是一种股票强势状态下的短期趋势继续向上的表现，应果断买入股票。

强势金叉大多出现在上涨调整行情中，此时的强势金叉为调整结束的征兆，但判断买点时仍应结合KDJ三线向上发散、J线大角度向上金叉等买入形态，同时出现量价齐升，方可买入。

当强势金叉出现在下跌趋势中的反弹行情时，多数时候，如果量出现不济时，即阳量无法有效放大或是过大时，往往会成为反弹即将结束的征兆，此时应谨慎参与。如果投资者参与了，也应做到快进快出。

实战案例

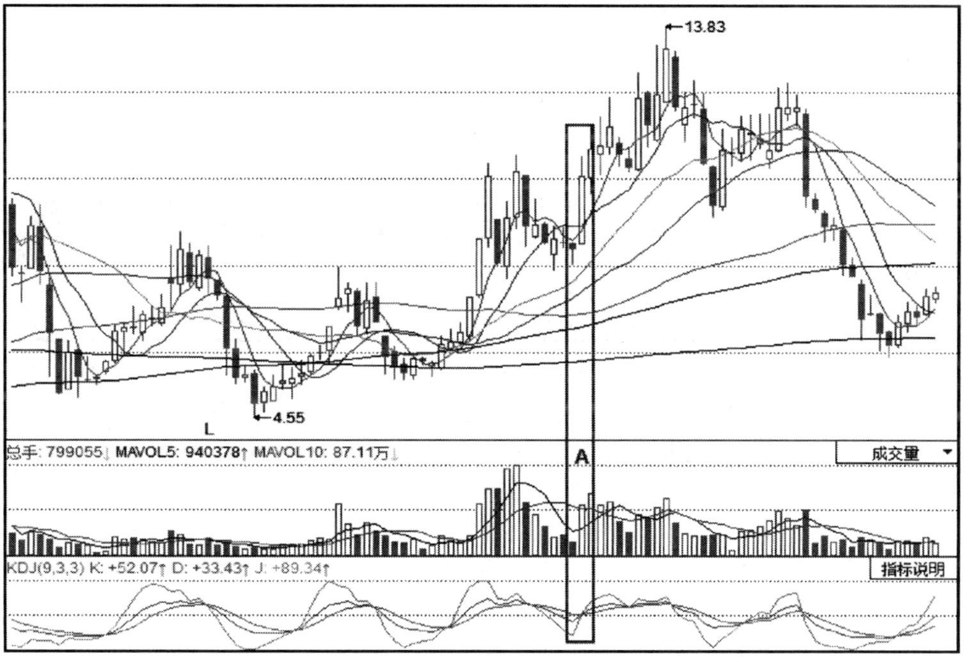

图 4－2　中葡股份周线图

图 4－2 是中葡股份（600084）周线图，将 K 线图调整到“向前复权”后发现，在 A 区域之前出现震荡调整，但进入 A 区域后，出现在 50 线以上的金叉，形成强势金叉，表明调整已经结束，应果断买入股票。

图 4－3 是龙津药业（002750）周线图，将 K 线图调整到“向前复权”后发现，在下跌反弹行情中，进入 A 区域后，出现 50 线以上的金叉，形成强势金叉。虽然量能有所放大，但是在地量水平下的略有放大，且其后出现量能的持续萎缩，说明反弹即将结束，不应在强势金叉时参与，如果买入了股

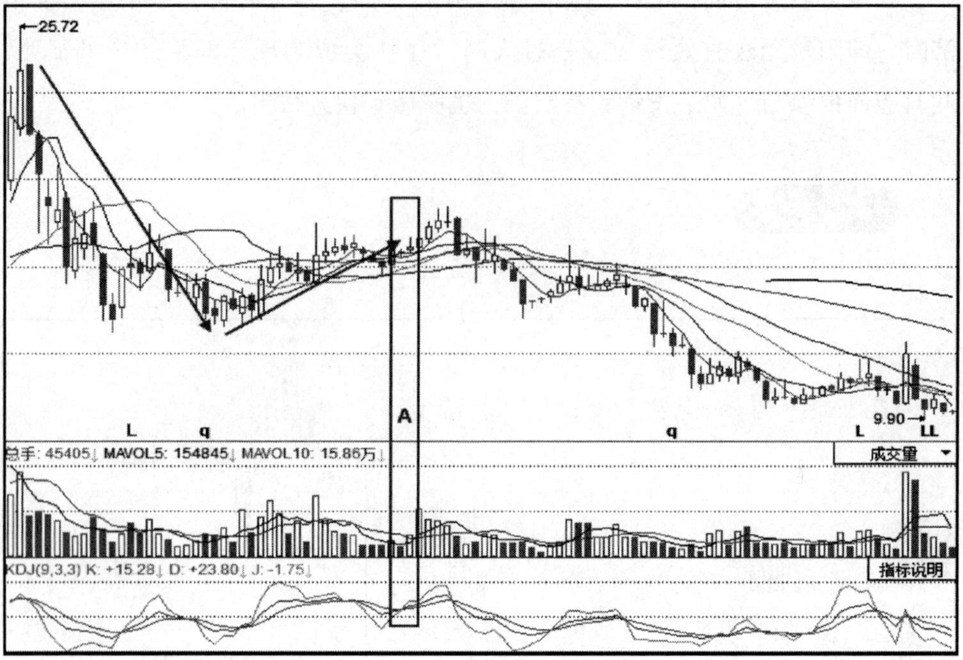

图 4-3　龙津药业周线图

票，应在止涨时果断卖出。

实战要点

（1）强势金叉是发生在 KDJ 指标区域中间那条水平虚线（50 线）之上的 KDJ 金叉，所以在判断时应以 50 线为基准，如图 4-2 与图 4-3 中的情况。

（2）当强势金叉出现在上涨趋势的调整行情中时，一旦出现量价齐升的情况，为可靠的买入信号，如图 4-2 中 A 区域的情况。

（3）如果强势金叉出现在下跌趋势的反弹行情中时，往往可信度不高，此时的放量若是地量水平的小幅放量，更能确认反弹的难以持续，此时不应参与，或买入后做到快进快出，如图 4-3 中的情况。

4.1.3　弱势金叉

弱势金叉，是与强势金叉相对应的形态，是指金叉出现在 50 线以下时的形态，所以判断金叉为弱势金叉时，应以 50 线为基准。

弱势金叉出现时同样有两种情况：

一种是弱势金叉是出现在了长期下跌的趋势里，此时如果不是弱势震荡趋势，即 K 线与 D 线处于相距较近的状态小幅震荡，那么弱势金叉要想促成趋势的反转向上时，通常会出现 J 线大角度上行发生的金叉，成交量明显持续放大为阳量。此时方可确认趋势发生了反转，但同时在参看量价关系时，应考虑到另一个问题，就是底背离，关于底背离在后面会详细讲到。

另一种是弱势金叉出现在上涨趋势的调整行情中，此时弱势金叉的出现，会发生 J 线大角度向上金叉，或金叉后三线向上发散等形态，同时成交量会出现持续缩量后的突然阳量放大，这时意味着调整已经结束，是明显的买入信号。

所以，在利用弱势金叉判断买点时，应观察之前的大趋势，从而制定出相应的操盘策略。

实战案例

图 4－4 是特变电工（600089）周线图，将 K 线图调整到“向前复权”后发现，在下跌趋势里，当 KDJ 指标向下运行到了区间 50 线以下的底部低位时，于 A 区域出现了金叉，形成弱势金叉。虽然这一金叉出现后形成 J 线大于 60 度的水平角度上行，K 线和 D 线也转为向上运行，但成交量放大情况并不明显，所以不应急于买入。

当进行到 B 区域后，再次出现 50 线以下的弱势金叉，此金叉发生时 J 线形成大角度向上，三线明显向上发散，成交量为小阳量持续放大，且 B 区域

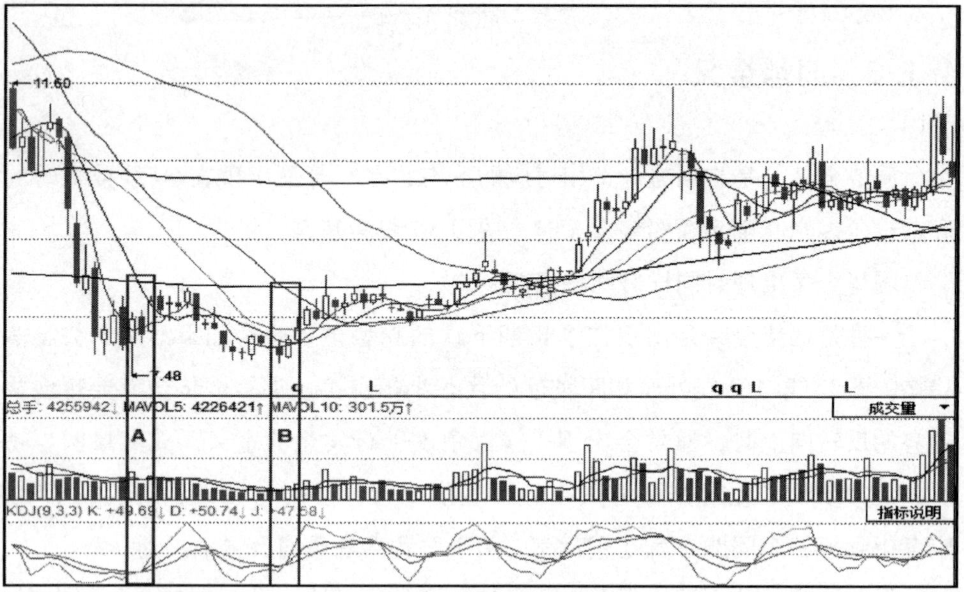

图 4-4 特变电工周线图

的J线低点未跌破A区域的J线低点，向上特征明显，应适量参与，待有明显启动迹象时再重仓参与。

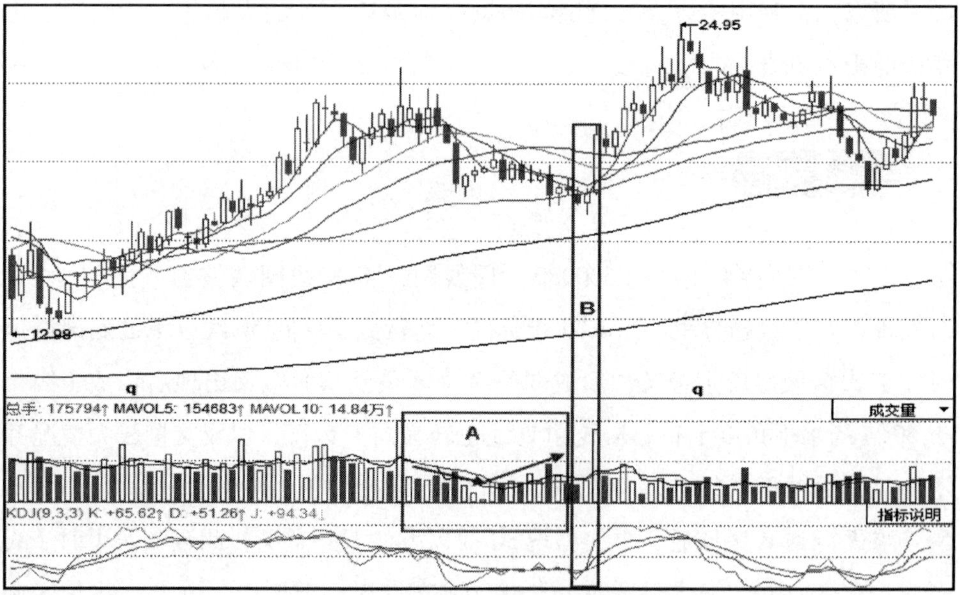

图 4-5 山东药玻周线图

图 4－5 是山东药玻（600529）周线图，将 K 线图调整到“向前复权”后发现，在上涨趋势里的调整行情中，A 区域出现了成交量的持续萎缩后的缓慢放大。到 B 区域后，形成 50 线以下的弱势金叉，且 J 线是以大于 60 度的大角度形成向上金叉，且 K 线和 D 线已迅速转为向上，形成三线向上发散，成交量也在转为阳量后出现明显的放大，阳量柱放大的程度超过 2 倍，表明调整已经结束，应果断买入。

实战要点

（1）弱势金叉是指金叉出现在 50 线以下的 KDJ 指标区域的低位区，所以 50 线成为判断弱势金叉的基准，如图 4－4 与图 4－5 中的情况。

（2）弱势金叉出现时，首先应对大趋势进行判断，从而制定出不同的应对策略。当弱势金叉出现在大幅下跌或长期下跌的弱势里时，不可轻易参与，应结合背离技术或 KDJ 买入形态来决定，尤其是在成交量为地量水平下时。所以一旦 KDJ 指标出现明显买入形态，若量价关系不是很明显，应控制好仓位少量参与，如图 4－4 中 B 区域的情况。

（3）如果弱势金叉是出现在上涨趋势的调整行情，一旦形成 KDJ 买入形态，如三线向上发散、J 线大角度向上时，若量价关系为量价齐升明显，表明调整已经结束，应果断买入，如图 4－5 中 B 区域的情况。

4.1.4　二次金叉

二次金叉，是指出现一次金叉后，时隔不久，再次出现金叉的 KDJ 形态。二次金叉又叫做接连金叉。

二次金叉的情况经常出现在震荡趋势中，这种金叉往往是没有意义的。只有在下跌趋势中接连出现两次低位金叉时，才具有抄底的意义。但是，这种情况出现，需要满足几个条件：首次金叉出现时是位于 50 线以下的低位区，并且股价在J线低点时创出新低；第二次金叉出现时，在J线的低点，股价没有创出新低，即第二个金叉时股价的低点不能跌破第一个金叉出现时的股价低点。

另一种情况就是在大的上涨趋势中，当调整出现低点后发生了止跌形成金叉，很快第二个金叉出现时形成J线大角度向上或三线向上发散。这表明调整已经结束，是股价继续上涨的征兆。

然而，无论是哪种情况出现，都应结合量价关系来确定，即：第一种情况出现时，因是底部区域，成交量往往会在第二个金叉出现时，出现小阳量持续增加；第二种情况出现时，成交量呈略放大状态下的持续阳量，或格外放大的阳量。

实战案例

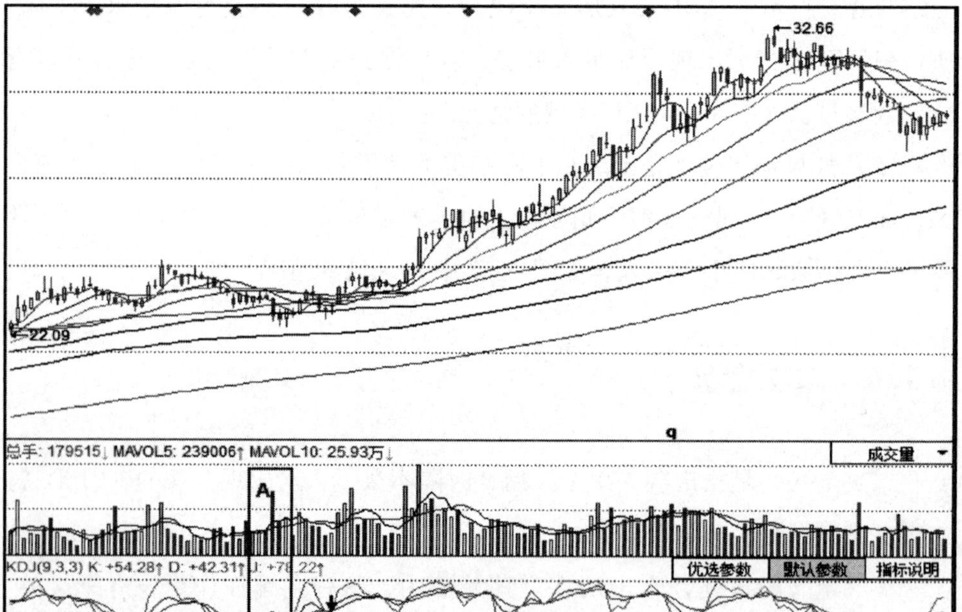

图4-6 上汽集团日线图

图 4－6 是上汽集团（600104）日线图，将 K 线图调整到“向前复权”后发现，在上涨趋势中，当出现震荡调整时，进入 A 区域，在出现第一个金叉后，随即震荡后再次形成第二个金叉，出现 J 线大角度向上形成金叉，且三线向上发散。同时，两个金叉出现距 50 线较近的位置，成交量瞬间转为持续略放大的阳量，表明调整已经结束，应果断买入股票。

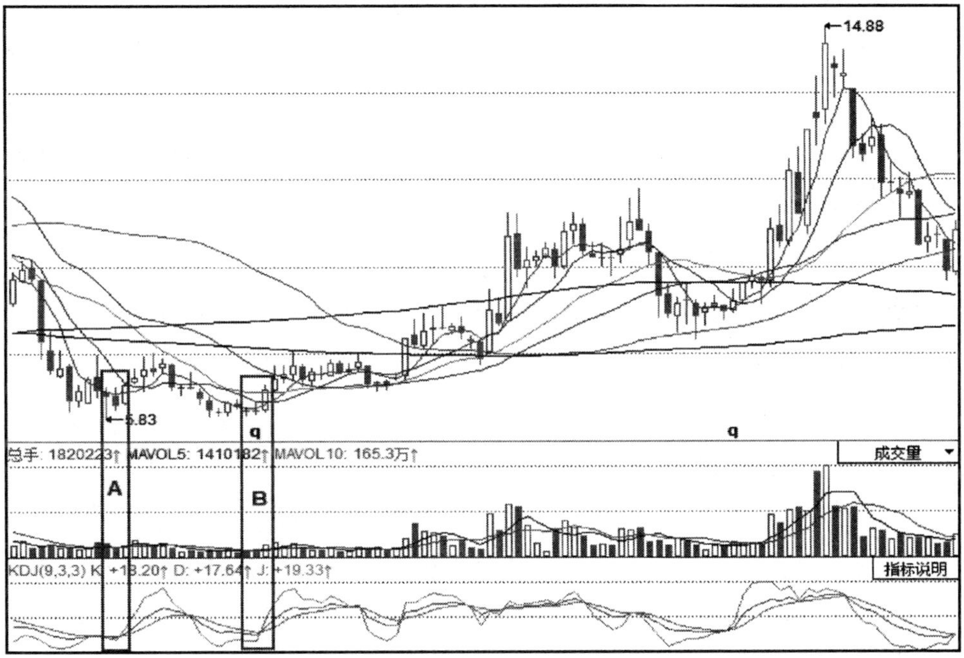

图 4－7　铁龙物流周线图

图 4－7 是铁龙物流（600125）周线图，将 K 线图调整到“向前复权”后发现，在下跌趋势里，进入 A 区域后，形成首个金叉，并在期间创出了 5.83 元的新低。KDJ 三线在震荡上行中，进入 B 区域后，股价未跌破 A 区域时的股价低点，即回升形成第二个金叉，形成二次低位金叉。在第二个金叉形成时出现 J 线大角度向上，且三线向上发散，成交量也呈现小阳量持续增长，表明趋势已出现反转，因在此时建立底仓，待其后快速启动时再重仓参与。

实战要点

（1）二次金叉出现时，如果形成买入形态，往往是在50线以下的低位区形成的接连二次低位金叉，如图4－6与图4－7中的情况。

（2）根据低位二次金叉判断趋势时，首先应明确此时的大趋势，以便制定出不同的操盘策略。如果是在上涨趋势调整行情中出现，就是调整结束时的征兆，如图4－6中的情况；如果是在下跌趋势中出现，必须确保第一个金叉出现时创出新低，而第二个金叉出现时却未能跌破第一个金叉时的低点，才能确保为反转的征兆，如图4－7中的情况。

（3）无论是哪种情况下出现的二次低位金叉，通常第二个金叉时会出现J线大角度向上金叉，或三线明显向上发散，同时成交量呈小阳量温和放大或阳量明显放大迹象，如图4－6中A区域与图4－7中B区域的情况。

4.1.5 无效金叉

无效金叉，是指金叉出现后，趋势并没有发生向上的转变的KDJ形态。所以，投资者在利用金叉来判断行情和买点时，应学会如何分辨出无效金叉，这样才能准确地捕捉到趋势变化时的买点。

无效金叉的种类较多，最主要一种无效金叉为震荡趋势时，即K线和D线处于相距几近黏合状态下的小幅震荡时，其间所出现的J线向上与K线和D线的金叉，均为无效金叉，此时不能以金叉作为判断趋势反转向上的依据。

另外，如果金叉形成后，未出现J线大角度向上或形成明显的三线向上发散形态，同时成交量也未出现明显的阳量放大甚至是缩量时，同样是一种无效金叉。这只能说明此时股价出现了小幅的上下震荡，也不能作为买入股票的参考依据。

实战案例

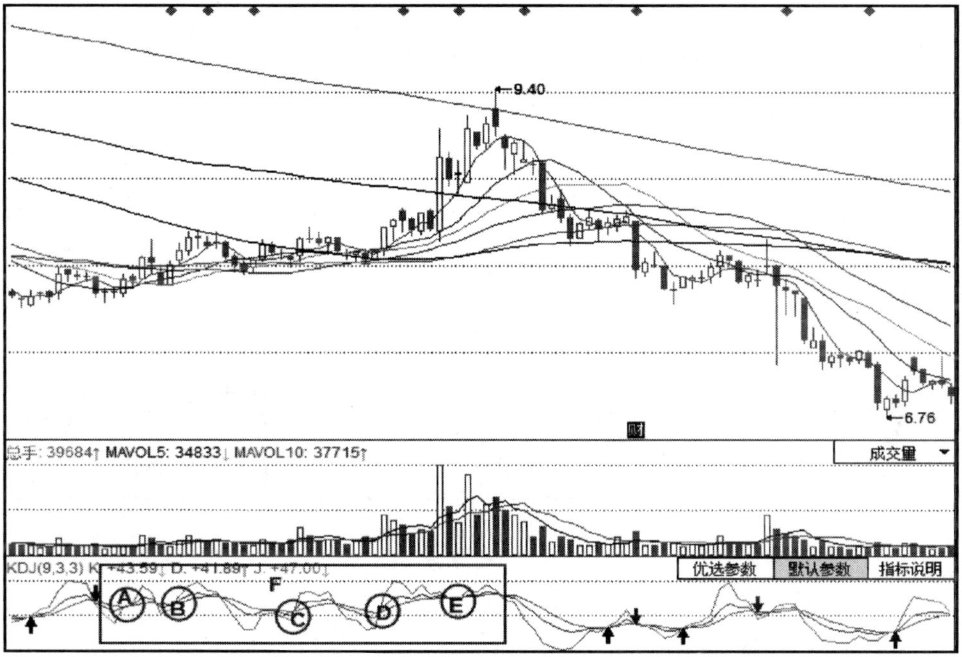

图 4 – 8　永鼎股份日线图

图 4 – 8 是永鼎股份（600105）日线图，将 K 线图调整到“向前复权”后发现，当进入 F 区域后，K 线和 D 线之间的距离出现了贴近，并处于双线相距较近的小幅震荡，表明此时进入了震荡行情。此期间在 A 区域、B 区域、C 区域、D 区域、E 区域均出现了 J 线向上与 K 线和 D 线的交叉，虽然形态上形成金叉，却不能以买入形态对待，因这种金叉属于无效金叉。

图 4 – 9 是金健米业（600127）周线图，将 K 线图调整到“向前复权”后发现，在下跌趋势中，于 A 区域出现 J 线向上与 K 线和 D 线的交叉。虽然形态上形成金叉，但未形成 J 线大角度向上、三线向上发散形态，成交量也保持在地量水平下的阴量与阳量的转换，且放量并不明显，所以是无效金叉。这只能说明此时股价趋势出现弱势震荡，不能作为买入股票的参考依据。

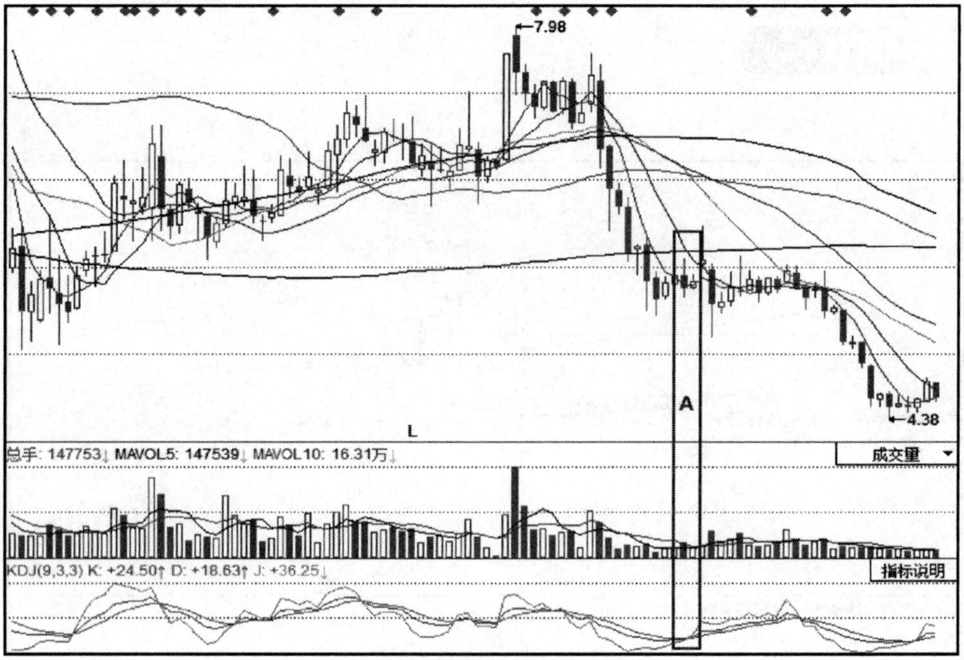

图 4－9　金健米业周线图

实战要点

（1）无效金叉可以出现在任何趋势中，所以此时的大趋势并不是研判金叉是否有效的根据。但如果是出现在震荡趋势中，哪怕接连出现金叉，均为无效金叉，不能作为买入股票的依据，如图 4－8 中 F 区域里 A、B、C、D、E 等区域的情况。

（2）金叉出现时，如果未形成 J 线大角度向上或是三线明显向上发散的情况，同时成交量也未出现明显放大时，同样属于一种无效金叉，也不能据此判断为趋势反转的买点，如图 4－9 中 A 区域的情况。

4.2　KDJ 死叉卖出技巧

KDJ 死叉是卖出股票时的重要依据，但不是所有的 KDJ 死叉都是卖出信号，这需要综合考量死叉发生时的位置，以及死叉形成时 K 线与 D 线的运行状态。因此，只有了解各种 KDJ 死叉时的表现，和什么是无效死叉，才能更准确地研判出卖出信号。

4.2.1　死叉

死叉，是指当 KDJ 向上运行时，出现 J 线由上向下与 K 线和 D 线形成自上而下的交叉。死叉出现后，往往趋势会发生反转向下，所以通常是卖出股票的一种形态，因此死叉又叫做死亡交叉。

然而，仅仅是一种死叉形态，是难以捕捉到趋势的反转向下的，只有死叉发生前后，J 线是以大于 60 度的水平角度向下运行，或是出现明显的三线向下发散时，同时成交量转为了放大的阴量或持续放大状态的阴量，才是趋势反转向下的征兆。

实战案例

图 4－10 是美尔雅（600107）周线图，将 K 线图调整到“向前复权”后发现，在上涨趋势中，当进入 A 区域后，KDJ 三线在 50 线以上的高位区，出现 J 线向下与 K 线和 D 线的自上而下的交叉，形成死叉。进一步观察发现，死叉形成前后，J 线是以大于 60 度的水平角度出现向下运行，且在死叉后形成明显的 KDJ 三线向下发散形态，同时成交量也转为了放大状态的阴量，表明趋势已经出现反转向下运行，应果断卖出股票。

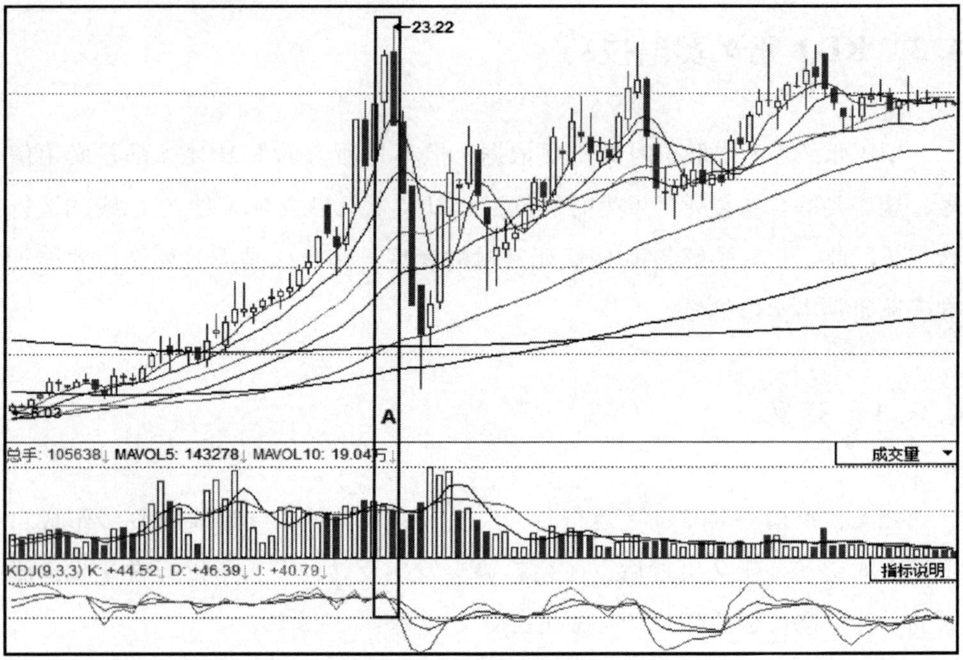

图 4－10　美尔雅周线图

实战要点

（1）死叉出现时，必须是 J 线由上向下与 K 线和 D 线形成的交叉，方可确认为死叉形态，如图 4－10 中的情况。

（2）并不是所有的死叉出现时，都可作为卖出股票的依据，只有死叉期间，出现 J 线以大于 60 度的水平角度向下运行，或是死叉后 KDJ 三线明显向下发散，同时成交量也转为放大状态的阴量时，才是趋势反转向下的征兆，如图 4－10 中 A 区域的情况。

4.2.2　高位死叉

高位死叉，是指当 KDJ 在突破 50 线后的上涨过程中，在指标的顶部高位区出现 J 线的向下运行，并且自上而下与 K 线和 D 线形成向下交叉的死叉。

高位死叉的出现，往往表明趋势已经转为下行，但由于此时股票处于较强的上涨形态，这种反转在短期内并不会突然出现，所以在判断高位死叉为趋势反转时，应结合 J 线大角度向下，或明显的三线向下发散形态来判断，同时应观察成交量的变化。然而，这里存在两种情况。

（1）在多头上涨趋势中出现的高位死叉。这时往往涨幅较大，成交量会处于较高水平，形成 J 线大角度向下的高位死叉或是高位死叉后三线向下发散，只有成交量表现为突然放大的阴量，或持续放大状态下的阴量，K 线也形成冲高回落的上影线较长的阴线，或是中阴以上的阴线时，反转的意味才更浓。若这只股票为大盘股时，阴量放大或持续出现的情况虽然也会出现，但是通常会出现反复，而一旦股价在未来无法再创新高时，则表明高位死叉时的顶部形态已经确立，应果断清仓离场。再有就是高位死叉出现时，观察是否出现了顶背离，因股票在上涨过程中，经常会背离式上涨，此时应在背离结束时再卖出。这一点，会在后面的背离一章中详细介绍。

（2）下跌趋势的反弹行情中出现的高位死叉。如果形成 J 线大角度向下的高位死叉，或是高位死叉后三线向下发散，此时的反弹幅度较大，成交量就会表现为突然放大阴量，或持续放大的阴量；如果反弹的幅度较小，成交量同样就会出现量能不大状态的阴量与阳量交替出现，股价则表现为高位震荡或阴跌。

因此，一旦以上两种情况出现一种，就表明趋势已经发生变化，应果断卖出股票。

实战案例

图 4－11 是诺德股份（600110）周线图，将 K 线图调整到“向前复权”后发现，在明显的上涨趋势中，当累积涨幅较大时，在进入 A 区域后，KDJ 三线运行到了高位区，出现 J 线以大于水平 60 度的大角度形成向下的死叉，

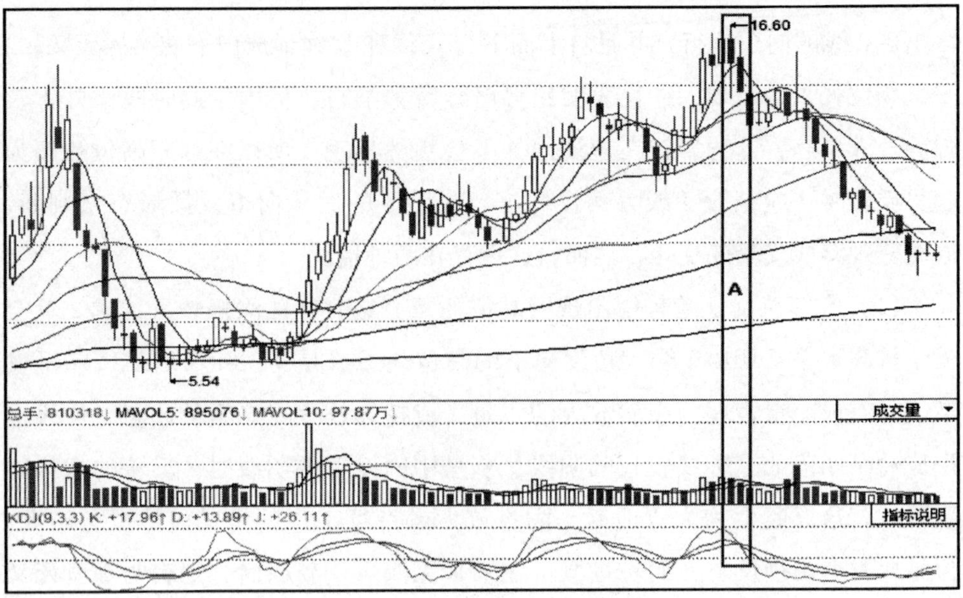

图 4－11　诺德股份周线图

三线明显向下发散，成交量也转为放大状态下的阴量，表明趋势已经出现反转，应果断卖出股票。

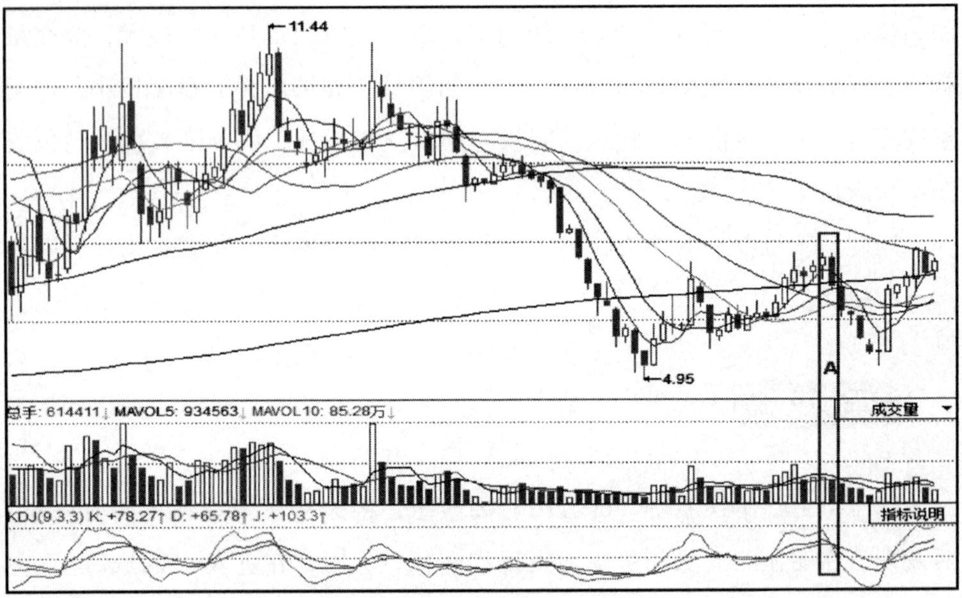

图 4－12　波导股份周线图

图 4－12 是波导股份（600130）周线图，将 K 线图调整到“向前复权”后发现，在下跌趋势的反弹行情中，经过持续反弹，进入 A 区域，KDJ 在运行到 50 线以上的高位区后，出现 J 线向下的高位死叉，同时 J 线形成大角度向下、死叉后三线向下发散。成交量虽然不大，但为同等量能下的阴量，K 线出现中阴线，表明反弹已经结束，应果断卖出股票。

实战要点

（1）高位死叉出现时，是发生在 50 线以上接近指标区间顶部高位区的死叉，但高位死叉出现时，应结合之前的大趋势进行综合判断，以确定趋势的反转是上涨趋势的反转，如图 4－11 中的情况，还是反弹结束时的反转，如图 4－12 中的情况。

（2）高位死叉形成后，应结合观察 KDJ 指标的其他情况来判断趋势的反转，如 J 线大角度向下、三线向下发散，同时结合量价关系进行最后判断，但不同趋势里的量价关系会有所不同，应引起注意，如图 4－12 与图 4－11 中的情况。

4.2.3　低位死叉

低位死叉，是指发生在 50 线以下的低位区的死叉。低位死叉往往是一种弱势震荡的表现，通常在这种时候，多数投资者是空仓的，所以应继续采取观望的策略。然而，有一种情况，会成为等待买入股票的时机。因此，在低位死叉出现时，同样有两种情况要明白。

如果发现是股价在大幅下跌或长期下跌时出现的低位死叉，属于弱势震荡的情况。此时的成交量往往已缩减到较低的地量水平，股价呈现阴跌或盘跌状态，应持续观察其后转折或转强的时机，寻找买点。或是量能未能降到地量水平时，多数表明其后的下跌仍然会持续，应持币观望。

如果发现低位死叉出现在了上涨趋势的调整行情中，往往低位死叉反映了震荡的行情，此时若是股价也表现为低位震荡，成交量也出现了极度萎缩，则持续观察其后的变化。一旦发现弱势死叉后形成明显的KDJ买入形态，持续或格外的阳量放大，则是短线买入股票的时机。

股价趋势永远是一个由强至弱再至强的不断转换的过程，看似极弱时，往往也就是转强的开始。

实战案例

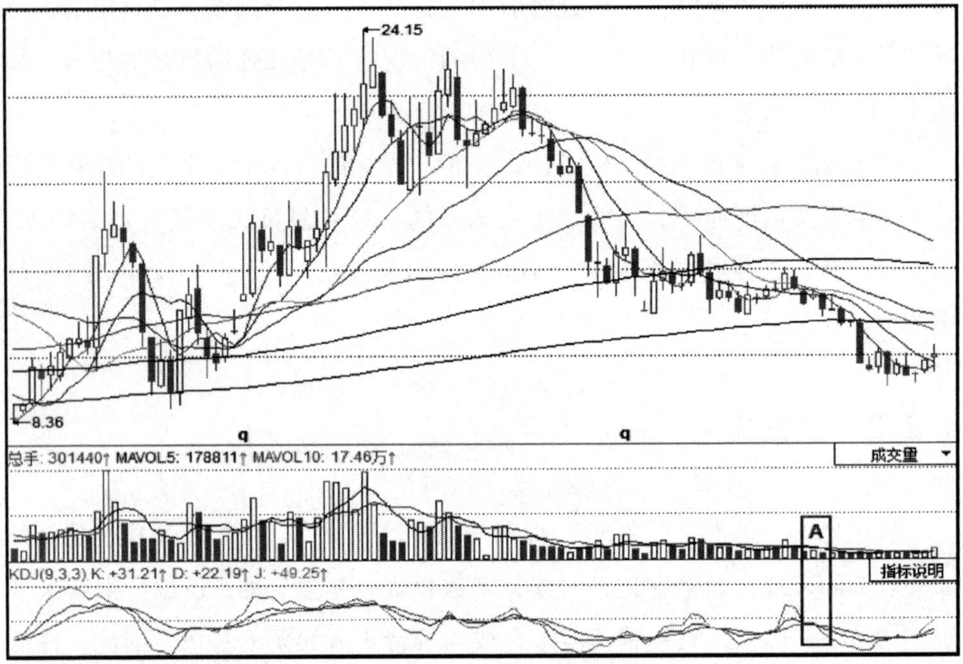

图4-13 浙江东日周线图

图4-13是浙江东日（600113）周线图，将K线图调整到“向前复权”后发现，在下跌趋势中，当进入A区域后，成交量已经萎缩到地量水平，KDJ三线在运行到50线以下的低位区后出现J线向下与K线和D线的死叉，

形成低位死叉，股价震荡走低。虽然此时形成三线向下发散，但持股的投资者也不应再恐惧，可继续持有观察，因为地量成交量常是股价即将见底的标志。而空仓的投资者，也应持续观察寻找转机再介入。

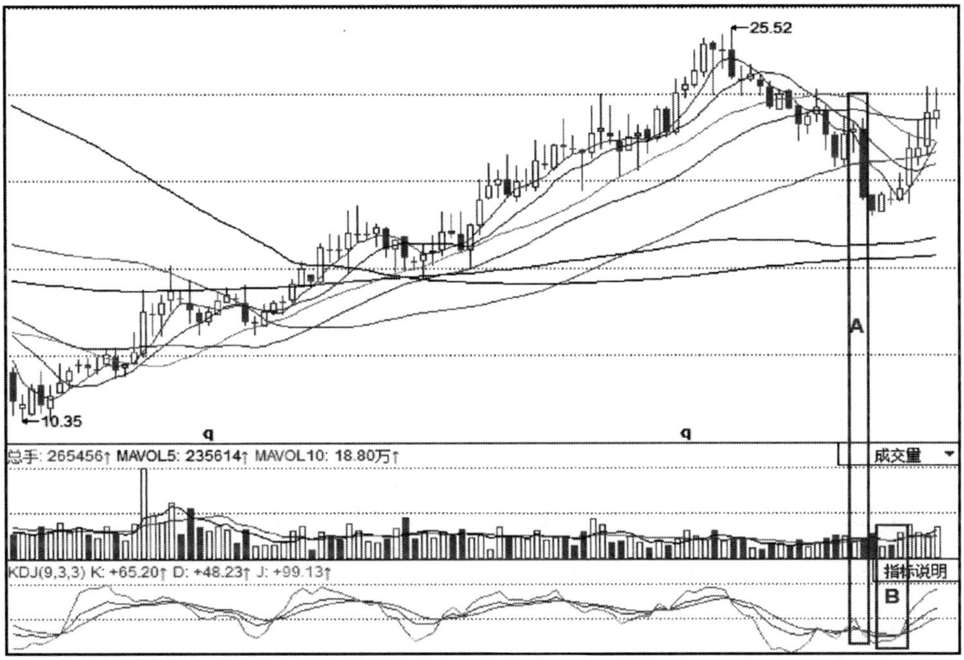

图 4－14　重庆啤酒周线图

图 4－14 是重庆啤酒（600132）周线图，将 K 线图调整到“向前复权”后发现，在上涨趋势的调整行情中，进入 A 区域，在成交量明显萎缩后形成死叉。这一死叉是出现在 50 线以下的低位区，形成低位金叉，且阴量放大并不明显，K 线上出现了一根长阴线，说明弱势整理或许即将结束，低位死叉的出现极有可能是快速下跌的表现。量能在低位死叉后继续出现萎缩，而后明显放阳量形成金叉后三线向上发散时，可短线买入。

实战要点

（1）低位死叉是弱势震荡的结果，所以，此时只要在下跌趋势中成交量尚未萎缩到地量水平，便是股票继续转弱的征兆，应卖出股票远离。

（2）低位死叉出现时，应从整个大趋势出发来判断行情，才能更好地根据趋势运行的不同阶段成交量的具体表现，来判断趋势是会持续下跌，还是曙光即现，如图 4－13 与图 4－14 中的情况。

4.2.4　接连死叉

接连死叉，是指当 KDJ 向上运行到高位区后，或是在 50 线附近，接连出现至少两个以上的死叉时的形态。在低位区出现接连死叉时，往往是弱势震荡的结果，参考意义不大。接连死叉只有出现在高位区时，才具有转势的提示作用。

当接连死叉出现在上涨趋势的顶部高位区时，如果不出现背离，往往是筑顶的征兆，接连死叉出现期间，股价会出现高位震荡，最后一个死叉出现时，会形成明显的三线向下发散的形态，成交量在此期间呈持续阴量。

当接连死叉出现在 50 线附近时，往往是股价由高位区下跌后出现反弹再反弹结束的时候，接连死叉出现前股价一旦在高点时未创出新高，则表明调整中趋势已经走弱，此时成交量一般表现为持续阴量，投资者应卖出股票。

实战案例

图 4－15 是当代明诚（600136）周线图，将 K 线图调整到“向前复权”后发现，在明显的上涨趋势中，当大幅上涨后进入 A 区域时，KDJ 指标已经运行到 50 线上的高位区，J 线突然在 B 处形成死叉，略震荡后再次于 C 处形成死叉，即形成接连死叉。成交量也在此时间转为阴量，股价在高位出现震荡，表明趋势已经转弱，应在第二个死叉后出现三线向下发散时卖出股票。

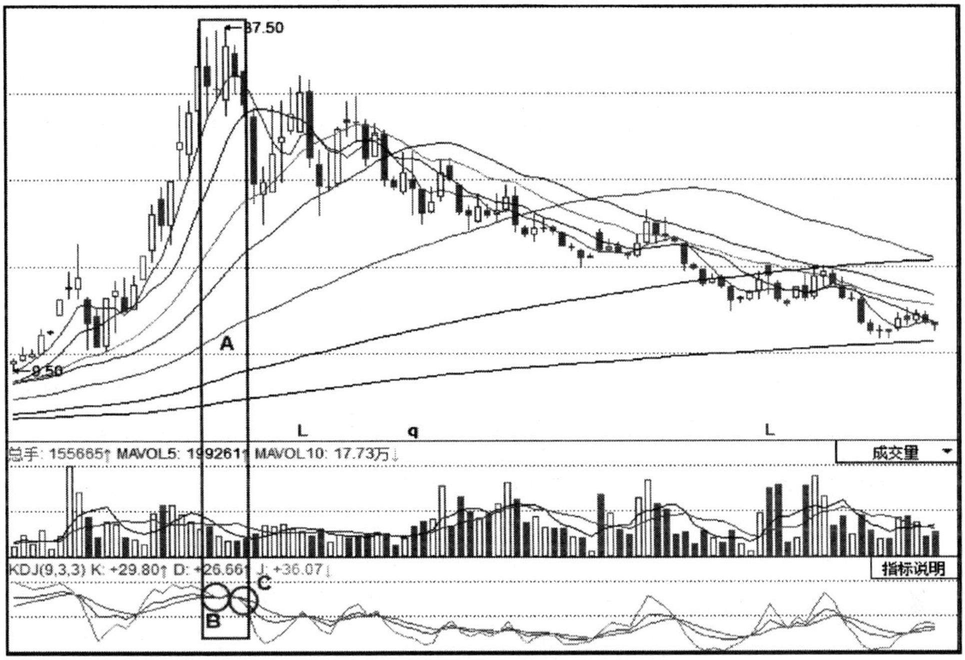

图 4－15　当代明诚周线图

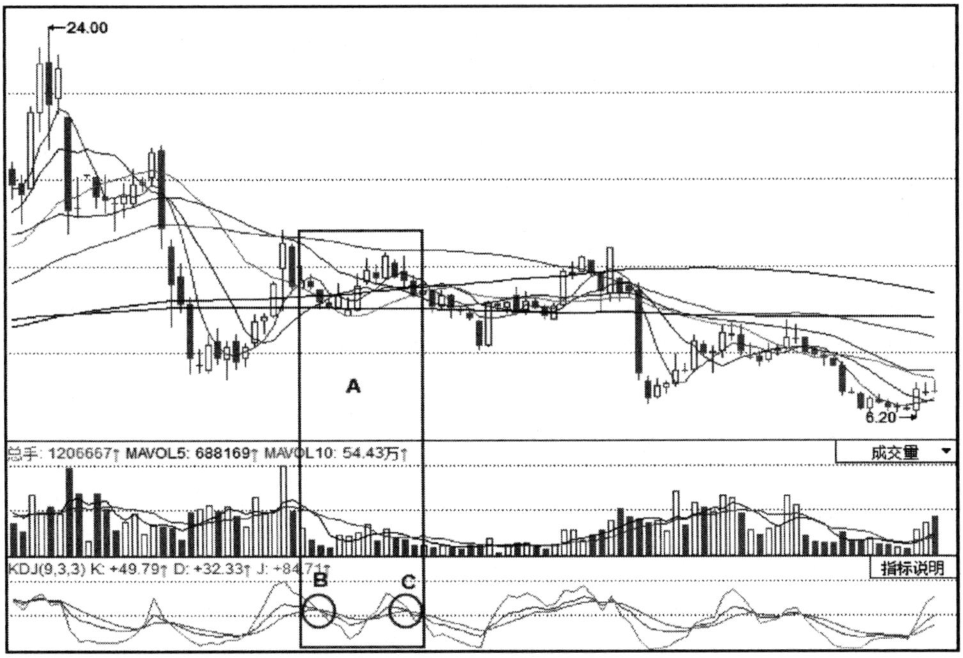

图 4－16　西部资源周线图

图4－16是西部资源（600139）周线图，将K线图调整到“向前复权”后发现，在明显的上涨调整行情中，在进入A区域后，于B处和C处接连形成两个死叉，形成接连死叉形态。成交量也在死叉时持续出现阴量，且股价远未再创出新高，表明上涨趋势已经出现反转，应果断卖出股票。

实战要点

（1）接连死叉出现时，首先应观察两个死叉出现的位置，分清是在顶部高位区，如图4－15中的情况，还是50线附近，如图4－16中的情况，然后再决定具体的操作。

（2）接连死叉出现时，股价往往表现为高位或次高位震荡，成交量为阴量，最后一个死叉形成时，要么是J线大角度死叉，要么是死叉后三线向下发散。只要满足这些条件，就表明趋势已经转弱，如图4－15与图4－16中C区域的情况。否则，多数是一种震荡持续的表现。

4.2.5 无效死叉

无效死叉，就是死叉出现后，股价没有出现大幅下跌的KDJ形态。在利用死叉判断趋势转折时，一定要了解什么是无效死叉，这样才能准确判断出趋势是否发生反转向下，否则就会引发操作上的失误。

最明显的无效死叉，就是震荡趋势中出现的死叉。这时候，只要成交量不出现阴量格外放大，都是震荡趋势持续的表现，均应持续观察后再决定操作。

另外一种无效死叉，就是死叉形成时，没有出现J线大角度向下、三线向下发散等形态，只要成交量同样没有发生大的变化，如阴量放大，同样应持续观察后再行操作。

实战案例

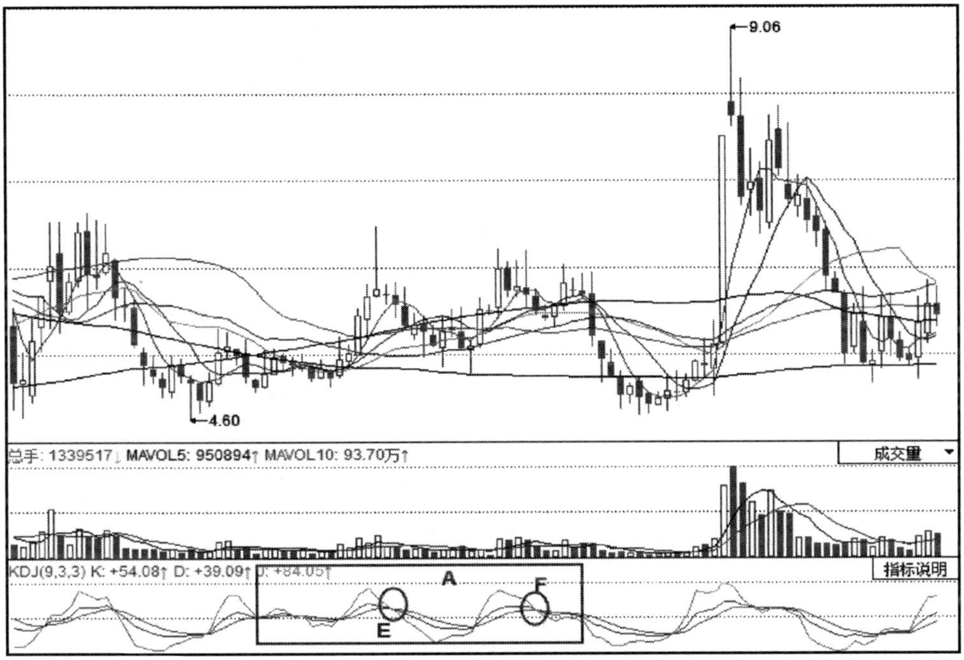

图 4－17 西宁特钢周线图

图 4－17 是西宁特钢（600117）周线图，将 K 线图调整到“向前复权”后发现，在进入 A 区域后，K 线与 D 线出现了相互黏合状态下的小幅震荡，表明此时该股已经进入震荡趋势，其间在 E 处与 F 处出现了两次死叉。虽然成交量均呈现阴量，但依然处于地量水平，变化并不大，所以这两个死叉均为无效死叉，持股的投资者应采取继续持股并观察的策略。

图 4－18 是商赢环球（600146）周线图，将 K 线图调整到“向前复权”后发现，在上涨趋势中，当进入 A 区域后，出现 J 线向下与 K 线和 D 线的交叉，形成死叉。但是观察后发现，这一死叉形成时未出现 J 线大角度向下、三线向下发散，成交量也维持在当前的水平，说明这一死叉只是盘中股价震荡的反映，为无效死叉，应持股观察后再选择是否卖出股票。

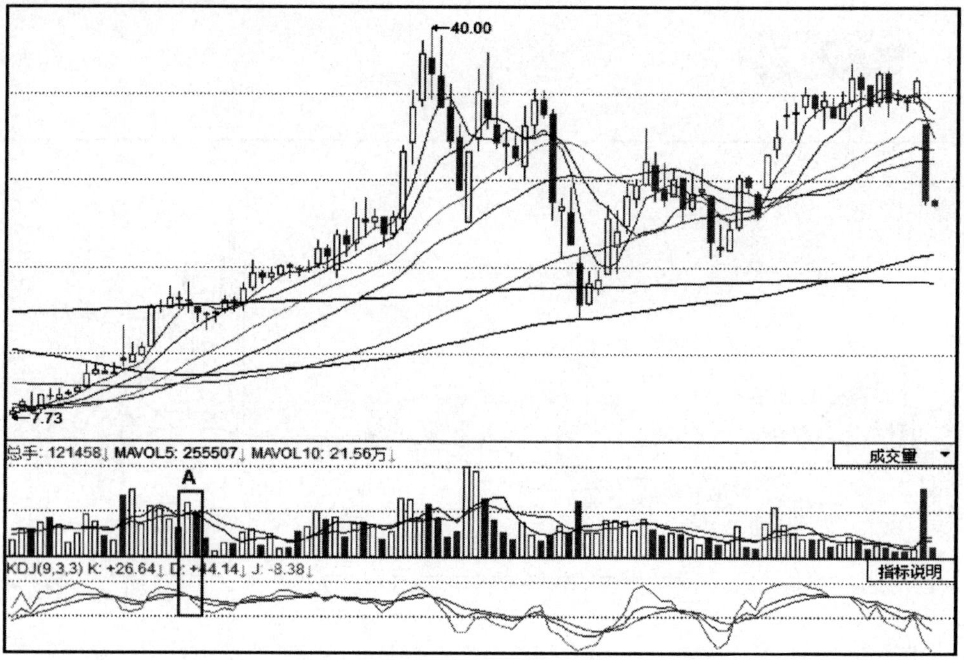

图 4-18 商赢环球周线图

实战要点

（1）当趋势为震荡行情时，出现的死叉为无效死叉，此时买入股票的投资者，应继续持股观察，直到出现明显的转弱时方可卖出股票，如图 4-17 中的情况。

（2）当死叉形成，没有出现 J 线大角度向下或三线向下发散等形态，成交量也未发生变化时，同样为无效死叉，应继续以观察为主。如此时为上涨趋势，应继续持有，如图 4-18 中 A 区域的情况。如果此时是空仓者，应根据之前的趋势，等待趋势演变为上行时再买入。

4.3　KDJ 钝化交易技巧

KDJ 钝化是 J 线无法真实反映趋势的一种特殊形态，因此往往是趋势即将发生变化时的反映，但不是所有的 KDJ 钝化最终都能引发趋势的反转。同时，临界钝化又是 KDJ 指标一种特殊的买入形态。

4.3.1　高位钝化卖出技巧

前面谈到了周线 K 线图上高位钝化的卖出方法，只要根据高位钝化形态选择卖出即可。在这里，我们介绍一下日线或以下级别 K 线图上的高位钝化卖出的技巧。

通常在日线或以下级别 K 线图上根据高位钝化卖出股票时，首先应选择在一轮明显的上涨趋势中，在不发生背离的情况下，如果出现高位钝化，应选择在高位钝化结束后，KDJ 形成 J 线大角度高位死叉或死叉后三线向下发散等形态来确定卖点。同时，成交量应为放大状态的阴量或持续阴量。

如果股价经过了短期的快速上涨后出现高位钝化，比如一字板涨停或接连涨停，这时候就无须等到 KDJ 卖出形态形成后再卖出了，而应在一字板或涨停板打开后，股价无法再继续创新高时，果断卖出股票，尤其是在阴量放大的情况下。

实战案例

图 4 - 19 是德赛电池（000049）日线图，在上涨趋势中，进入 A 区域后，KDJ 三线运行到顶部高位区，J 线出现沿区间平行移动的状态，形成高位钝化。但高位钝化结束后，股价依然处于高位震荡的趋势，因此应在高位钝化

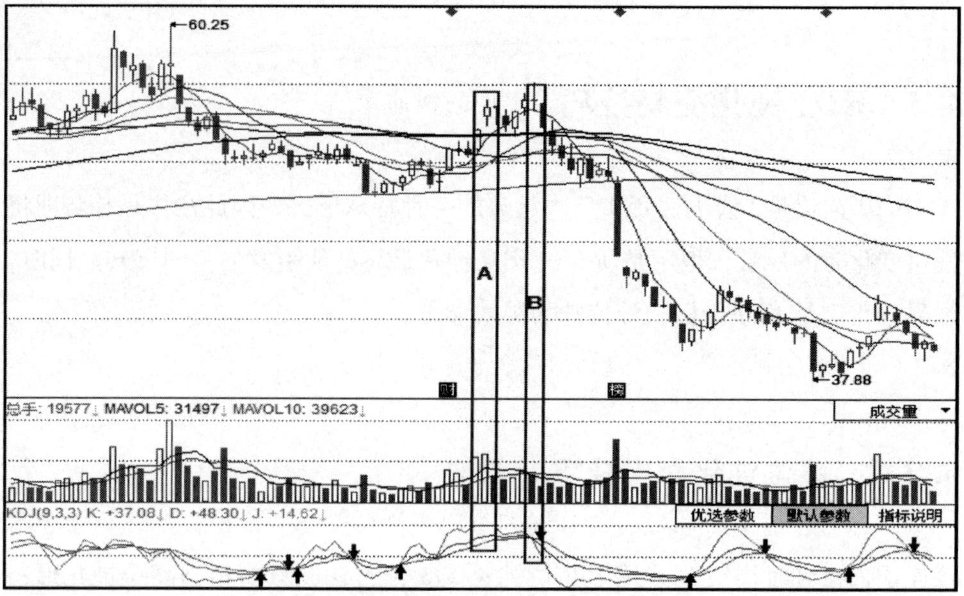

图 4－19　德赛电池日线图

结束后进入 B 区域，形成死叉后三线向下发散、成交量持续为阴量时，再选择卖出股票，因为这时趋势已经出现反转向下。

图 4－20 是 S 佳通（600182）日线图，在经过短期快速上涨后，KDJ 三

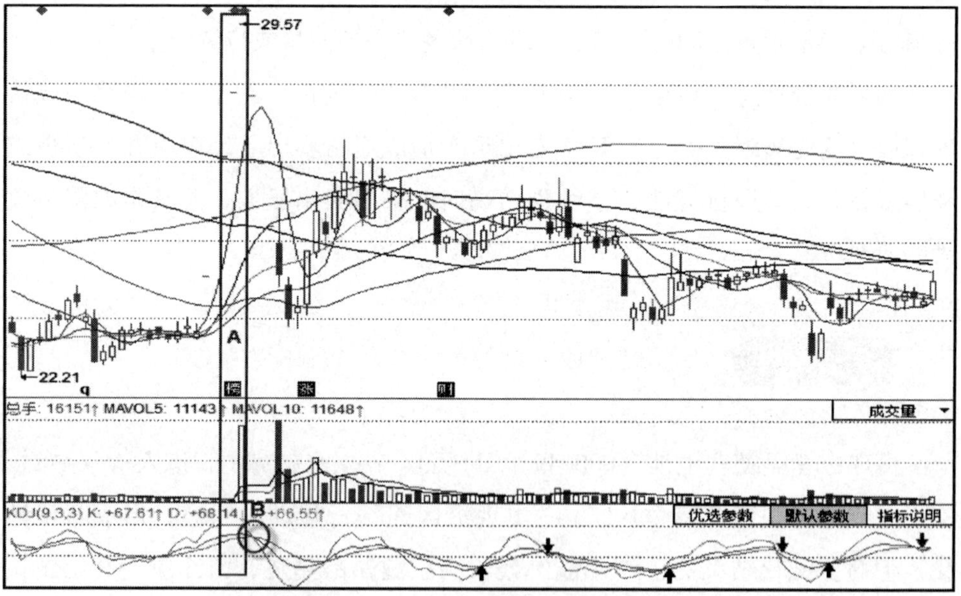

图 4－20　S 佳通日线图

线已运行到顶部高位区，J 线在 A 区域形成沿区间上沿平行运行的状态，形成高位钝化。因是一字板涨停的方式出现的快速上涨，所以应在一字板上涨结束时卖出，而不要等 B 区域出现死叉后三线向下发散时再卖出股票。

实战要点

（1）高位钝化如果是出现在日线或以下级别 K 线图上时，应在高位钝化结束后，KDJ 形成明显的死叉后三线向下发散或 J 线大角度向下，成交量为阴量时卖出股票，如图 4－19 中 B 区域的情况。

（2）如果日线或以下级别 K 线图上出现高位钝化，此形态是股价在经过接连快速上涨时出现的。如果是接连一字板涨停或接连涨停导致的高位钝化，此时应在涨停板打开后、股价未能继续上涨时，选择卖出，如图 4－20 中的情况。

（3）如果是震荡行情上出现的高位钝化，则不具有任何卖出的参考依据。

4.3.2　低位钝化买入技巧

低位钝化的买入技巧，在前面已经介绍了周线 K 线图上买入的技巧，只需根据低位钝化形态来判断买点即可。在这里，我们介绍一下日线级别 K 线图上的低位钝化买入技巧。

在根据日线 K 线图上低位钝化买入股票时，应重点从趋势演变的角度来分析，因为低位钝化买入时的股票，绝大多数都是一种抄底行为，而股价底部的确认往往很难一蹴而就，也就是说股价是很难见底的。另一方面，只要股价出现快速下跌或是长期的阴跌，J 线很容易出现低位钝化。

因此不管是低位钝化抄底，还是利用其他技术抄底，都应着眼于大趋势反转的判定。所以，最可靠的低位钝化买入的技巧，是结合背离技术来操作。

如果其后出现J线持续震荡走高，股价却在持续震荡走低时，一旦这种背离状态结束，即可选择在股价与KDJ指标同步向上运行时，轻仓买入，直到出现启动的迹象时再重仓参与。

实战案例

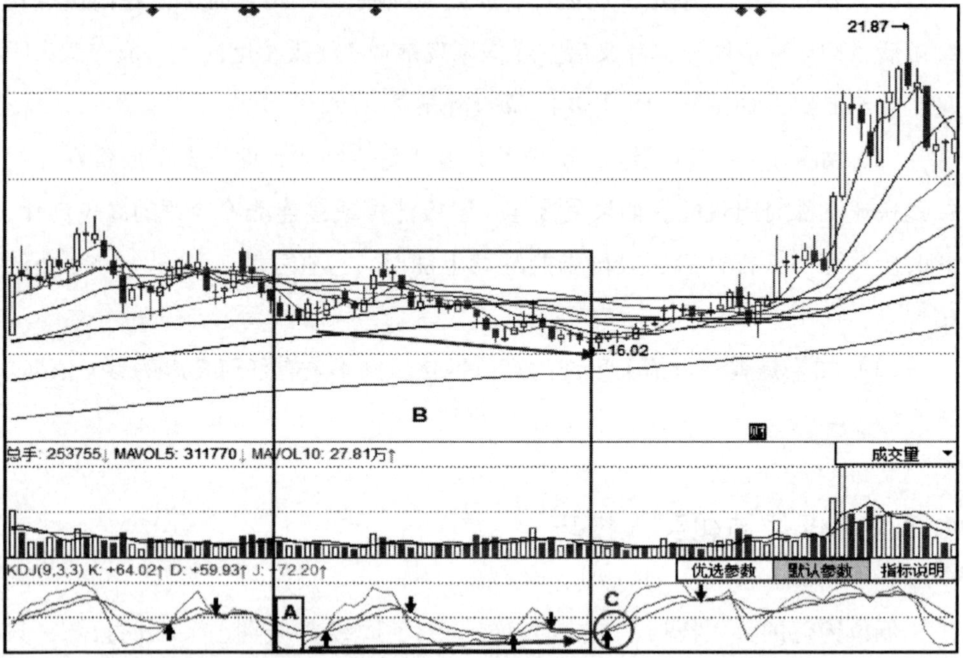

图4－21　国电南瑞日线图

图4－21是国电南瑞（600406）日线图，在A区域，出现J线沿区间下沿平行运行的低位钝化，之后，KDJ三线展开震荡，但J线的低点在不断震荡走高，而股价在持续震荡走低，形成长期的底背离。当进入C区域时，出现KDJ金叉后三线向上发散，此时应轻仓买入，待其后发现趋势彻底转强时方可重仓参与。

实战要点

（1）低位钝化在日线 K 线图上经常会出现，尤其是在一轮快速下跌或阴跌过程中。如果是根据日线 K 线图上的低位钝化买入股票，应结合背离技术具体判断，并在初期保持轻仓参与，如图 4－21 中的情况。

（2）如果是出现在震荡趋势中，此时出现的低位钝化，不能作为买入的参考依据，只能说明股价此时已进入极弱区域。

4.3.3　临界钝化买入技巧

临界钝化，是一种特殊的钝化方式，通常出现在股价经过一定幅度的上涨后，主力资金用来快速凶狠洗盘的一种方式。具体的临界钝化形态为：在日线图上，当行情处于偏弱状态时，形成 J 线沿下沿平行运行的低位钝化，其后结束钝化时，J 线直接从底部钝化状态运行至顶部，出现 J 线沿上沿平行运行的高位钝化状态。

简单而言，临界钝化就是股价在弱势中形成低位钝化后转而快速形成高位钝化，所以是趋势出现快速反转的形态。因此此过程 J 线从低位钝化到高位钝化期间不能做任何停留，是以一根向上倾斜的直线方式出现的，如果中间出现任何的停留，就不能认定为临界钝化。

由此看，临界钝化代表的是一种直接的由极弱到极强的快速转换，也是快速转换后强势调整的开始。因此，在判断买点时，应从临界钝化出现后的回调结束来确定。但是这里有一个关键的问题，就是当临界钝化发生后，其后的回调不能过低，以 J 线为准，幅度最多不会超过 40。这也就意味着此时的回调 KDJ 三线始终是位于 60 线上方的高位区，所以买点应在高位钝化后的首次回调结束时选择买入股票。

实战案例

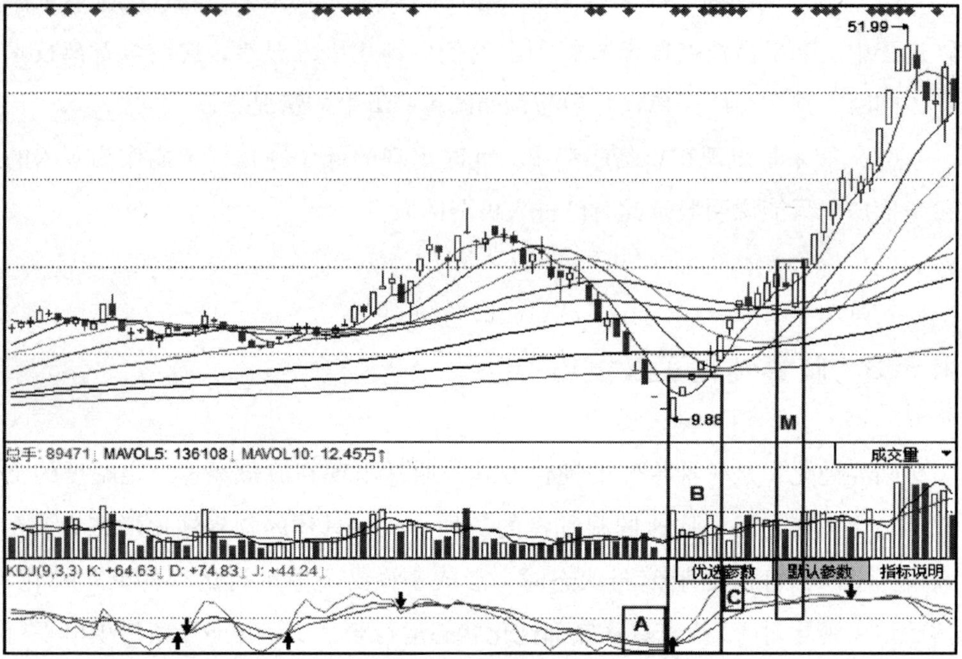

图 4-22 特力 A 日线图

图 4-22 是特力 A（000025）日线图，在快速下跌后，于 A 区域形成 J 线沿区间下沿平行运行的低位钝化现象，其后在 B 区域，J 线出现以 45 度左右的斜线一直向上运行到了顶部，又在 C 区域形成 J 线沿上沿平行运行的高位钝化，A、B、C 三个区域形成临界钝化。在其后的回调中，于 M 区域，J 值最低只达到 87.42，即出现止跌回升，并形成向下欲死叉 K 线和 D 线却未交叉即转为上行的死叉不死的强势买入形态，表明调整已经结束。因此，投资者应在 M 区域果断买入股票。

实战要点

（1）临界钝化是一种股价快速探底而后快速回升的反转形态，是一种特殊的由低位钝化直接转化为高位钝化的形态，因此是一种快速反转后买入形态。因此，判断临界钝化形态的关键，在于确认低位钝化与高位钝化之间 J 线必须是一根 45 度左右的直线，中间不能有任何停留，如图 4 – 22 中 B 区域的情况。

（2）临界钝化形成后，在判断买点时，应选择在临界钝化后出现的回调止跌时，但有一个条件需要引起注意，即回调时 J 值不能低于 60，即由顶部 100 的回调不能超过 40。这意味着这时 KDJ 三线必须位于 50 线之上的位置，不能低于 60，如图 4 – 22 中 M 区域的情况。

（3）临界钝化指的是日线上由低位钝化到高位钝化的直接转化，如果出现的是由高位钝化到低位钝化，则毫无意义。或是低位钝化直接到高位钝化后的回调中，KDJ 三线回到了底部区域，此情况则不能以买入形态对待。

第5章 KDJ背离交易技巧

KDJ背离，是判断趋势反转时的一项重要技术，但背离并不是KDJ趋势与股价趋势的相反运行这么简单。因为当趋势出现反转时，背离的发生同样有一定的条件，只有在某些特定的条件下出现背离，股价趋势才会出现反转。所以，要想做到准确通过KDJ背离判断出趋势，就应当从KDJ背离的基础知识开始进行详细了解。

5.1 什么是KDJ背离

KDJ背离就是KDJ指标与股价的运行方向出现相反运行时的状态，但并不是所有的KDJ背离都是趋势出现反转的征兆。因此，了解KDJ背离的同时，应学会如何判断背离，并利用有效背离来捕捉趋势的反转时机。

5.1.1 背离定义

背离，是KDJ指标与股价在运行趋势上的背道而驰，是指当股价持续向上运行或震荡上行的过程中，KDJ指标持续向下运行或是震荡向下运行，或是当股价持续向下运行或震荡下行时，KDJ指标持续向上运行或震荡向上运行。

这种股价与KDJ指标的方向相反的运行形态，就叫做KDJ背离。KDJ背离可分为两种形态：顶背离与底背离。这一点，会在后面的小节中详细介绍。

在这里，首先了解什么是 KDJ 背离形态。

为什么要学会看清 KDJ 背离形态呢？因为背离的出现，大多是股价在单一趋势运行过程中，KDJ 指标先于趋势做出的一种相反运行的形态，是盘中股价趋势步入单一运行方向、动能步入极强状态的象征。因此，当背离结束后，股价趋势在大多数情况下，往往会做出趋势的反转。所以，背离技术是判断趋势反转时一种重要的参考依据。尤其是投资者在根据 KDJ 形态判断买卖点时，背离的出现，往往会预示着股价将改变当前趋势的运行方向，所以是一种判断买卖点时必须时刻关注的形态，特别是在单一趋势下出现的背离，往往是判断行情时应当引起重视的形态。

实战案例

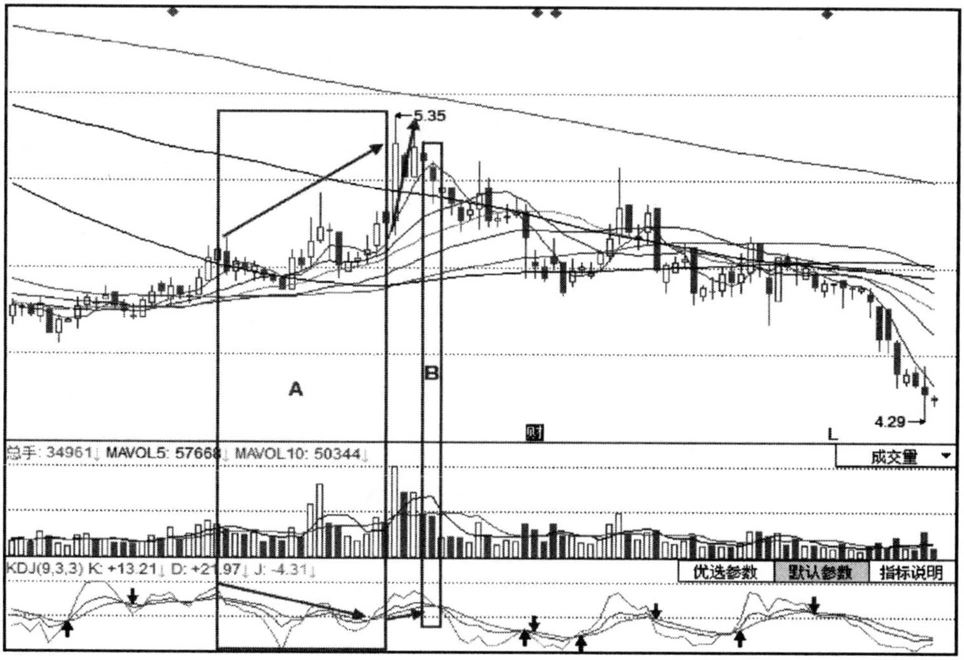

图 5－1　德豪润达日线图

图 5－1 是德豪润达（002005）日线图，在股价震荡上行的过程中，当进入 A 区域后，股价持续震荡上行，KDJ 三线却出现明显的向下运行，形成背离。其后股价与 KDJ 同步向上运行。进入 B 区域后，KDJ 指标与股价开始同步向下运行，成为趋势反转时的卖点。

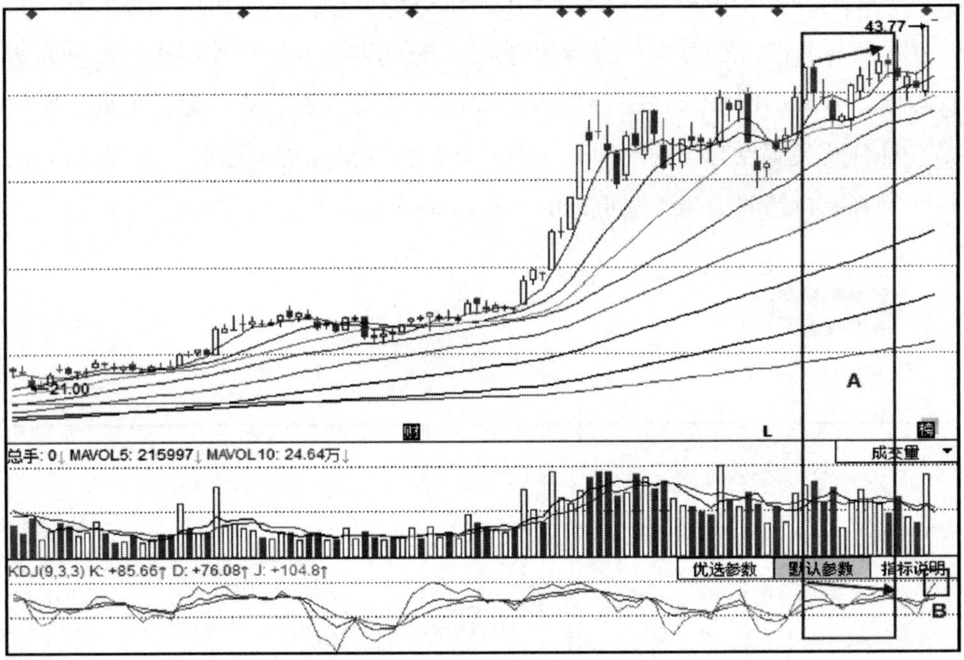

图 5－2　新和成日线图

图 5－2 是新和成（002001）日线图，在上涨趋势中，当进入 A 区域后，股价出现震荡上涨，不断创出新的高点，KDJ 指标中的 J 线上涨的高点却在不断降低，形成 J 线的震荡下行，形成背离。之后，投资者应时刻关注 J 线向上出现的高点，一旦发现 J 线高点无法超过 A 区域最后一个高点，代表着这种背离在持续，而只要股价依然在震荡创出新高，就应继续持有，直到股价无法再创出新高、KDJ 转为下行时，才说明上行动力已彻底衰竭，方可卖出股票。如果 J 线继续上行、股价也继续上行，表明背离只是暂时的，股价已恢复同步上行，仍然可继续持股，直到上行动力衰竭为止再卖出股票。

实战要点

（1）背离是股价与 KDJ 运行方向相反的一种表现，是判断趋势是否出现反转时的重要依据，如图 5 –1 中的情况。

（2）背离出现时，这种股价趋势与 KDJ 指标的运行趋势，可以是直接向上或向下，如图 5 –1 中 A 区域的情况，也可以是震荡向上或向下，如图 5 –2 中 A 区域的情况。

5.1.2　如何判断 KDJ 背离

在判断背离时，主要观察股价趋势与 KDJ 指标趋势是否运行方向相反。看似背离形态很容易判断，实际上却有细微的不同。这主要由于 KDJ 指标有三条线，而股价或 KDJ 指标又存在着两种运行方式。

第一种运行方式为直接上行或下行，这时候股价呈持续上升或下降的状态，KDJ 指标中主要观察 K 线与 D 线，其方向同样是持续上行或下行的状态。另外一种运行方式是震荡上行或下行，这时候股价表现为涨涨跌跌或跌跌涨涨，但在不断向上或向下创出新的高点或新的低点，也就是持续震荡走高或走低。KDJ 指标主要观察 J 线：在三线向上运行时，J 线不断向上出现的高点呈不断降低的情况；在三线向下运行时，J 线向下的低点出现不断被抬高的情况。

只有了解这两种趋势的运行方式，才能够准确地判断出背离形态，进一步把握趋势的演变。

实战案例

图 5 –3 是世荣兆业（002016）日线图，在弱势震荡趋势中，当进入 A 区

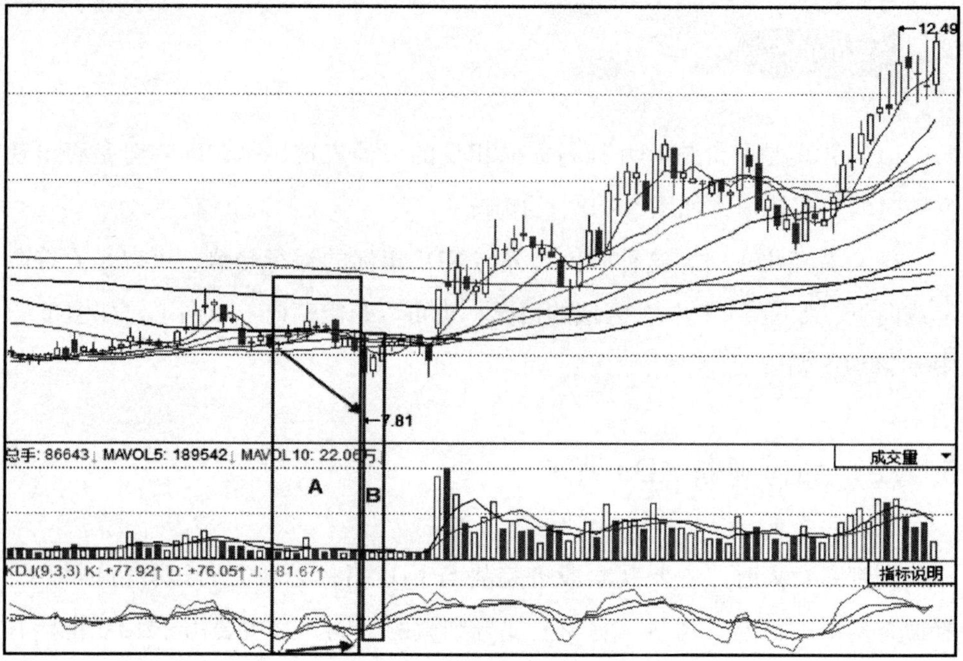

图 5－3　世荣兆业日线图

域后，股价出现震荡上涨后下行，创出震荡低点 7.81 元，KDJ 指标中的 J 线却由最初的低位钝化，出现震荡低点的抬高，形成背离。其后进入 B 区域，当股价与 KDJ 趋势同步向上行，趋势转为上涨时，形成好的趋势反转时的低位买点。

图 5－4 是苏宁易购（002024）30 分钟图，在震荡趋势中，当进入 A 区域后，股价出现持续下行，KDJ 指标中的三条线，尤其是 K 线和 D 线出现了明显的向上运行，形成背离。其后股价与 KDJ 指标同步向上时，成为好的低位买点。

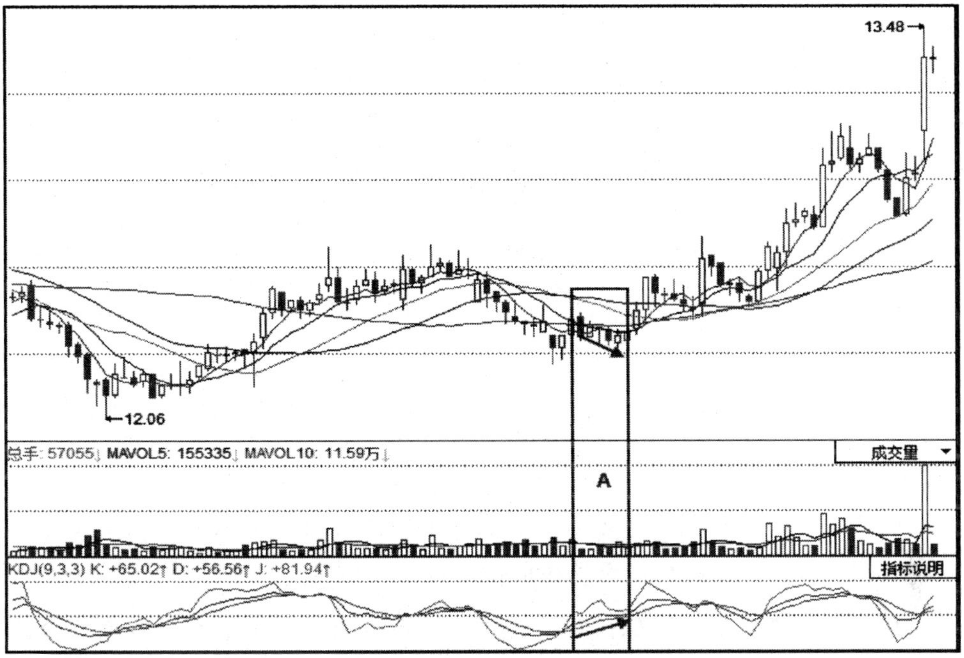

图 5－4　苏宁易购 30 分钟图

实战要点

（1）在判断背离时，当股价出现持续上行或下行时，主要观察的 KDJ 指标为 K 线与 D 线，看其是否出现与股价相反的下行或上行，如图 5－4 中 A 区域的情况。

（2）当观察背离时，若股价出现震荡上行或震荡下行时，主要观察的是 J 线。上行时观察 J 线上涨的高点，看 J 线高点是否出现高点降低；下行时看 J 线下跌的低点，看低点是否震荡抬高，如图 5－3 中 A 区域的情况。

5.2　KDJ 背离的类别

和其他技术指标的背离一样，KDJ 指标背离同样有顶背离与底背离之分。

但利用背离判断趋势反转时，应选择较长周期的 K 线图来观察，因小级别图上的背离，通常只是一种盘整的表现。

5.2.1 底背离

底背离，就是在下跌趋势中，当发现股价一路下跌或震荡下跌，不断创出新低时，KDJ 指标却出现持续上行或震荡上行，J 线低点在不断被抬高。

底背离是趋势反转向上时重要的参考依据，但由于底背离出现时是股价处于弱势状态下，而弱势转强往往不是轻易就会发生的，所以一次的底背离，通常不能作为趋势反转向上时的信号。尤其是日线级别以下的 K 线图上，底背离经常会出现，底背离只是短期内股价的盘整。这一点会在其后的小节中详细介绍。在此，我们只对大趋势反转进行判断和确认。

如果从趋势演变的规律，并结合主力资金介入的角度观察，判断底背离后趋势反转向上的依据，不能以底背离出现的次数来确定，这样缺少科学性。

首先从趋势演变的角度出发，通常在趋势转跌的首轮下跌，出现第一次反弹或整理后，此时即使出现底背离，也属于一种多头的抵抗，震荡整理后股价通常会继续下跌。这时候底背离引发趋势反转，必须要有成交量的配合，即持续的大的成交阳量来配合。

90% 以上的趋势反转，都会出现在震荡整理后的继续下跌过程中，当再次下跌时，量能形成高点的成交量 20% 以内的地量水平后，如果出现 KDJ 底背离中的持续时间较长的震荡式股价下跌与 J 线低点不断被抬高的情况，其间量能出现以小阳量较多的情况时，则表明资金开始关注这只股票。此时底背离结束后，股价与 KDJ 指标同步向上运行时，就是中线投资者建立底仓的时候了。

只有当 KDJ 指标出现转强或启动的征兆时，方可重仓参与。除非底背离结束后，出现放量的 KDJ 启动征兆时方可重仓参与。另外，此时观察的 K 线图应以日线或周线为主。

实战案例

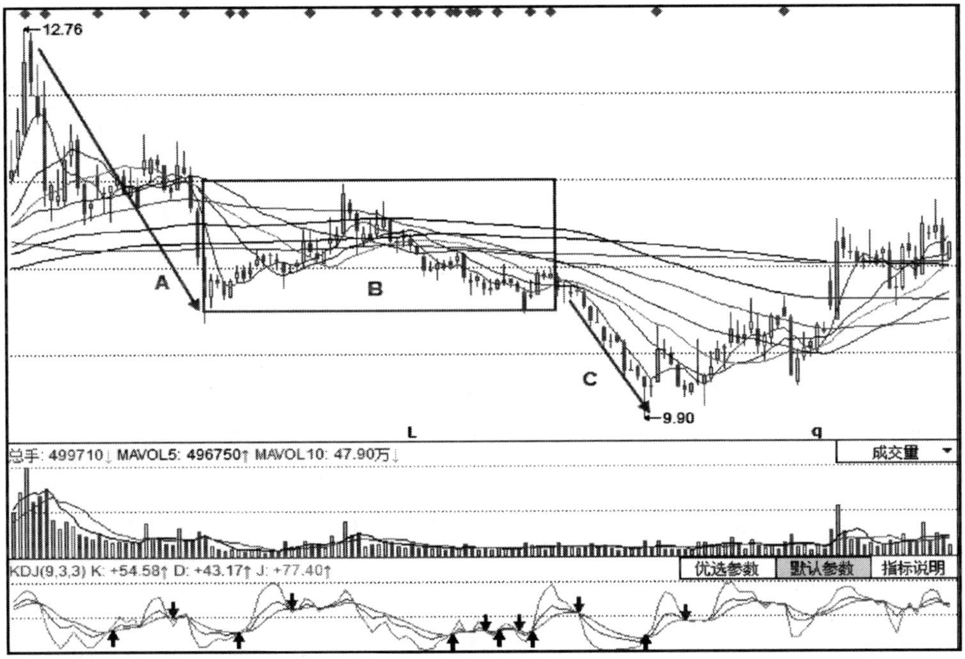

图 5 –5　苏宁易购日线图

图 5 –5 是苏宁易购（002024）日线图，在股价从高点开始转跌后，即经历了 A 段的下跌后，进入 B 区域形成震荡整理，之后经历 C 段的再次下跌，此时观察成交量柱的长短即可发现，创新低 9. 90 元时的量能已经完全萎缩到创新高 12. 76 元时成交最大量 20% 以下，即达到地量水平。

此时持续观察，如图 5 –6 中所示，在进入 D 区域后，股价出现持续震荡下跌，低点不断出现，但 KDJ 指标中 J 线的低点在不断被抬高，形成底背离。再观察之前股价在创出 9. 90 元新低后的成交量，就会发现，E 区域的成交量柱以小阳量量柱居多，且量能水平略有放大。这时候就要做好买入股票的准备，因为趋势已经在发生反转。

在底背离结束，进入 M 区域时，出现股价与 KDJ 指标同步向上，此时即可以建仓买入，因为已经形成J线大角度金叉后三线明显向上发散。在M区域后，出现三线向上发散状态下的量能突然格外放大，表明股价的上涨已经启动，应果断重仓买入并持股待涨。

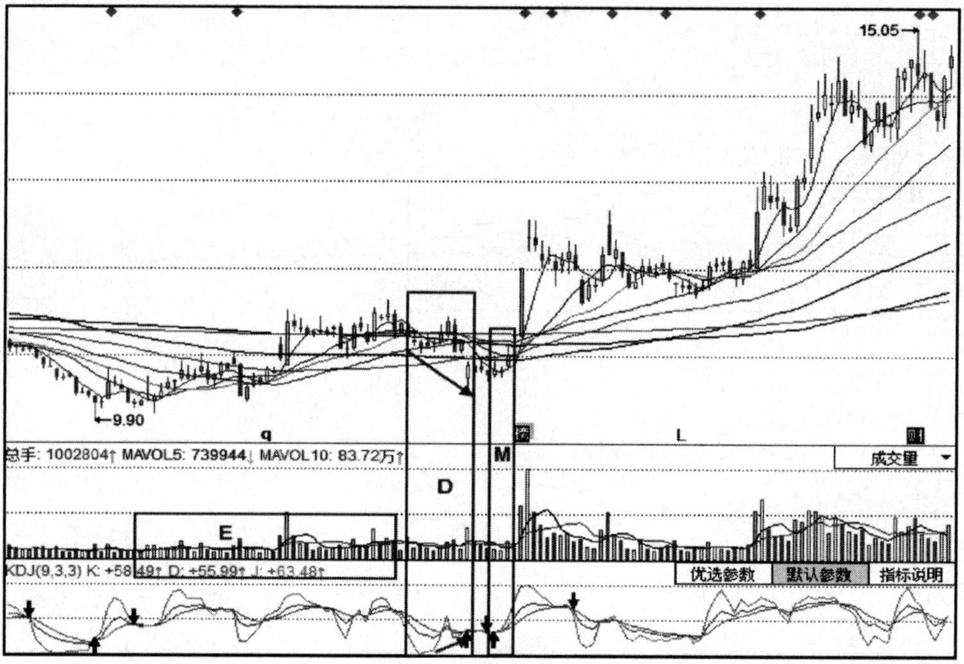

图5-6　苏宁易购日线图

实战要点

（1）底背离是指股价一路下跌或震荡下跌过程中，KDJ指标却出现持续上行或震荡上行的情况，因此是指标先于股价表现为反转上行时的征兆。但并不是所有的底背离出现后，都会形成趋势的反转向上，仅仅以底背离的出现来判断趋势的反转是不科学的判断方法。

（2）只有在经过下跌后的震荡整理和再下跌的过程，如图5-5中的情况，量能维持在地量水平下出现的底背离，才是趋势反转的征兆，但必须满足底背离之前有小阳量持续出现的情况，因为这是资金介入股票的表现，如图 5 –6 中 E 区域的情况。之后底背离结束，出现股价与 KDJ 指标同步向上时方可建仓，如图 5 –6 中 M 区域的情况。

（3）利用底背离判断趋势反转向上的买点时，最好是以中线操作为主，从日线或周线上，结合主力资金介入的情况来判断，则更为可靠。

5.2.2　顶背离

顶背离，是指当股价处于上涨趋势，以持续上行或震荡上行的方式出现时，KDJ 指标却出现 K 线和 D 线的向下运行，或是 J 线反弹的高点出现持续下降的情况。

在通常情况下，一次的顶背离，就会造成趋势的直接反转向下，尤其是那些中小盘股，因此顶背离是判断趋势反转向下时的重要依据，具体的卖点为顶背离结束，股价与 KDJ 同步向下运行时。

然而，在利用顶背离技术判断趋势反转时有一个难点，就是当顶背离出现时，是以股价的持续震荡下行还是以 J 线高点持续震荡走低的情况来对顶背离做结束的判断。这时候，应当观察 J 线向上的高点，只有 J 线无法刷新前期的高点，股价也无法继续向上刷新前期高点，股价与 KDJ 同步向下运行时，方可确认顶背离已经结束。

也正是这个原因，如果仅仅以顶背离判断趋势反转向下时，卖出点可能会出现不是最高点的情况，是卖在了次高点。但这是不可避免的，因为股价的上涨，经常会以背离式上涨出现。所以，想卖在趋势反转前的高位，就不要过早卖出股票，必须等到顶背离真的结束时，方可卖出股票。

实战案例

图 5 –7 是分众传媒（002027）日线图，在上涨趋势中，当进入 A 区域

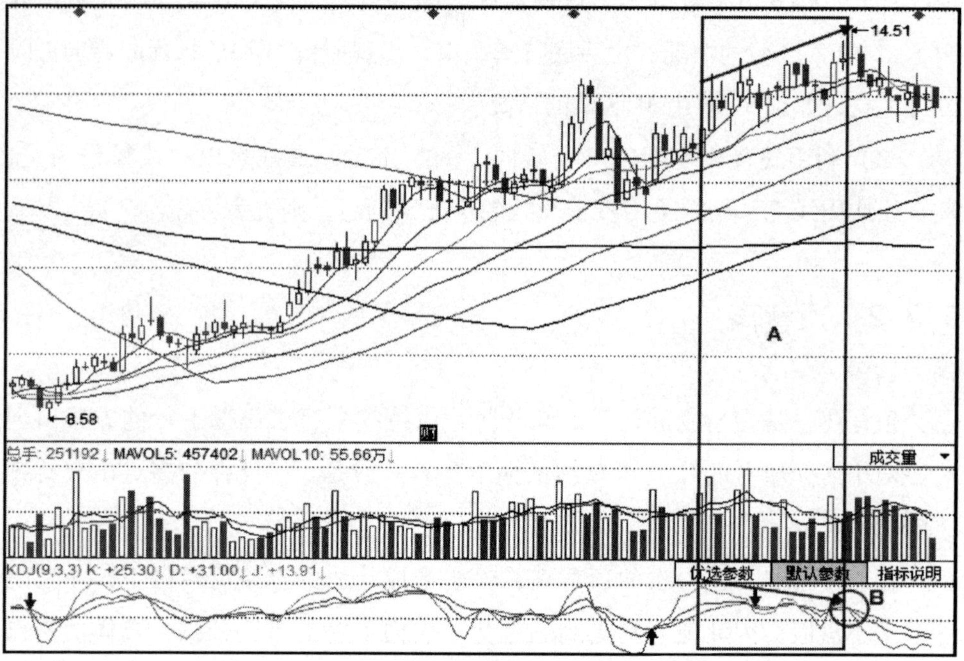

图5-7　分众传媒日线图

后，股价出现持续上行，KDJ 指标中 K 线和 D 线持续下行，J 线的高点出现持续降低，形成顶背离。在结束顶背离时，由于股票形成 KDJ 三线向下明显的发散，同时成交量也出现持续放大状态的阴量，所以应及时卖出股票。

图5-8 是思源电气（002028）日线图，在上涨趋势中，当进入 A 区域后，股价出现持续震荡上行，不断创出高点，但 KDJ 指标中的 J 线高点在不断降低，形成背离。虽然在其后的 E 区域形成三线向下发散形态，但股价呈向上运行的情况，同样形成了顶背离，因此不可在 E 区域背离卖出股票。因为股价仍然处于背离式上涨的状态，只不过是顶背离的方式发生了变化。进入 B 区域时，应比较 KDJ 指标中 D 位置与 C 位置里 J 线的高点，很明显 D 位置 J 线的高点低于 C 位置 J 线的高点，而此时的股价出现了冲高回落，并未能创出新的高点。这意味着顶背离已经结束，趋势出现了反转。因此，应在 B 区域的尾声，股价与 KDJ 指标同步向下运行，成交量也转为阴量时，果断卖出股票。

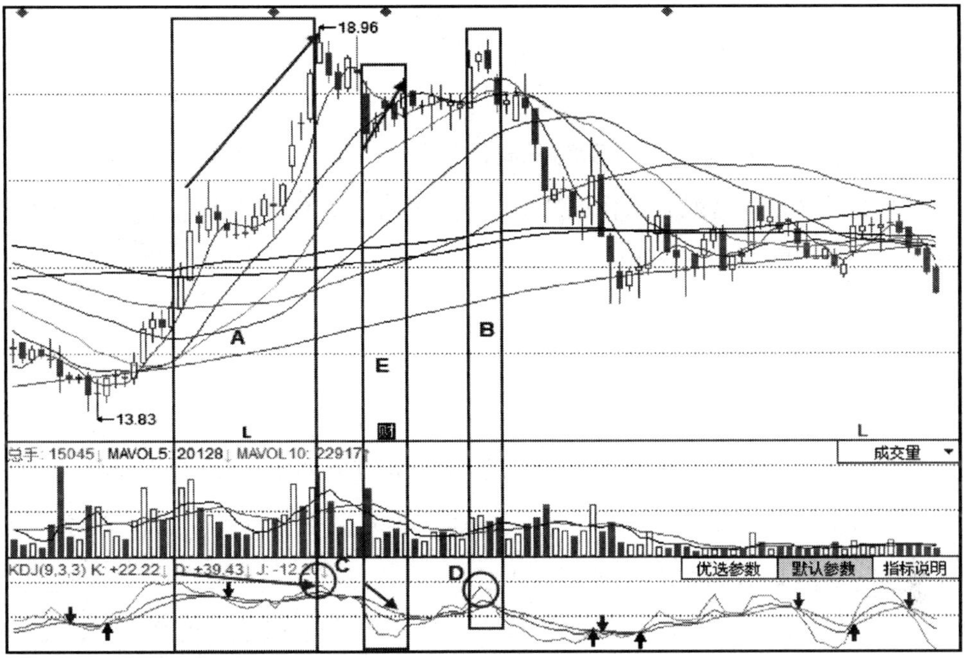

图 5－8　思源电气日线图

实战要点

（1）顶背离是趋势反转向下时的征兆，所以顶背离出现后，卖点为股价与 KDJ 指标同步向下运行时，即图 5－7 中 B 位置的情况。

（2）如果出现了背离式上涨，此时应观察 J 线向上反弹的高点，只有背离状态下，J 线高点低于前期高点，即图 5－8 中 D 位置的情况下，股价无法创出新高，出现与 KDJ 指标同步向下时，确认背离式上涨已经结束，方可卖出股票，如图 5－8 中 B 区域的情况。如果此时股价依然创出新高，或是 J 线高点高过前期高点，则表明涨势依然未止，应继续持有股票，不可卖出。

5.3 不同周期的 KDJ 背离交易技巧

不同周期的 K 线图上出现的背离，所代表的趋势反转的时间也会不同。因此，在通过背离情况来操作股票时，应根据不同级别 K 线图上出现的背离，按照这一级别的 K 线图来操作。

5.3.1 周线背离

周线背离，是指在周线图上出现股价与 KDJ 指标运行趋势相反的背离。从背离形态来看，周线背离同样有底背离与顶背离之分，唯一不同的是，周线背离观察的 K 线图为周线图。

由于周线图反映的时间周期较长，所以反映的行情更为准确，尤其是对趋势的判断，因此，周线背离只要出现一次时间较长的背离，即可确认趋势的反转。这种背离不管是底背离或顶背离，均可。

也正是周线反映的时间周期较长的原因，所以根据周线背离来操作股票时，应以较长波段操作为主。操作的方法是：底背离结束，股价与 KDJ 同步向上时买入股票；顶背离结束，股价与 KDJ 同步向下时卖出股票。

需要注意的一点是，根据周线背离观察行情时，最好是将 K 线图调整到“向前复权”或“向后复权”的状态后再来观察。这是因为，股票经常会出现高送转，送转的实施造成技术指标的反映不准确，会影响到对行情的判断。

实战案例

图 5－9 是旺能环境（002034）周线图，将 K 线图调整到“向前复权”状态后发现，在下跌趋势中，当进入 A 区域后，出现股价震荡走低，KDJ 指

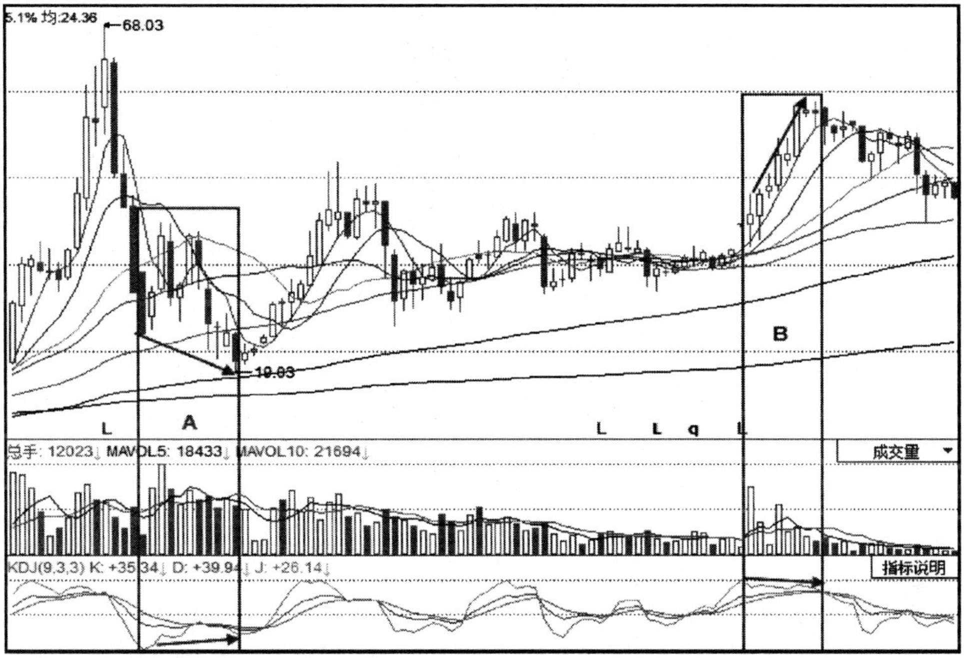

图 5－9　旺能环境周线图

标中的 J 线向下的低点却在不断地被抬高的情况，形成周线底背离。这说明趋势即将转强，应在底背离结束，股价与 KDJ 指标同步向上时，买入股票。

在其后的上涨过程中，当进入 B 区域后，出现股价持续上行，J 线向上的高点却在不断地降低的情况，形成顶背离。这说明趋势即将反转向下，所以应在股价与 KDJ 指标同步向下时，卖出股票。

这里涉及具体的买卖点，直接按照周线来操作即可。同时，也可以在周线背离结束时，选择低一级别的日线来判断具体的买卖点，操作的原理一样：即周线上形成底背离，当底背离结束时，从日线上寻找相应的止跌点；当周线上形成顶背离时，从结束时的日线上形成的止涨点来操作。这样的周线结合日线的应用，能够使投资者买在相对较低的低点，卖在相对较高的高点。

在此，我们同样以图 5－9 中 B 区域的顶背离为例，此时观察日线会发现，如图 5－10 中所示，当周线上创出近期新高 57.90 元后，日线图上先是在A位置出现高位死叉，到B区域形成三线向下发散，并出现J线角度向下的变大，说明股价趋势已经转弱，应果断卖出股票。

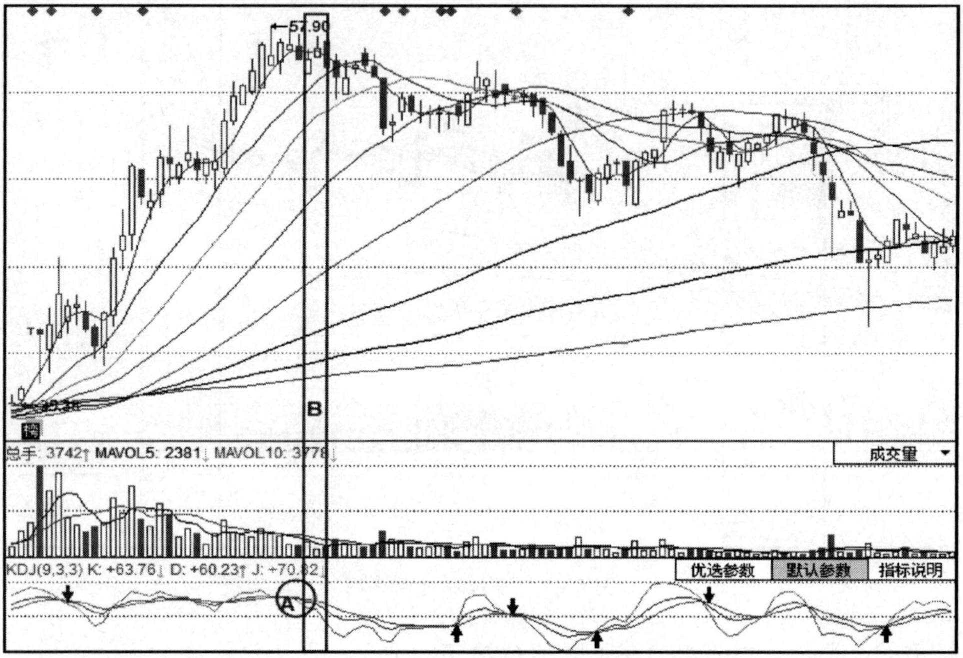

图5-10 旺能环境日线图

实战要点

（1）周线背离反映的时间周期相对较长，所以应以较大波段操作为主。操作方法的原则是：一次背离即可决定趋势反转。操作方法是：底背离结束时买入股票，顶背离结束时卖出股票，如图5-9中A区域与B区域的情况。

（2）在利用周线背离做波段操作时，可以直接根据周线图买卖，也可以根据周线图的背离结束时，日线图上出现的KDJ买卖形态进行交易，如图5-10中的情况。

5.3.2 日线背离

日线背离，是指在日线图上，出现股价震荡向上或向下的走势，KDJ 指标出现向下或向上、J 线高位震荡向下或向上的相反走势的情况，即日线上出现股价与 KDJ 趋势上的相反走向时的形态。

根据背离的情况，日线背离同样有两种情况：日线底背离、日线顶背离。由于日线是判断主力资金介入或离开的主要 K 线图，所以在根据日线背离判断趋势反转时，应结合资金介入与离开时的特征进行综合判断。

当日线底背离出现时，通常是股票上涨趋势转跌后经过震荡整理，在再次出现下跌的过程中，发生的底背离，成交量会出现地量水平下的持续小阳量。一旦底背离结束，股价与 KDJ 指标同步向上运行时，表明趋势即将反转，此时可建仓，待 KDJ 发生启动时的征兆，再重仓买入股票。

而一只股票在经过上涨后，一旦股价出现顶背离，应在顶背离结束，股价与 KDJ 指标同步向下时，卖出股票，此时的成交量往往为放大状态下的阴量，因这时趋势已经快速反转向下。

实战案例

图 5－11 是古井贡酒（000596）日线图，将 K 线图调整到“向前复权”后发现，在经历了 A 段下跌后，于 B 区域形成震荡整理，C 段再次形成下跌趋势。

此时可持续观察，如图 5－12 中所示，在 C 段下跌后，于 E 区域出现股价震荡下跌，不断刷新低点，指标中 J 线的低点却在不断地被抬高，形成底背离。此时再观察成交量，已经缩减到地量水平，而在底背离发生的 E 区域，出现地量水平下的持续小阳量，因此可确认底背离已经造成趋势的由弱转强，可在底背离结束后股价与 KDJ 指标同步向上时建仓买入股票。

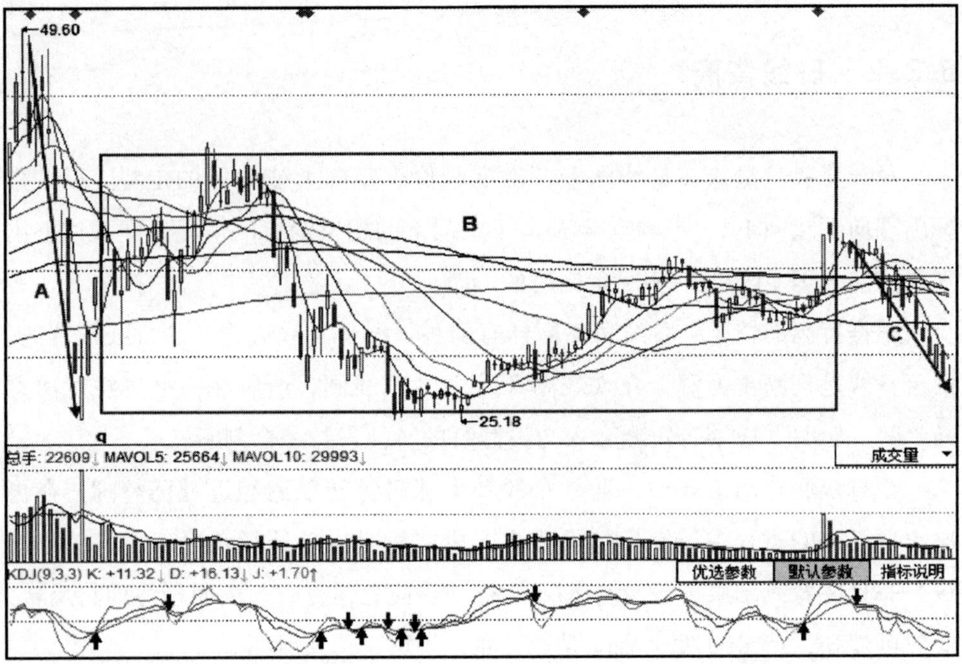

图5－11　古井贡酒日线图

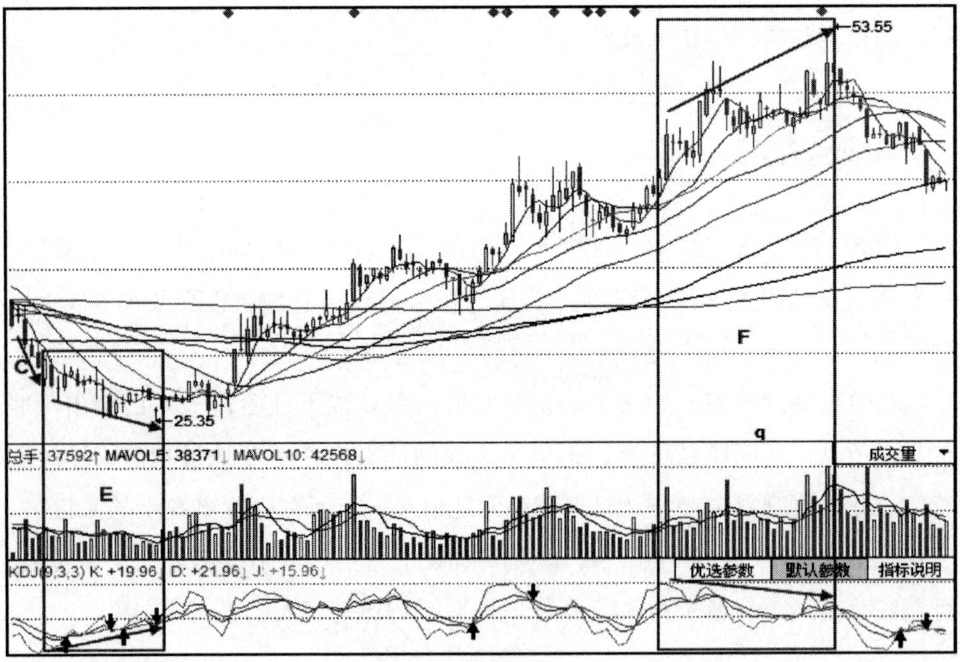

图5－12　古井贡酒日线图

经过其后的上涨，当运行到 F 区域时，出现股价持续震荡走高，不断刷新高点，KDJ 指标中 J 线的高点却在不断地下降，形成日线顶背离。当顶背离结束后，成交量转为放大状态的阴量，股价与 KDJ 指标出现同步向下运行，表明趋势已经转弱，此时应果断卖出股票。

如此一来，就完成了日线级别的底背离买入与顶背离卖出的波段操作，获利达到 100% 左右。

实战要点

（1）当根据日线做背离操作时，关键在于底背离的判断。只有发生在下跌后、震荡整理后再下跌过程中的底背离，在底背离期间出现地量状态下的小阳量，才可确认趋势反转向上，如图 5－12 中 E 区域的情况。

（2）在根据日线顶背离卖出股票时，一定要选择在顶背离结束时方可卖出。尤其是在股价震荡上行、J 线高点不断降低的顶背离出现时，如图 5－12 中 F 区域的情况下，不能过早卖出股票。

（3）在利用日线背离来判断趋势反转和交易时，最好将 K 线图调整到“向前复权”或“向后复权”的状态后，再去观察。以免因高送转的出现，引发 KDJ 指标的显示失真，如图 5－11 中的情况。

5.3.3　30 分钟背离

30 分钟背离，是指背离是发生在 30 分钟图上。由于 30 分钟图的周期相对短，所以一般 30 分钟背离技术在操作应用上，是以短线的小波段操作为主。即：当 30 分钟底背离出现时，选择短线买入；30 分钟顶背离出现时，选择短线卖出。

在根据 30 分钟背离做交易时，投资者应控制好仓位，以自己能够承受的风险，制定一定比例的仓位来操作。比如新手，由于技术操作不够熟练，所以可以适当降低仓位，以三分之一或是更低位的仓位来操作。技术熟练的投资者可以以更高的仓位来操作。无论哪种操作，都要做好快进快出的准备。

与日线或周线背离相同的是，在30分钟背离操作过程中，买入时可根据底背离操作。只要前期经过一定幅度的下跌后，出现的30分钟底背离，同时为了确保短线强势，就应观察30分钟底背离期间，或是30分钟底背离结束后，成交量的情况。只有30分钟底背离后出现明显的成交阳量的放大，并形成KDJ买入形态时，才可介入。

至于卖出时，不可一味等待30分钟顶背离的出现，再卖出。

这是因为30分钟图，只能代表资金在某时段的进与出，所以操作时不能纯粹只等待底背离买入、顶背离卖出。只要形成KDJ买入形态时就应买入，哪怕买入后未出现30分钟顶背离；而只要出现了KDJ卖出形态时，也要果断卖出。

实战案例

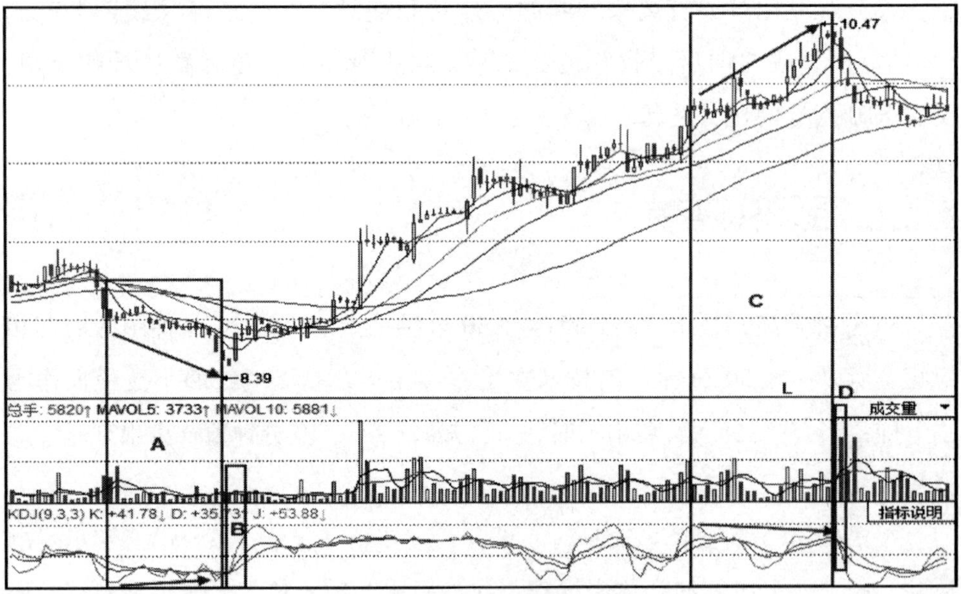

图5-13　合金投资30分钟图

图 5－13 是合金投资（000633）30 分钟图，在下跌趋势里，进入 A 区域后，出现股价持续走低，KDJ 指标中的 J 线向下的低点却在不断被抬高，形成 30 分钟底背离。底背离结束进入 B 区域后，股价与指标同步向上时，出现持续阳量，KDJ 金叉后三线呈向上发散的买入形态，应买入股票。在其后的上涨中，当进入 C 区域后，出现股价持续震荡上行、J 线高点却在不断降低的 30 分钟顶背离。当顶背离结束进入 D 区域后，出现格外放大的阴量，股价与 KDJ 指标出现同步向下，且 KDJ 形成三线向下发散的卖出形态，此时应果断卖出股票。

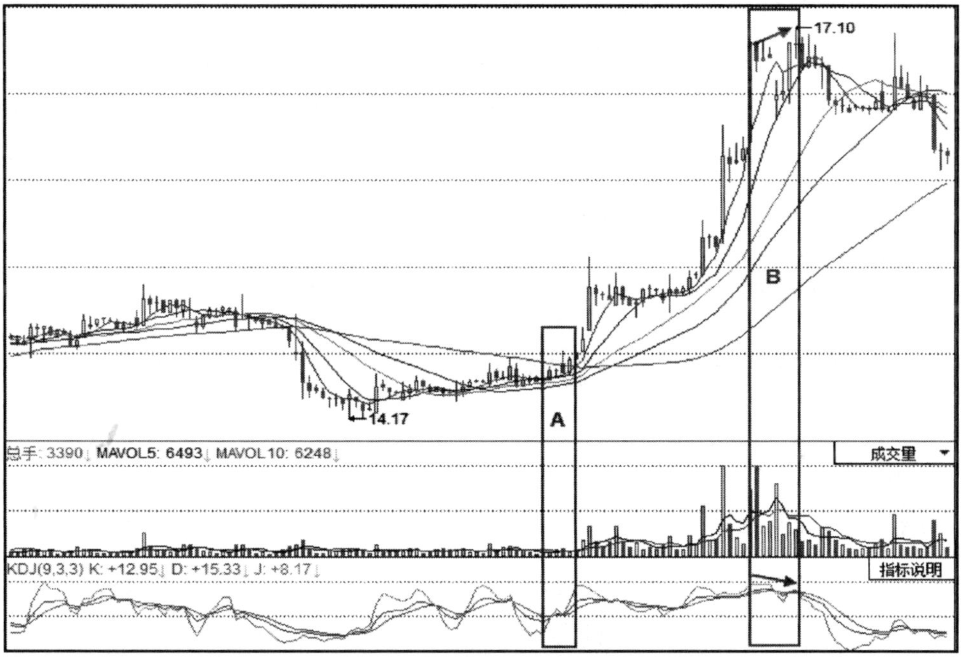

图 5－14　英力特 30 分钟图

图 5－14 是英力特（000635）30 分钟图，在弱势震荡中，进入 A 区域后，虽然一直未出现 30 分钟底背离，但出现阳量持续放大状态下的 J 线大角度向上金叉，接着又在 J 线回调时形成死叉不死形态，且 J 线再次上行时仍然是以大角度的方式出现，所以形成 KDJ 买入形态，应果断买入股票。在其后的上涨中，当进入 B 区域后，出现股价震荡走高、KDJ 三线向下、J 线高点不

断降低的30分钟顶背离，背离结束后，股价与KDJ出现同步向下，形成三线向下发散形态，成交量也转为阴量，此时应果断卖出股票。

实战要点

（1）30分钟背离是一种短线交易的参考形态，只要股价在弱势中形成底背离，同时KDJ形成买入形态，成交量阳量放大，就应买入股票。在上涨中，一旦出现30分钟顶背离，顶背离结束出现股价与KDJ同步向下时，就应卖出股票，如图5－13中的情况。

（2）在利用30分钟背离做交易判断时，底背离和顶背离的出现不是必然会意味着趋势反转，所以关键在于对KDJ买入形态与卖出形态的判断，同时要结合量价关系综合判断。但只要是出现顶背离，就应果断卖出，如图5－14的情况。这是因为，短线交易中股价的波动较快，所以应坚持宁可卖早也不要卖晚的操盘原则。

5.4 KDJ背离共振交易技巧

KDJ背离共振，有两种表现：一是周期背离共振，即不同周期的K线图上在同一时间内，KDJ出现相同类别的背离；二是其他指标出现背离时，KDJ指标出现相同类别的背离。不管是哪一种背离共振，都是对趋势变化的一种确认，所以是判断趋势反转时较为可靠的依据。

5.4.1 周期背离共振

周期背离共振，是指在不同周期的K线图上，在同一时期内同时出现KDJ背离。

周期背离共振是一种不同周期背离的共振，也就是短期K线图与长期K

线图达成一致的运行趋势的相反运行，所以就等于从不同周期印证了这种指标先于股价显露出的趋势反转征兆。这等于是对趋势即将反转前的背离状态的进一步确认，所以是一种可靠的趋势反转信号。

在利用周期背离共振判断趋势时，应当注意，两个不同周期的背离出现时，应当为一种相同类型的背离，即底背离时均为底背离，顶背离时均应为顶背离。这样才能确认趋势最终的反转，即底背离共振出现后，为下跌趋势反转向上的信号，顶背离共振出现时，是上涨趋势反转向下的信号。

需注意的是，在周期背离共振出现后，应根据最晚结束背离形态的 K 线图的提示来买入或卖出。

实战案例

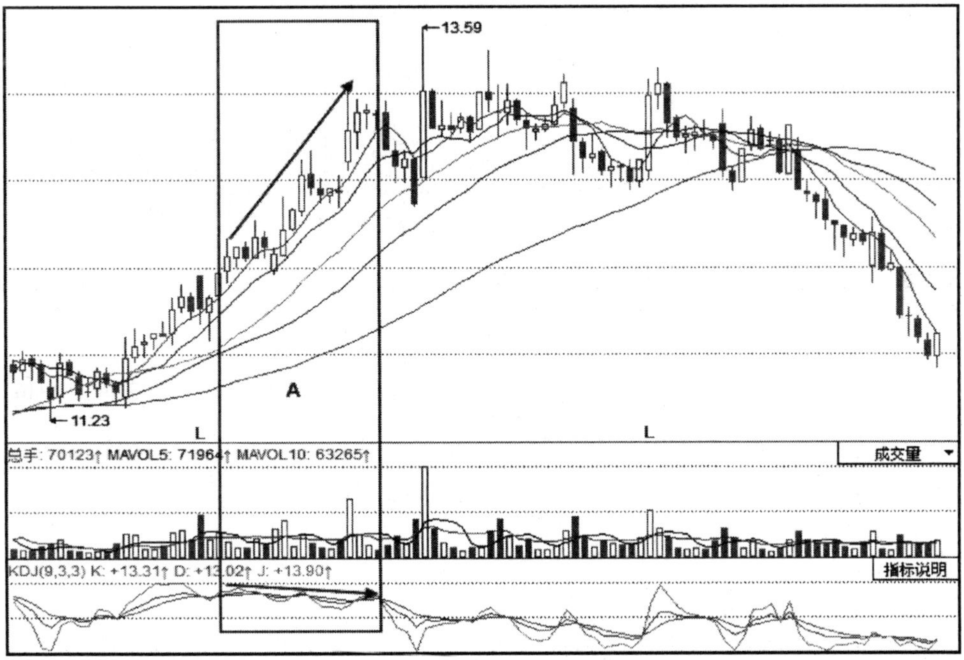

图 5－15 风华高科 30 分钟图

图 5－15 是风华高科（000636）30 分钟图，在上涨趋势中，于 2018 年 1 月 2 日 11 点至 1 月 4 日期间，形成股价持续上行、J 线高点在不断降低的 30 分钟顶背离。

此时再观察日线图发现，在 2018 年 1 月 2 日至 1 月 8 日期间，同样形成股价持续上行、J 线高点在持续震荡走低的顶背离，如图 5－16 中所示。

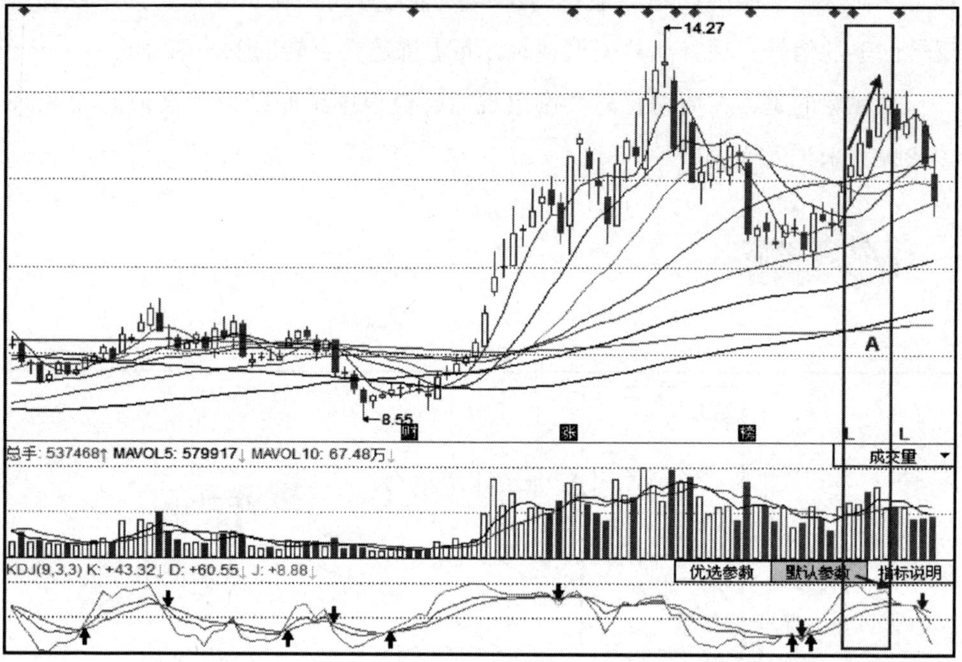

图 5－16　风华高科日线图

这样就形成 30 分钟图与日线图的周期背离共振，因为相互顶背离的时间有重叠。因 30 分钟图上的顶背离时间较短，其结束顶背离时，日线上依然处于顶背离状态，所以应在日线上结束顶背离时，即图 5－16 中 A 区域之后，股价与 KDJ 指标同步向下，J 线出现大角度向下，同时成交量转为放大状态的阴量时，果断卖出股票。

实战要点

（1）周期背离共振出现时，必须是不同周期之间的 K 线图上发生的相同类型的背离，如底背离时必须同为底背离，顶背离时必须同为顶背离，如图 5－15与图 5－16 中的情况。

（2）出现周期背离共振时，两个不同周期的 K 线图发生背离的时间必须相互重叠，但不一定时间必须完全吻合，如图 5－15 中，30 分钟背离是发生在 2018 年 1 月 2 日至 4 日，图 5－16 中的日线背离是发生在 2018 年 1 月 2 日至 8 日，1 月 2 日至 4 日就是两个背离的重叠部分。

（3）据周期背离共振选择买入或卖出股票时，应根据背离结束比较晚的 K 线图来决定，如图 5－16 中的情况。

（4）在根据周期背离共振操作时，不能观察一个 K 线图的周期过长，而观察另一个 K 线图的周期过短，如日线图或周线图与 1 分钟图或 5 分钟图。周期如果相差太大，短期图上的背离往往是长期图上的一种盘整。此时出现的周期背离共振将没有任何参考意义。

5.4.2　不同指标的 KDJ 背离共振

不同指标的 KDJ 背离共振，是指当 KDJ 指标发生背离时，其他的技术指标同时发生背离，比如 MACD 指标、CCI 指标、RSI 指标。和周期背离共振一样，不同指标的 KDJ 背离共振出现时，背离的种类依然要相同，即底背离时均为底背离，顶背离时均为顶背离。此外，背离发生的时间同样需要相互之间有重叠。

这种不同指标之间出现的背离共振，是不同指标之间对趋势反转前的背离行为的确认。在判断趋势反转时其意义更大，成功率也要远远高于周期背离共振。所以，一旦出现这种不同指标的 KDJ 背离共振，说明趋势即将反转，应果断在不同指标的 KDJ 背离共振结束时，及时选择买入或卖出股票。具体的买卖点参考，同样应参考最晚结束背离状态时的指标，即最晚结束背离状态的指标与股价同步出现向上或向下运行时。

实战案例

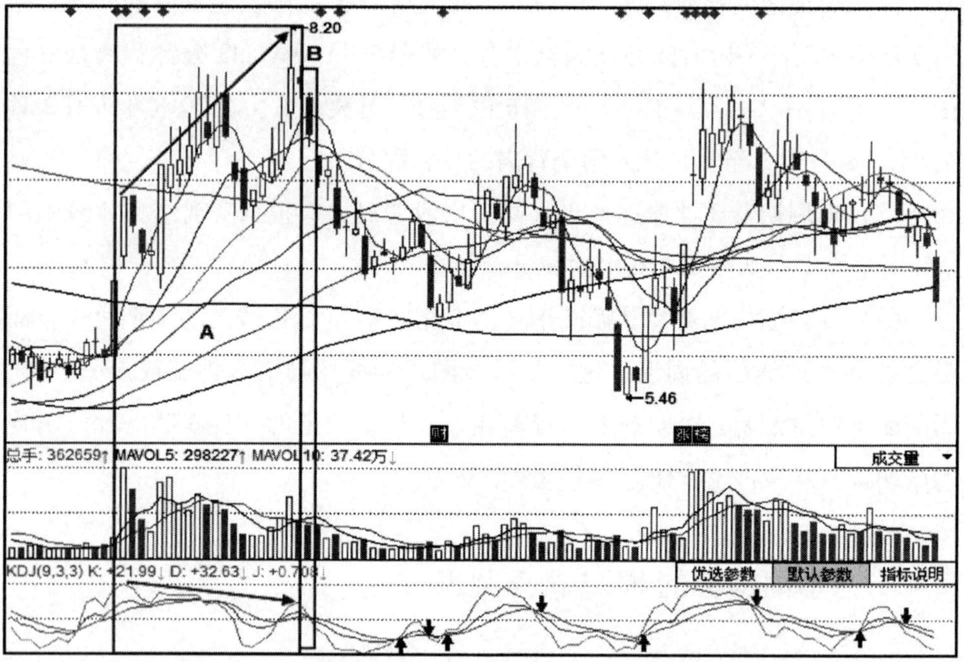

图 5-17　盈方微日线图及其 KDJ 指标

图 5-17 是盈方微（000670）日线图及其 KDJ 指标的显示图，在上涨趋势中，当进入 A 区域后，出现股价持续震荡走高，创出新的高点，KDJ 指标却持续下行，尤其是 J 线向上出现的高点在不断降低，形成 KDJ 顶背离。此时，投资者不妨再观察一下其他指标的情况。

图 5-18 是盈方微（000670）日线图及其 MACD 指标的显示图，观察发现，在上涨趋势中，进入 A 区域后，同样出现 MACD 双线下行、股价震荡走

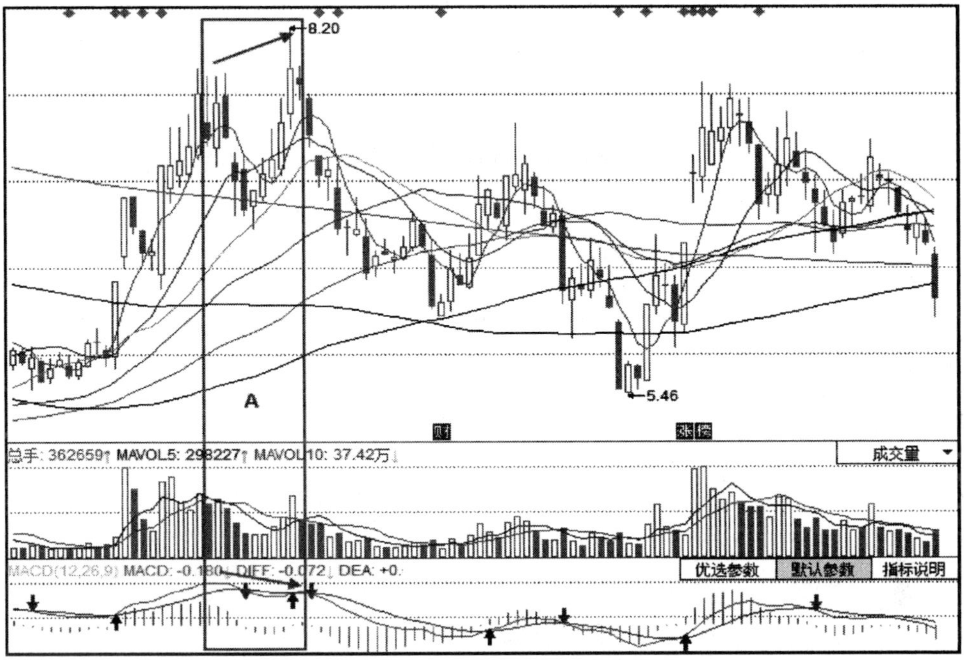

图5－18　盈方微日线图及其MACD指标

离的MACD顶背离。

综合判断的结果是，日线图上KDJ顶背离出现的时间略长，要早于MACD顶背离，但两个指标存在A区域的顶背离重叠，形成不同指标的KDJ背离。由于两种指标顶背离的结束点相近，KDJ指标顶背离的时间略晚一些，因此可根据图5－17中KDJ指标顶背离结束点，即B区域出现股价与KDJ指标同步向下时，果断卖出股票。

实战要点

（1）不同指标的KDJ背离出现时，可以是同一周期的K线图上出现的KDJ指标与其他指标的背离，如图5－17与图5－18中的情况，同为日线顶背离。但它也可以是不同周期的K线图上出现的背离，只是K线周期图不能相差过大，如1分钟图与周线图就不行。

（2）在利用不同指标的 KDJ 背离判断行情时，K 线图的周期虽然可以不同，但必须是发生背离的时间有相互重叠的部分，并且背离的形态统一，即顶背离时均为顶背离，如图 5 - 17 与图 5 - 18 中的情况，底背离时均为底背离。否则，不能以不同指标的 KDJ 背离对待，也不能作为研判趋势反转的依据。

（3）不同指标的 KDJ 背离出现时，可以是两种指标的同时背离，也可以是两种以上指标的同时背离，尤其是两种以上指标同时发出背离共振时，趋势反转的可靠性更强。

第 6 章 KDJ 波段实战技巧

KDJ 指标是一种趋势类指标，所以其更大的作用是判断股价运行的趋势变化。尽管根据它也能判断出超买与超卖现象，但这不是目的，目的是判断出趋势转折的节点，然后根据这种变化进行波段操作获利。波段有周期的不同，即大波段、小波段和超级小波段，对应的是不同周期的 K 线图。因此，要想操作好波段，就要根据不同的波段，选择不同的操盘策略和技巧，这样才能准确地把握好每一个波段的高低点，实现最终的获利。

6.1　KDJ 大波段实战技巧

在波段实战中，不同的操作波段有不同的操作技巧，比如大波段操作中，短线的下跌，有可能只是短线的波动，而不能在大波段操作策略下，一见到短线股价的下跌就卖出股票，因为大波段有大波段的操作策略与技巧。

6.1.1　月线为主的大波段操作技巧

根据月线上 KDJ 指标的提示操作，属于一种中长线的大波段操作。这是由于月线反映的时间周期较长，随机指标即使变化较快，在月线上的表现仍然较为迟钝，但是这种“表现迟钝”的缺点，反而会成为操作的优点，因为投资周期拉长了，安全性无疑也加大了。

只是，在根据月线操作时，与其他周期上的操作略有不同，这也是由月线反映的周期较长决定的。即，只要月线上出现背离、J线大角度金叉、三线明显向上发散、金叉不叉、死叉不死等KDJ买入或卖出形态时，再结合量价关系中的正常量能变化，就应当及时做出买入或卖出的选择。

最为明显的就是底背离形态，只要是月线上在弱势中形成底背离，就要坚决买入。另外一个观察趋势的关键就是，在利用月线观察行情时，一定要记得将K线图调整到“向前复权”或“向后复权”的状态后再来观察和判断。

实战案例

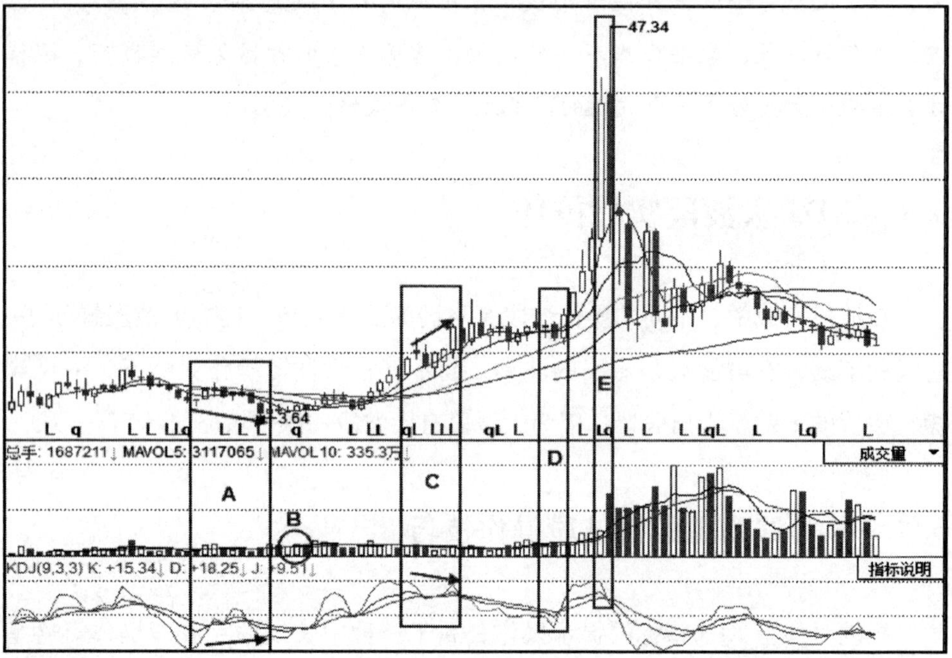

图6-1 银江股份月线图

图6-1是银江股份（300020）月线图，将K线图调整到“向前复权”后发现，在弱势震荡行情中，于A区域出现股价持续震荡走低，KDJ指标中的J线低点却在不断被抬高的情况，形成月线底背离，说明趋势即将反转，

应在 B 区域出现明显的阳量止跌回升时买入股票。到了 C 区域，又形成股价震荡上行、KDJ 指标中 J 线高点在不断降低的顶背离，应在其后阴线出现、股价与 KDJ 指标同步向下时卖出股票。这一操作历时 1 年半左右，股价却由 5 元左右涨到 15 元左右。

其后进入 D 区域，KDJ 出现明显的 J 线以大于水平角度 60 度的情况上行形成金叉，股价呈量增价升状态，同样应果断买入。经历其后的上涨，进入 E 区域时，又出现明显的 J 线以大于水平 60 度的角度向下运行的情况，形成 J 线大角度向下的卖出形态，因此应在 E 区域成交阴量超过之前的阳量，股价快速下跌时，果断卖出股票。这一操作，历时半年，股价从 15 元左右达到 40 多元，获利高达 200% 左右。

两次操作，持股时间均较长，但获利也相对较大。

实战要点

（1）在以月线为主的操作过程中，首先应将月线图调整到“向前复权”或“向后复权”的状态后再行观察，如图 6 – 1 中的情况，以免因高送转的实施影响到指标的显示不准确。

（2）在根据月线操作时，底背离和顶背离，只要出现就意味着趋势即将反转，所以应及时在背离结束时做出买入或卖出的决定，如图 6 – 1 中 A 区域与 C 区域的情况。

（3）月线上出现 J 线大角度向上与大角度向下形态时，表明的是一种快速上涨与快速下跌的情况，所以应及时做出反应。即：J 线大角度向上时买入，如图 6 – 1 中 D 区域的情况；J 线大角度向下时卖出，如图 6 – 1 中 E 区域的情况。但其仍然需要成交量出现正常的支持，即上行时为起码同等水平的阳量，下行时为起码同等水平的阴量。

6.1.2　月线为主、周线为辅的波段操作技巧

月线为主、周线为辅助的操作方式，同样是一种中长线的大波段操作方式，主要是为了克服月线上 KDJ 反应迟钝的情况，比如上一小节中图 6－1 中 E 区域的卖出情况，如果是仅仅从月线的角度观察具体的卖点，就显得反应过于迟钝了。对技术掌握不够熟练的投资者来说，在当下走势中，要判断 J 线是否已经形成大角度向下，可是 J 线在行情未走完时线条过短，因此很难判断出未来的趋势。而通过月线上的成交量来辅助判断，也难以做到把握准确。因为成交量柱红色与绿色上的变化，是根据实时买卖盘的变化来显示的。如果一个月的交易未完成时，月线上的单一量柱是根据当前的数据统计显示出暂时情况，应以月线图上一根 K 线完整形成后的标准来判定，即由一个月的交易完成后形成的一根 K 线的量柱来判定才更准确。

出于这一原因，投资者在根据月线操盘时，可以结合周线上的细微变化，来具体把握月线大趋势之下的征兆。所以，在这一操盘理念下，仍然应以月线的大趋势变化为主要参考依据，周线上的细微变化，只能作为一种判断具体买卖点时的依据，不能本末倒置。

实战案例

图 6－2 是中科电气（300035）月线图，将 K 线图调整到“向前复权”后，如果此前在低点时买入了这只股票，当进入 A 区域后，KDJ 指标发出 J 线大角度向下的卖出信号，但此刻在月线图上一阳一阴两根 K 线，成交量也出现大幅缩减，那么究竟是选择卖还是不卖？如果要卖又在哪里卖？这时候，不妨将 K 线图切换到周线上来观察。

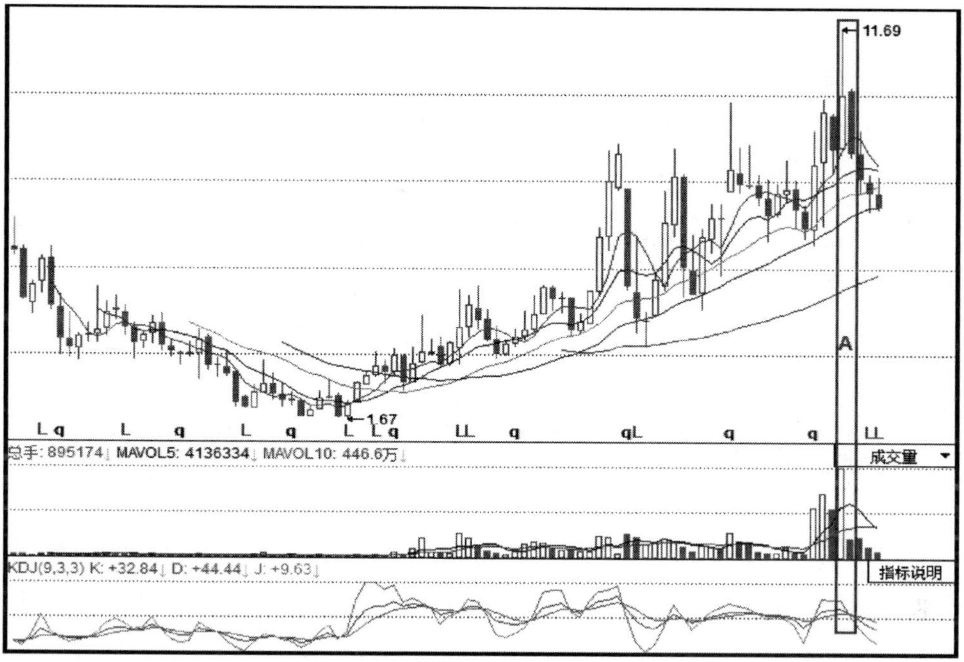

图6-2　中科电气月线图

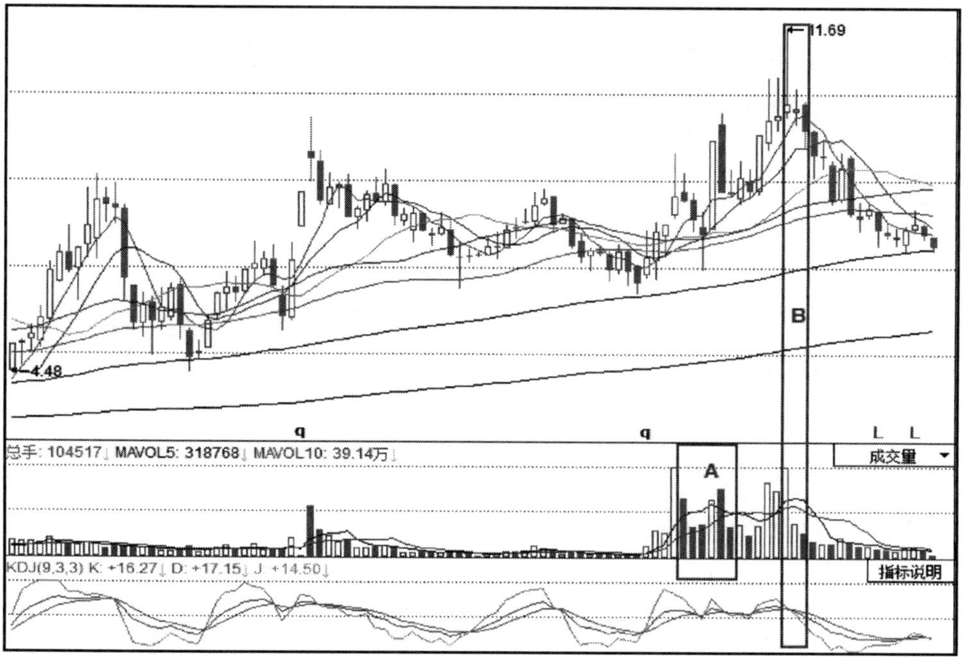

图6-3　中科电气周线图

图 6－3 是中科电气周线图，通过对图 6－2 中 A 区域中阳线形成后再形成阴线的 2017 年 10 月行情的观察，发现在周线图上，在 2017 年 10 月，周线上于 B 区域出现股价创出新高后的转弱迹象，虽然成交量出现较大幅度的萎缩，但 KDJ 形成向下发散的卖出形态。再观察周线图上之前的 A 区域会发现，成交量在震荡上涨中，已经于相对高位区出现持续放大的阴量，可以得出判断结果：这只股票出现边上涨边大举卖出筹码的情况，因此应在图 6－3 中 B 区域末端那根阴线形成、KDJ 发出三线向下发散形态时，果断卖出股票。

实战要点

（1）月线为主、周线为辅的操作方法，仍然是一种较长波段的操盘方法，目的是为了能够把握大波段转折过程中的细微变化，以达到买在安全的低点、卖在安全的高点的目的。

（2）投资者在使用月线为主、周线为辅的操作方法时，应当坚守以月线变化为主要依据，周线的观察与变化，只是为了能够及时捕捉到趋势反转变化发生之初的迹象，如图 6－2 与图 6－3 中的情况。投资者不能本末倒置，不顾及月线的变化，纯粹以周线的变化来操作。

6.2 KDJ 小波段实战技巧

小波段操作，是众多投资者更为实用的一种波段操作方法，也正是由于小波段操作的持股时间较短，所以相对灵活，而在小波段操作中应以日线或 60 分钟图 KDJ 指标的变化来指导操作。

6.2.1 日线为主的波段操作技巧

日线为主的波段操作，是相对于月线和周线而言，一种小的波段操作，也是众多投资者一直以来习惯使用的一种看盘操作的方法。

这种日线为主的小波段操作方法有两种：一种是根据趋势变化，捕捉背离的较长小波段操作，这一点在背离一章中详细介绍过。因此，在这里，我们只介绍根据日线变化捕捉一只股票快速启动和快速下跌的较短的小波段操作方法。

这种操盘方法，就是放弃抄底的概念，只通过 KDJ 快速启动时的征兆，以及快速回落时的征兆，博取股票快速上涨时的一段行情。

在利用 KDJ 指标操作时，就要捕捉一只股票由弱转强时的一些信号，此时 KDJ 明显的信号是 J 线大角度向上，或是形成金叉，或是形成死叉不死，或是三线向上发散。同时，成交量必须脱离之前的地量水平震荡，出现明显的阳量突然放大，或是持续的阳量放大。也就是，此时量能上的持续放大状态成为关键。

在卖出时，KDJ 指标会发出 J 线大角度向下，高位死叉，或三线向下发散。同时，成交量出现格外放大的阴量，或持续放大状态的阴量。这里有一个经验性的问题存在，就是大盘股通常阴量放量不会过于明显，而中小盘股通常会出现明显的阴量放量。

只要抓住这两种买入与卖出的形态，就能够准确地捕捉到股票快速上涨的这一段行情。

实战案例

图 6－4 是梅泰诺（300038）日线图，在弱势震荡趋势中，当发现成交量已经在 A 区域出现地量状态下的持续小阳量时，就应对这只股票给予关注了。因为这是一种资金持续介入的征兆。当进入 B 区域后，形成 J 线大角度向上金叉的买入形态，成交量虽然缩小，但因是以一字涨停的方式出现，所以此时的买入形态是很难买入股票的，可以继续观察其后的变化。当进入 C 区域后，一字板打开后，虽然短期爆出较大的阳量，但其后的量能很快缩减下来，

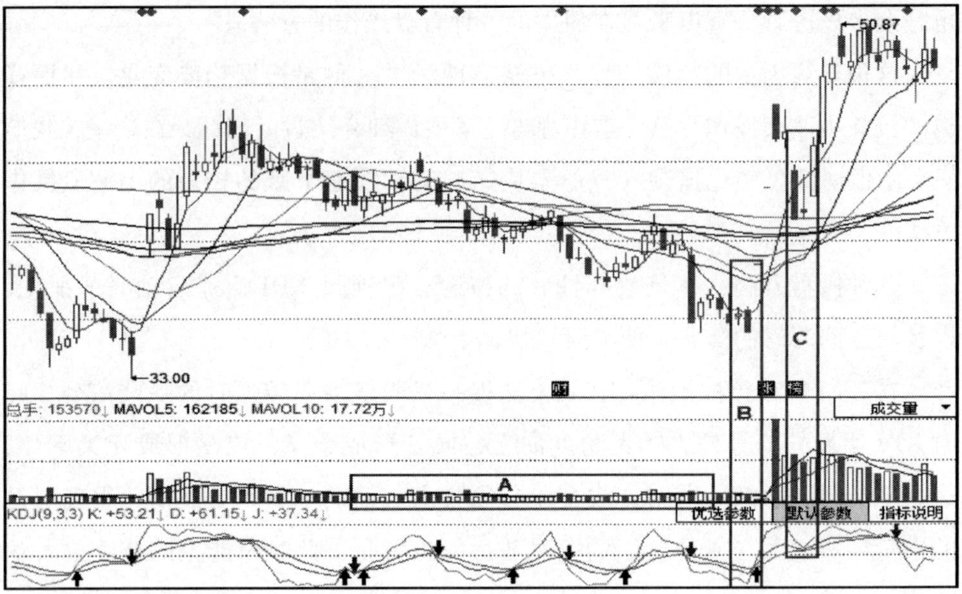

图 6－4　梅泰诺日线图

不过依然处于较高水平，这时就要持续观察止跌点了。也就是在 C 区域中，出现了 KDJ 50 线以上的死叉不死，末端的成交阳量也出现温和放大，表明强势整理已经结束，所以应在 C 区域末端收盘前果断买入股票。

图 6－5　梅泰诺日线图

至于卖出点的选择，应在买入后持续观察，如图 6－5 中所示，在 A 区域形成股价震荡上行、J 线高点逐渐降低的顶背离，这时就要判断顶背离的结束点了。在 A 区域与 B 区域之间的位置，J 线再次形成一个高点，这一点低于 A 区域中的第二个 J 线高点，也就意味着顶背离的 KDJ 指标仍在继续，但股价在两个区域之间并未创出新高。这说明顶背离已经结束，但是股价仍处于上涨情况。所以，应在 B 区域出现股价冲高却未突破昨日高位后选择卖出股票。这种情况表明涨势已经结束，即股价与 KDJ 出现了同步向下，且成交量一直处于阴量，佐证了这种下跌的趋势。

完成这一买一卖后发现，买入股票时是 2017 年 12 月 6 日，卖出股票时为 12 月 14 日，中间只持股 6 天，获利却接近 20%，而这一收益主要是受启涨时一字涨停无法买入所制约，不然会更多。

实战要点

（1）以日线为主的波段操作，主要需要捕捉股票快速启动时的 KDJ 征兆，并准确捕捉到回落时的 KDJ 征兆。由于是小波段操作，所以必须结合量能的变化，如启动前的小阳量，即图 6－4 中 A 区域的情况，以及启动时的量能情况，如图 6－4 中 C 区域的情况，来综合判断买点。

（2）以日线为主的波段操作，在选择卖点时，如发生背离，应结合背离技术，如图 6－5 中 A 区域的情况，来判断背离的结束时点。一旦发现顶背离结束时点，应果断卖出。

（3）以日线为主的小波段操作，应坚持快进快出的原则，哪怕大趋势并未改变，也要在短期趋势变化时果断获利离场，因为其后的震荡整理后的再上涨，是另一段行情了。

6.2.2　60 分钟图为辅的小波段操作技巧

60 分钟图是一种短周期 K 线图，从交易时间上计算，A 股市场的每个交易日中，全天只有4个小时，所以在60分钟图上，每个交易日中会出现4根K线。这就注定了在使用60分钟图观察趋势时，只能够观察到较短时期内的趋势演变。所以，60分钟图为辅的操盘方法，是根据日线上股价的大趋势变化，来把握60分钟图上的小趋势变化，从而注定了60分钟图的操作方法同样是一种短线的小波段操作。

然而，与纯粹日线的操作方法不同，因为在日线上出现不太明显的变化时，60分钟图上往往能够更为清晰地观察到趋势的变化。但是应当注意的一点是，60分钟图的观察毕竟只是一种局部放大后的形态变化，所以关键还是在于日线上对整个大趋势的一种把握。只有把握准了大趋势的变化，才能更好地根据60分钟图上的局部变化把握住准确的买卖点。

另一个需要注意的问题，就是关于60分钟图上的背离形态，只要有日线上的大趋势支持，一旦60分钟图上出现底背离或顶背离，就应当果断选择买入或卖出，而无须再考虑60分钟图上的大趋势。

由于是短线操作，所以，在60分钟图上，应当以更为明显的J线大角度向上形态、成交量明显阳量放大时为买入点，而以J线大角度向下或三线向下发散形态、成交量为阴量持续放大或格外放大时为卖出点，也就是KDJ形态只是一种参考，量能变化决定了买卖点。

实战案例

图6-6是台基股份（300046）60分钟图，在进入A区域，虽然出现三线向上发散、成交阳量持续放大的情况，因为是短线操盘，此时的量能仍然偏小，所以此时应持续观察日线图，不应过早买入。

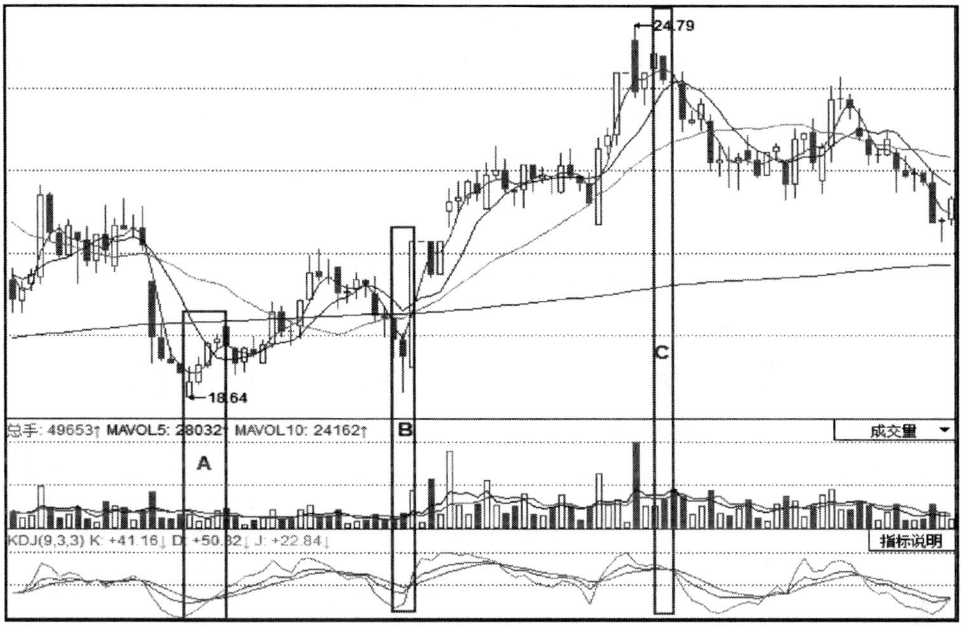

图 6－6　台基股份 60 分钟图

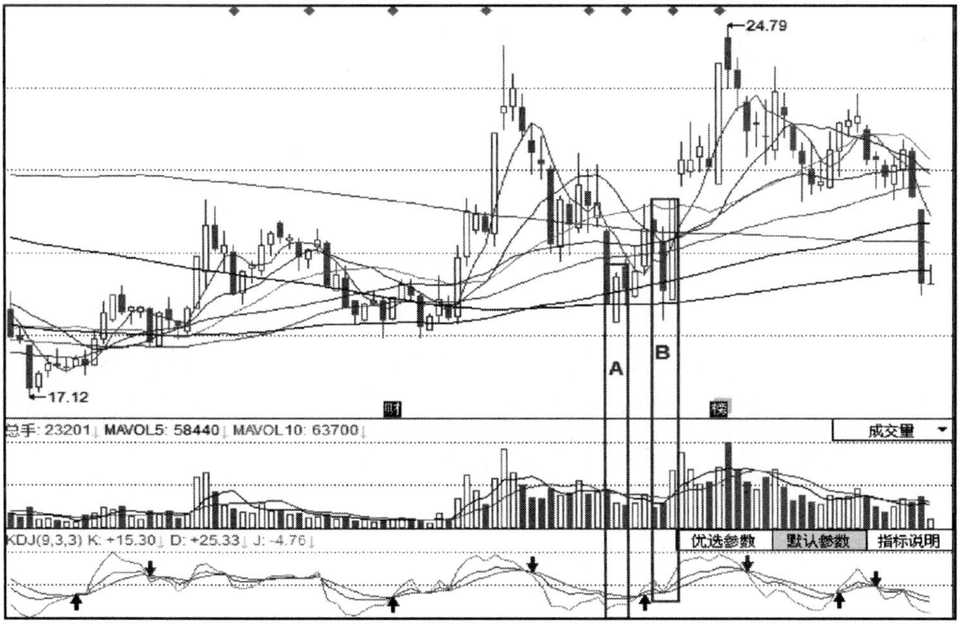

图 6－7　台基股份日线图

图6－7是台基股份日线图，观察后发现，在60分钟图进入A区域时，图6－7中对应的A区域中K线刚刚走平，D线还处于向下运行，只有J线改为略向上行，这是小趋势，大趋势仍为上涨趋势中的调整行情。再回头看局部的A区域，量能是缩小状态，所以不应买入，继续观察。

在图6－6中，当运行到B区域后，出现J线大角度向上金叉，成交量出现明显阳量放大，而此时图6－7的日线图上，对应的B区域也出现了明显的放量，所以应果断买入股票。

当持有的股价创出新高24.79元时，日线上只是出现了创新高的阴线，当日是无法看到更细微的变化的，所以仍然需要观察图6－6中的60分钟图。通过60分钟图，在创出新高当日，可以清晰地看到，是一根创新高的阴线，接着是一根下降的小阳线，再接着是一根持续上行的阳线，但第4根K线又变为了低开低走的阴线，即图6－6中C区域的情况，并且形成死叉。所以，应在当日收盘前，即确认了第4根为无法继续上行的放量阴线时，判断趋势已经转为下行，应果断卖出股票。

实战要点

(1) 以60分钟为辅的小波段操作，必须在日线的趋势基础上操作，即日线上买入或卖出形态不够坚决时，通过60分钟图的观察来确定小趋势的转变，如图6－6与图6－7中的情况。

(2) 在使用日线图结合60分钟图做小波段操作时，无论买入或卖出，KDJ的买入与卖出形态只是一种参考，关键在于KDJ买入或卖出形态出现时量能上的观察，即上涨时必须有大的阳量推动，下跌时必须有明显的阴量助跌，方可买入与卖出，如图6－6中B区域与C区域的情况。

6.3 KDJ超级短线波段实战技巧

超级短线通常持股时间在3～5天，更长最多至7天，也正是因为持股时间短，所以决定了应以 30 分钟图上 KDJ 指标的变化，或是日线图结合 1 分钟图的方式来操作，同时应结合量能的变化来判断趋势的变化。

6.3.1　30 分钟图超级短线波段操作技巧

在 A 股市场现行 T + 1 交易制度下，30 分钟图是超级短线操作中经常被使用的 K 线图，因为日线图或周线图过长，而 1 分钟图或 5 分钟图、15 分钟图又过短，尤其是在利用 KDJ 指标操盘时，KDJ 指标的滑动又较快，所以 30 分钟图才是最理想的 K 线图。

与日线、周线操盘不同的是，在 30 分钟 KDJ 操作中，买入形态与卖出形态必须较为明显，即买入时以 KDJ 快速启动或转强形态为主，并且在 KDJ 买入形态出现时，成交量需有明显的阳量放大，或是有持续的明显阳量出现。在卖出时，应以 KDJ 快速转弱形态出现为依据，成交量只要出现放大状态下的阴量，或明显的阴量放大，即应坚决卖掉。

这种 KDJ 形态的快速变化与成交量的高度配合，是所有短线与超级短线必须遵守的原则，因为一寸长一寸强，一寸短一寸险。超级短线或短线操作，最大的不安全就在于对风险的控制，所以买入后一旦发现趋势走弱时，应坚决卖出，而不要计较亏损。降低风险的标准，就是通过结合日线的趋势来判断。但因为日线上的反应相对较慢，所以利用 30 分钟图操盘时，一定要做到短平快，无论买入还是卖出时，都不能犹豫。

实战案例

图 6 - 8 是天源迪科（300047）30 分钟图，在震荡下跌趋势中，当进入 A 区域、形成金叉时，J 线向上的角度只有 45 度左右，无法看出向上的大角度，且成交量为阳量缩小状态，而金叉形成后，J 线向上的角度明显加大，达到了大角度，且明显出现阳量放大，量能甚至超过之前的阴量，就应果断买入股票。

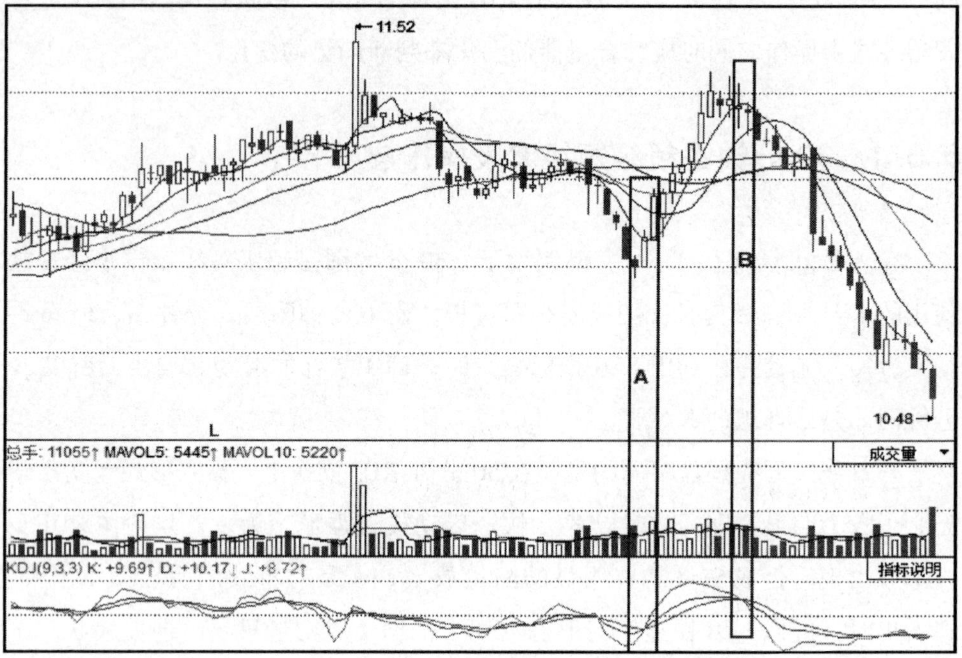

图 6－8　天源迪科 30 分钟图

其后的上涨中，当进入 B 区域后，阳十字星出现时，已经明显看到股价趋势的下行之态，KDJ 指标也即将形成死叉，成交量出现缩减，表明股价上行乏力，所以就应在死叉形成时果断卖出股票，而不要等到死叉后三线形成向下发散时再卖出股票。

实战要点

（1）在观察 30 分钟图上 KDJ 的变化做交易判断时，买入时应当采取略慢半拍的策略，卖出时却要采取略快半拍的方法，这样做的目的是为了降低风险，如图 6－8 中 A 区域与 B 区域的情况。

（2）观察 30 分钟图做交易判断时，应选择在 KDJ 买入形态转为强势，同时成交量也出现阳量放大时，方可买入，如图 5－8 中 A 区域的情况。卖出时，则应选择在趋势一经转弱时即行卖出，如图 5－8 中 B 区域的情况。

6.3.2　日线图 +1 分钟图小波段操作技巧

在超级小波段操作中，日线图和 1 分钟图的操作理念，主要是捕捉短线超级强势股时的一种方法，即，在观察日线图的过程中，一旦发现 KDJ 指标发出明显的快速转强信号，可以根据 1 分钟图上 KDJ 指标的快速转强形态来买入股票，同时根据 1 分钟图上 KDJ 快速转弱的形态来卖出股票。

在这一逻辑下，买入股票时，日线上必须形成明显的 KDJ 快速转强的信号，1 分钟图只是用来捕捉股价趋势转强的征兆；卖出股票时，日线上突然露出上行无力的疲软，1 分钟图上一旦形成快速转弱时的征兆，就应果断卖出股票。

这种短线操盘方法，主要是克服了日线图盘口数据的笼统，不够详细，所以才采用 1 分钟图来细致观察，理论是日线结合分时图也可以，但鉴于不少投资者对分时图上的量柱判断容易失误，所以采用了 1 分钟图。

无论是采用分时图还是 1 分钟图，关键是对 KDJ 买入或卖出形态的准确判断，量能必须出现明显的买入时阳量格外放大、卖出时阴量格外放大时，方可进行相关操作，如有一丝勉强，应选择放弃。

实战案例

图 6－9 是远光软件（002063）日线图，在弱势震荡中，进入 A 区域后，KDJ 三线突破 50 线，表明趋势已经转强，且成交量出现明显的持续放大的阳量，股价震荡上行，股价快速上涨迹象明显，此时可以选择买入股票。之所以不选择在 A 区域之前的 J 线角度向上时买入，是由于当时量能上没出现阳量放大迹象，所以在 A 区域买入，相对安全。

日线上的强势抢短，关键不在于买入，而在于在何时卖出、如何卖出。

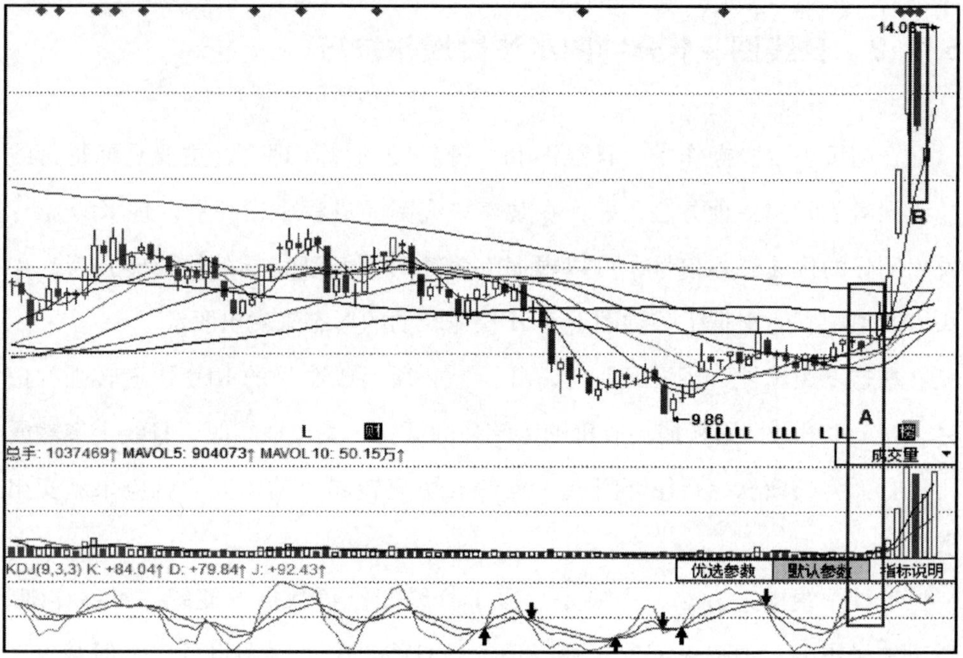

图 6－9　远光软件日线图

在此，我们以卖出为例。此时，就可以通过日线的强势趋势与 1 分钟图结合来选择卖点。

如图 6－9 中所示的 2018 年 1 月 12 日，当日出现高开后的低走，此时观察图 6－10 的 1 分钟图发现，当日放量高开后，旋即爆出了更大的阴量，有经验的投资者就应当在此时卖出股票。即在 A 区域，发现股价在高位震荡过程中，J 线刚刚出现向下拐头时。但由于是当日刚刚开盘，如果错过了这一时机，到了 B 区域，K 线上收于一根大阴线，对应的 KDJ 指标出现了 J 线大角度向下，成交量为阴量。所以，投资者在此时就不应再犹豫了，而应果断卖出。

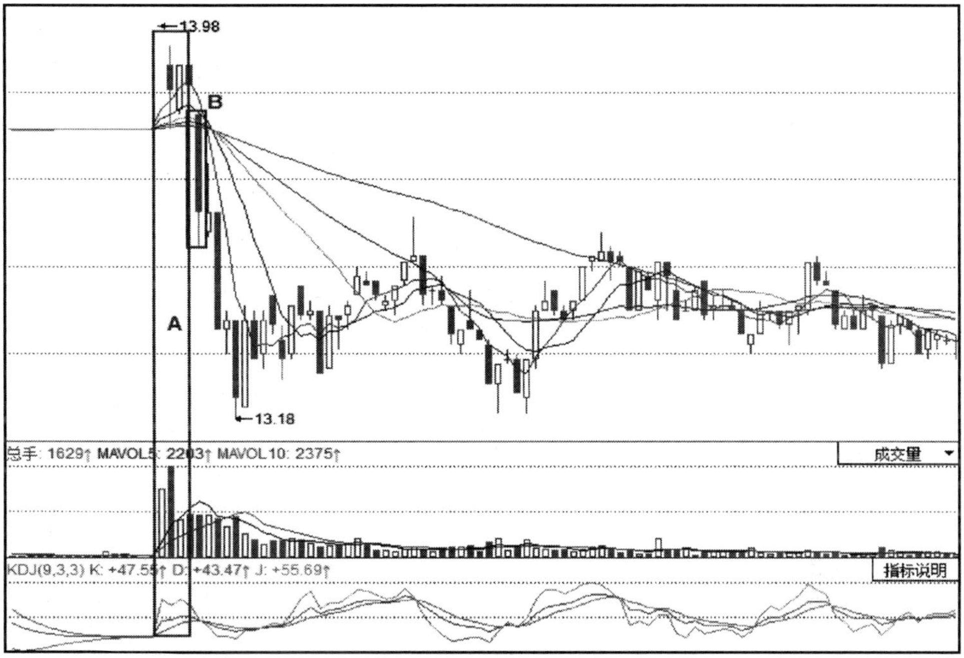

图 6－10　远光软件 2018 年 1 月 12 日 1 分钟图

实战要点

（1）日线图结合 1 分钟图的操作，属于超级短线中的抢涨停板操作，是短线捕捉强势上涨牛股时所采用的一种方法，如图 6－9 中的情况。

（2）在日线图结合 1 分钟图的操作过程中，关键不在于买入，只要发现了强势股，在封板前买入即可。操作的核心在于对卖出股票时机的选择，只要发现了短期快速上涨后出现继续上行的松动，就应果断卖出。这时候，成交量的快速转为阴量放大成为首要参考指标，然后再观察 KDJ 指标主要参考指标 J 线是否转为下行，如图 6－10 中 A 区域的情况。

第 3 篇

高级实战技巧篇

第7章 KDJ买入形态与交易技巧

股票交易，最基础的工作就是判断买点，因为只有在应该买入的时候买入股票，才能确保在持股中获利。判断买点时，不同的趋势会形成不同的买点，并不是只有在底部出现的买点，方可买入。所以，在了解底部KDJ特征的同时，也要明白强势加强时的一些KDJ买入形态，以及弱势转强时的一些KDJ买入形态。这样，才能够根据趋势演变的不同阶段出现的所有具有攻击性的形态，选择恰当的时机介入一只股票，从而不错过任何一次具有上涨意义的机会。

7.1 KDJ买入特征

当趋势向上反转时，KDJ指标必然会发出明显的买入股票的征兆，因此投资者在选择股票时，要学会识别KDJ指标的买入特征，这样才能够迅速捕捉到趋势向上变化的时机。

7.1.1 底部形态特征

当一只股票形成底部时，KDJ指标同样会表现出一些特征，可以根据这些底部特征，判断出股票已经进入阶段性的低点。然而，当一只股票进入底部后，并不意味会立马出现反转，而更多的是出现弱势震荡，或者是出现逐渐转强的震荡整理，这些也可以说是上涨前的蓄势。所以，底部对于中线投资者来说，意义较大，是分批建仓的好时机。

由于抄底更适宜于中线投资者，所以认清底部，主要是通过日线和周线的观察来判断，其中一个重要的指标就是底背离，再就是周线上的低位钝化，以及 KDJ 长期处于一种弱势震荡的格局。

因为底背离和周线低位钝化在前面的章节中已经详细介绍过，所以在此我们来了解一下 KDJ 弱势震荡中的底部形态特征。

当股价处于弱势震荡趋势时，KDJ 指标中的 K 线和 D 线会处于一种相距较近状态的上下小幅震荡，位置通常在 50 线附近或 50 线以下。J 线会在此期间反复上下大幅波动，此时判断是否为底部的关键，在于观察 J 线不断地向下探低的行为，一旦出现 J 线反复探低后出现向上，并不断抬高低点，就表明股票已经处于底部区域，此时中线投资者可选择逢低适当建仓。

这时候的成交量表现为地量水平下的小阳量持续出现，并偶有放大的迹象。

实战案例

图 7－1 是苏州固锝（002079）日线图，经过前期的大幅下跌后，进入 A 区域，K 线与 D 线处于相距较近的状态，并展开小幅震荡，J 线的震荡低点也在不断抬高。虽然股价表现为阴跌，但量能已萎缩至地量水平，说明底部出现在即。在进入 C 区域后，虽然 J 线上下震荡幅度有所加大，但 K 线和 D 线已从 50 线下向上移动到 50 线附近，同时再观察股价处于弱势小幅震荡期间的 B 区域的成交量，以小阳量明显居多，并不时出现突然的阳量放大，说明这只股票已获得主力资金的介入。由此可证明，D 区域就是股票的底部区域，中线投资者可逢低建仓。

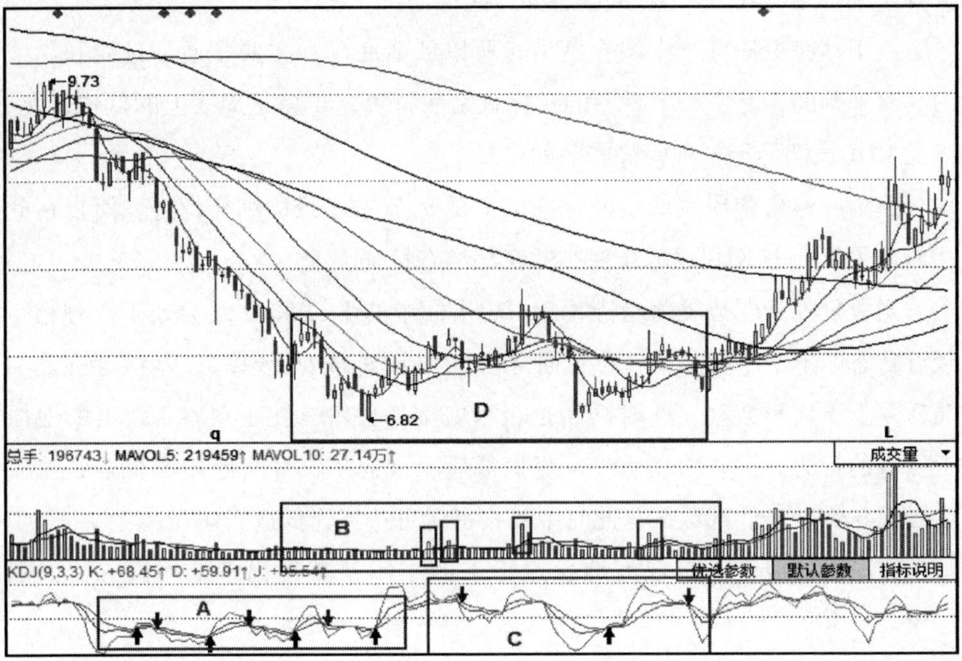

图7-1 苏州固锝日线图

实战要点

(1) 底部形态往往是弱势下跌后形成的，所以通常要在股价初次下跌后经过震荡整理再下跌时出现弱势震荡，才会形成。但由于此时底部形态往往较弱，并不意味着其后会即刻反转，所以只适合中线投资者在底部时建立底仓。

(2) 底部出现时，在日线上主要表现为K线和D线处于相距较近的小幅震荡状态，允许J线上下震荡幅度略大，但K线和D线此时往往是处于50线以下的低位区，如图7-1中A区域的情况。一旦出现K线和D线的抬高至50线附近，若成交量呈地量状态下的小阳量居多时，股价小幅震荡，往往就意味着底部已经来临，如图7-1中C区域、B区域和D区域的情况。

7.1.2　底部反转时的特征

底部形态只适合中线投资者建立底仓，所以底部反转时的 KDJ 形态更适合大举买入一只股票。

当一只股票经过底部震荡阶段后，一旦出现反转，KDJ 必然会发生明显的买入信号，如 K 线和 D 线结束相距较近的状态、J 线大角度向上、金叉后三线向上发散等形态。这时候，成交量往往会出现明显的结束地量水平的持续放大，或突然放大，呈现量价齐升的状态，这就意味着趋势出现了反转。

如果成交量在此时出现格外的阳量放大，若是趋势反转，其必然会出现再度缩量后再次阳量持续放大。此情况方是真正反转的征兆，投资者应当果断买入股票。

实战案例

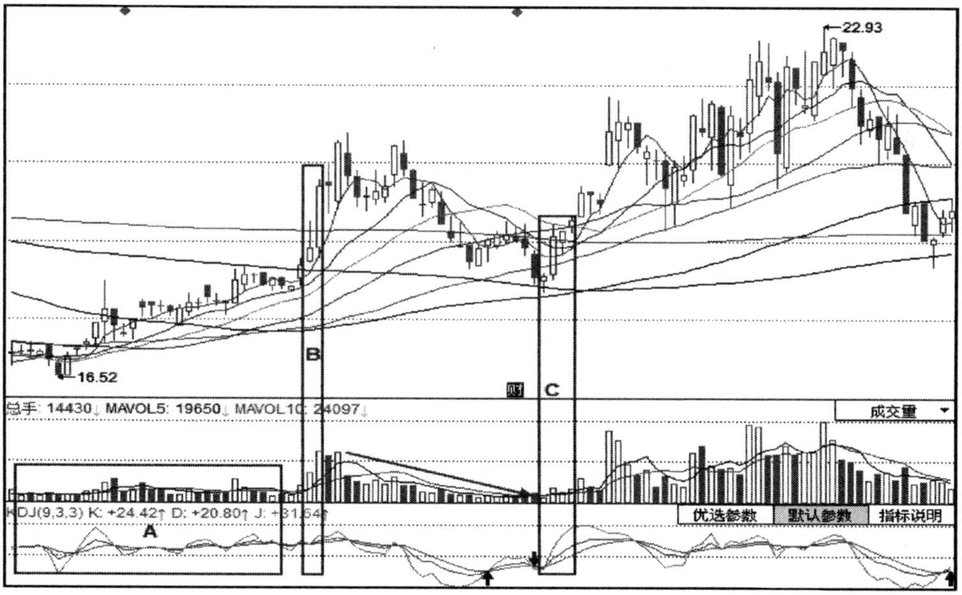

图 7－2　康强电子日线图

图 7－2 是康强电子（002119）日线图，在 A 区域，成交量依然处于地量水平，进入 B 区域后出现摆脱地量水平的持续阳量放大，但 KDJ 依然处于三线黏合状态下的震荡。虽然出现量价齐升，但其后必然会缩量回落。因此应在其成交量大举萎缩后的再度持续放量时的 C 区域，KDJ 出现 J 线大角度向上的三线向上发散形态时，方说明趋势已经出现反转，再买入股票。

实战要点

（1）底部反转时，KDJ 必然会出现 J 线大角度向上、三线明显向上发散等形态，如图 7－2 中 C 区域的情况。同时，成交量也必然会出现阳量的持续放大。

（2）如果成交量出现明显放大，但 K 线和 D 线仍然处于相距较近的小幅震荡格局，即使 J 线出现了大角度向上，其后仍然会出现冲高后的回落。只有其缩量后的再放量，KDJ 发出买入信号时，才是趋势反转时买入的良机，如图 7－2 中的情况。

7.2 弱势买入形态与技巧

当趋势显示为弱势特征时，如果出现转强，KDJ 指标同样会发出明显的向上信号，形成弱势转强的买入形态。及时把握住这一 KDJ 买入形态，就等于把握住了趋势反转向上的最佳买入时机。

7.2.1 三线向上发散

三线向上发散，是指 KDJ 三条线的运行方向均向上运行，并呈现出三线向上分开发散的形状，就像一朵花朝上张开，花瓣吐出花心一样。

在股价上涨时，KDJ 指标基本上都会出现这种形态，所以三线向上发散，是股价上涨时 KDJ 发出的最为明显的信号。

投资者在判断三线向上发散形态时，首先应注意这种三线向上发散，不能是 D 线与 K 线平行，而只有 J 线出现向上的状态。其次，应观察成交量的情况，当三线向上发散出现时，成交量必须出现持续的阳量放大，或是突然格外放大的一根阳量，才是准确的买入信号。

实战案例

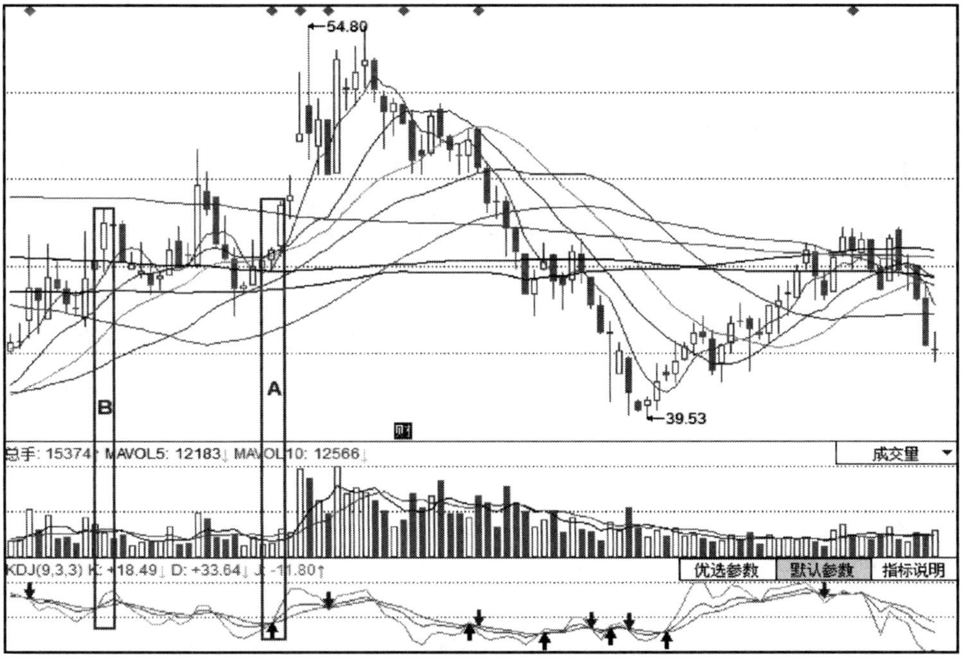

图 7－3　韵达股份日线图

图 7－3 是韵达股份（002120）日线图，在进入 A 区域时，KDJ 三线出现金叉后，在 50 线略下位置形成三线向上发散的形态，同时成交量出现了持续的阳量放大，成为买入股票的好时机。在之前的 B 区域，虽然也出现了三线向上发散，但成交量为阴量，所以不能作为买入的参考依据。

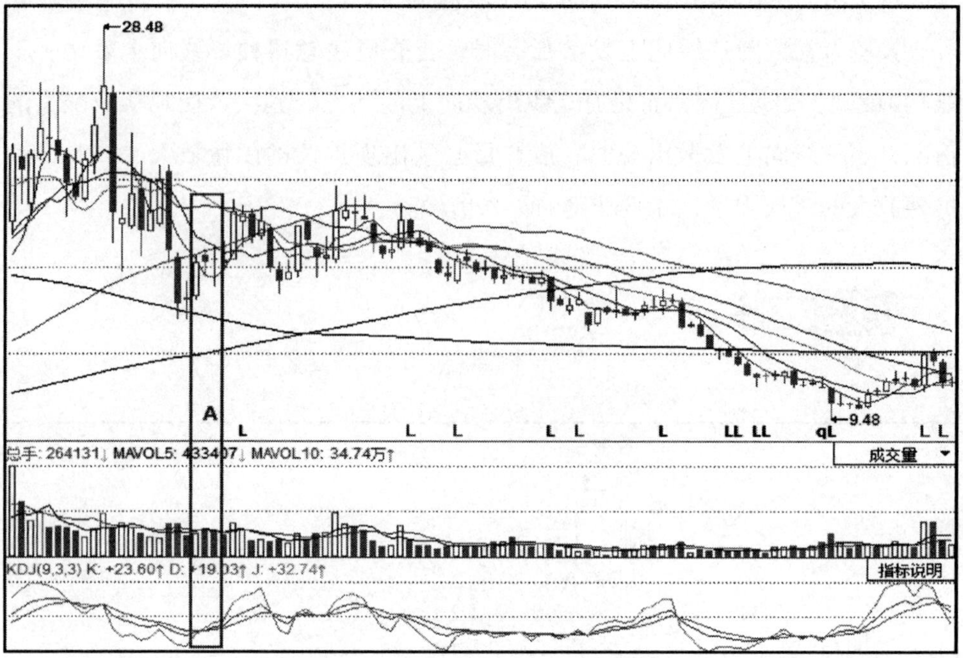

图 7－4　梦网集团周线图

图 7－4 是梦网集团（002123）周线图，在 A 区域，D 线在走平状态下，出现张口较小的 K 线与 J 线向上的发散，不过成交量为阴量，所以不能以三线向上发散的买入形态为依据来买入股票。

实战要点

（1）三线向上发散形态出现时，必须是 KDJ 三条线均为向上方向的发散，方可确认为买入形态，同时成交量为放大的阳量或持续放大的阳量，如图 7－3 中 A 区域的情况。

（2）如果 KDJ 三线向上发散时，D 线或 K 线向上的行为不明显，那么就不能以买入形态来对待，如图 7－4 中 A 区域的情况。

（3）三线向上发散形态出现时，如果成交量为阴量，同样不能作为买入股票的依据，如图 7－3 中 B 区域的情况。

7.2.2　J 线大角度向上

J 线大角度向上，是指 J 线在向上运行的过程中，是以大于水平 60 度的角度向上运行，此时的 K 线和 D 线由平行渐转为向上运行。

在实战中，J 线大角度上行是经常出现的一种形态，是 J 线快速带动 K 线和 D 线上行的现象，因此也是一种股价快速由弱转强的征兆。但由于 KDJ 指标上下波动较快，所以当 J 线大角度向上出现，得到成交量的配合时，即股价明显出现放量上涨时，方可确认为股价出现快速上涨。

在多数时候，J 线大角度向上出现时是直接以大于或等于 60 度的水平角度向上运行，但有时候这种 J 线带动 K 线和 D 线的上行也是渐变的。即，J 线最初以小于 60 度的水平角度上行，突然在上行过程中出现上行角度变大，转为以大于 60 度的角度上行，只要量能配合，这同样是一种股价快速转强的买入形态。

实战案例

图 7 –5 是万邦达（300055）日线图，在 A 区域与 B 区域，均出现 J 线以大于 60 度的水平角度向上运行，只不过 B 区域是 J 线在上行过程中变为以大于 60 度的水平角度的向上，成交量也出现持续阳量与阳量放大。虽然放量并不是很大，但是量能逐渐萎缩后的放量，说明调整已经结束，应果断买入股票。

图 7 –6 是世纪鼎利（300050）日线图，在 A 区域，同样出现 J 线以大于 60 度的水平角度上行，成交量也呈持续阳量状态，但由于此时为下跌趋势中的震荡行情，成交量为地量水平，所以不能以买入形态对待。

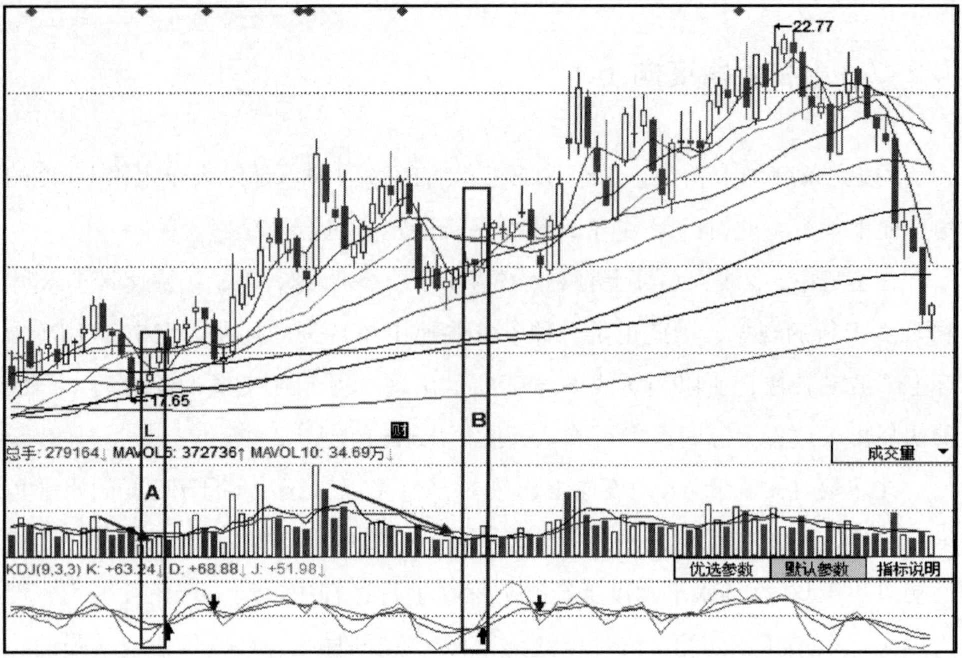

图7-5　万邦达日线图

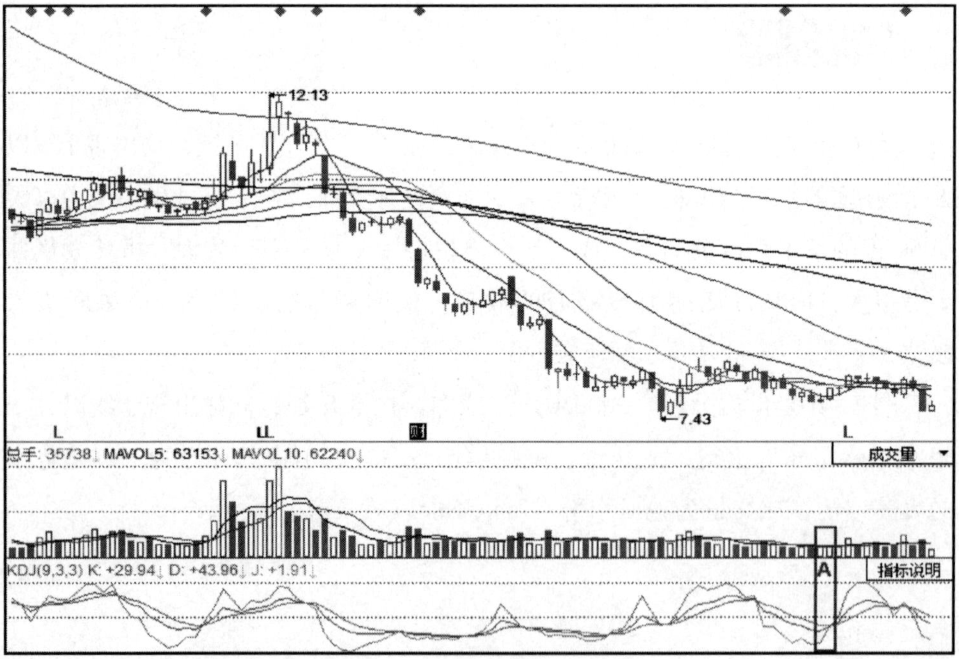

图7-6　世纪鼎利日线图

实战要点

（1）J 线大角度向上出现时，必须结合成交量的变化来确定是否出现了短期趋势的反转，不能单独以 J 线向上的水平角度大于 60 度为依据。

（2）当 J 线大角度向上出现在上涨调整行情中时，往往是成交量缩量后的再次放量，所以此时的成交阳量或出现格外放大，或出现持续小阳量放大，如图 7－5 中 A 区域与 B 区域的情况，此时为买入形态。

（3）如果 J 线大角度向上出现时，成交量为阴量，或是此时成交量为地量状态下的小幅放大，如图 7－6 中 A 区域的情况，这往往说明趋势为震荡行情，不能作为买入股票的依据。

7.2.3　J 线大角度 + 金叉

J 线大角度 + 金叉同样是实战中经常出现的一种形态，但这种形态有两种情况存在。

第一种情况是，J 线先出现以大于水平角度 60 度的方式形成向上，然后发生与 K 线和 D 线的金叉；第二种情况是，J 线在向上运行过程中，先与 K 线和 D 线形成金叉，然后出现了以大于 60 度的水平角度上行的情况。

无论金叉在前还是在后，J 线大角度 + 金叉形态都是一种股价快速转强的标志，但是和判断 J 线大角度向上的买入形态时一样，同样需要得到成交量的配合。只有 J 线大角度 + 金叉出现，成交量为持续放大的阳量，或是格外放大的阳量时，方为买入形态。

不同的是，成交量温和放大，如果出现在上涨趋势调整行情结束时，是成交量在萎缩后的小幅放量行为，意味着调整已经结束；而出现在震荡趋势中的温和放量，则往往是一种震荡行为，不能作为买入股票的参考依据。

当成交量格外放大时，代表的是一种弱势的快速反转，其后的上涨通常会出现加速的表现。只要这种成交量的格外放大，不是发生在地量水平下的突然放大，并且放大的程度不是特别大后又无法持续保持大量时，都是一种买入的象征。

实战案例

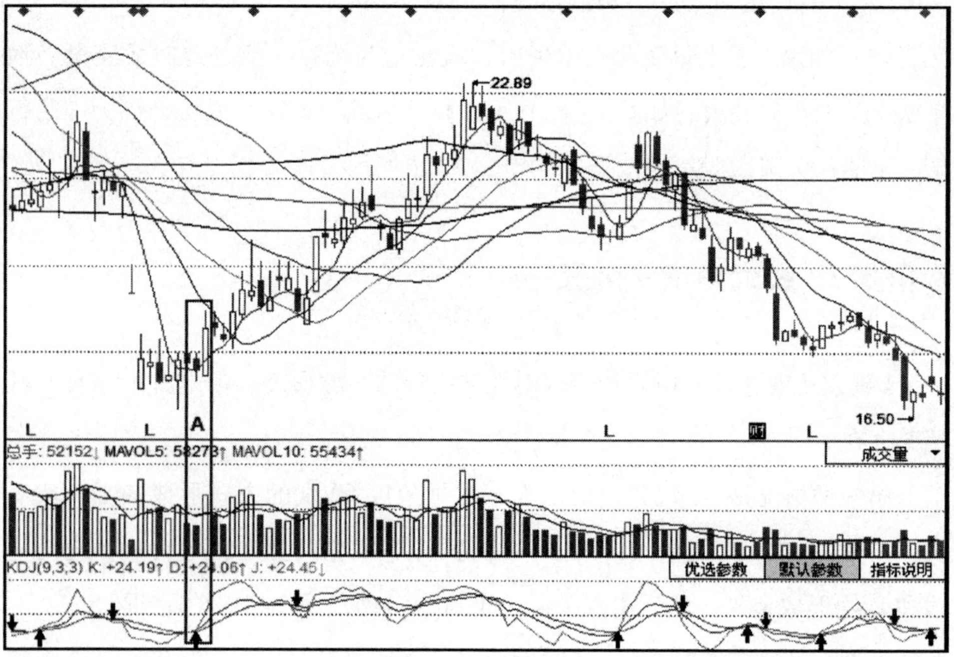

图 7-7　数字政通日线图

图 7-7 是数字政通（300075）日线图，在弱势震荡中，进入 A 区域，先是形成 J 线向上的金叉，然后出现 J 线以大于 60 度的水平角度向上的情况，形成金叉 +J 线的大角度向上形态，同时成交量出现明显的阳量放大，表明趋势已经转强，应果断买入股票。

图 7-8 是索菲亚（002572）日线图，在弱势震荡行情中，进入 A 区域

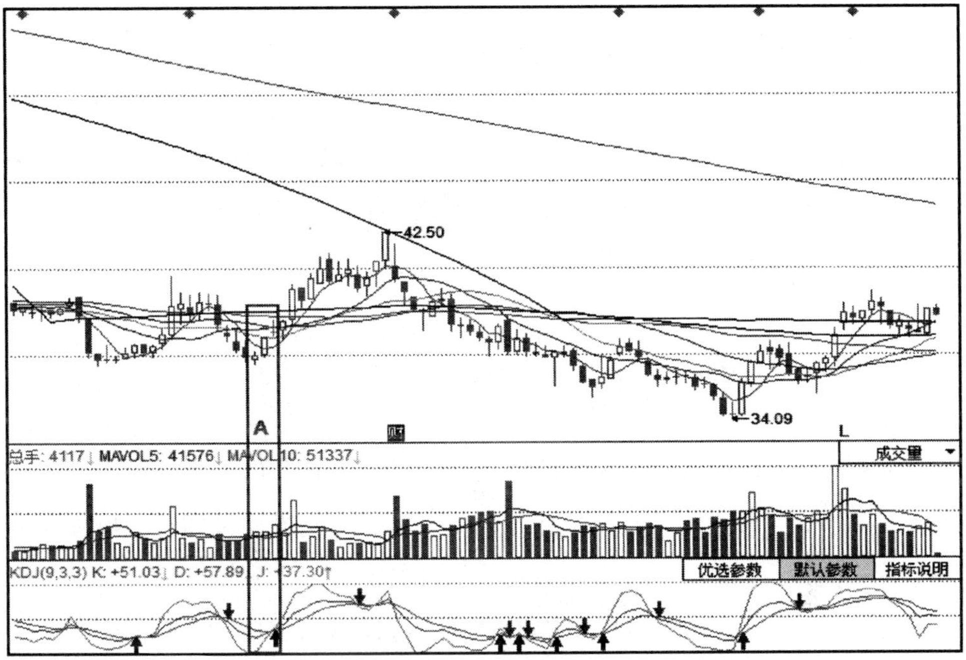

图 7－8　索菲亚日线图

后，J 线以大于水平 60 度的角度上行，与 K 线和 D 线形成金叉，形成 J 线大角度向上＋金叉形态，成交量出现阳量的持续温和放大，表明短期趋势已经转强，应果断买入股票。

实战要点

（1）当 J 线大角度向上＋金叉形态出现时，金叉可以出现在 J 线大角度向上之前，如图 7－7 中 A 区域的情况。同时，金叉也可以出现在 J 线大角度向上之后，如图 7－8 中 A 区域的情况。

（2）当 J 线大角度向上＋金叉形态出现时，金叉出现的先后并不会影响趋势是否出现快速转强，关键在于此时的成交量必须出现持续阳量温和放大，或是阳量格外放大，如图 7－7 中 A 区域与图 7－8 中 A 区域的情况。

7.3 强势买入形态与技巧

当趋势处于强势时，股价同样会出现一定的调整，而调整结束时，KDJ 指标就会发出明显的买入股票的信号。因此，把握住这种强势中的短期弱势结束时的 KDJ 形态，就等于把握住了一段强势向上涨的行情。

7.3.1 死叉不死

死叉不死，是指当J线在K线与D线之上向上运行时，出现拐头向下的运行，当即将与K线和D线形成向下的死叉时，未出现交叉即转为掉头向上运行的形态。

从死叉不死的意义中可以明确地看到，这种形态出现时，KDJ 呈现出一种J线在K线和D线之上向上运行的态势。这就表明死叉不死出现时，趋势为上涨趋势，从而意味着这种形态出现时，是上涨趋势中的一种短线调整行为。因此，死叉不死形态是一种涨势未止的征兆，一经出现就应果断买入股票。

在实战中，因死叉不死形态是涨势中出现的形态，所以此时的成交量要求并不大，即使是出现缩量也没关系，只要是呈阳量状态即可。这是因为，在强势上涨中主力资金的筹码集中度较高，缩量上涨的情况时有发生，表明的只是主力资金筹码的高度集中，而只要是主力资金依然处于筹码集中的状态时，涨势就会持续。

实战案例

图7－9是中科曙光（603019）日线图，在上涨趋势中，在A区域与B区域，均出现J线在K线和D线之上运行时突然转为向下运行的情况。但当

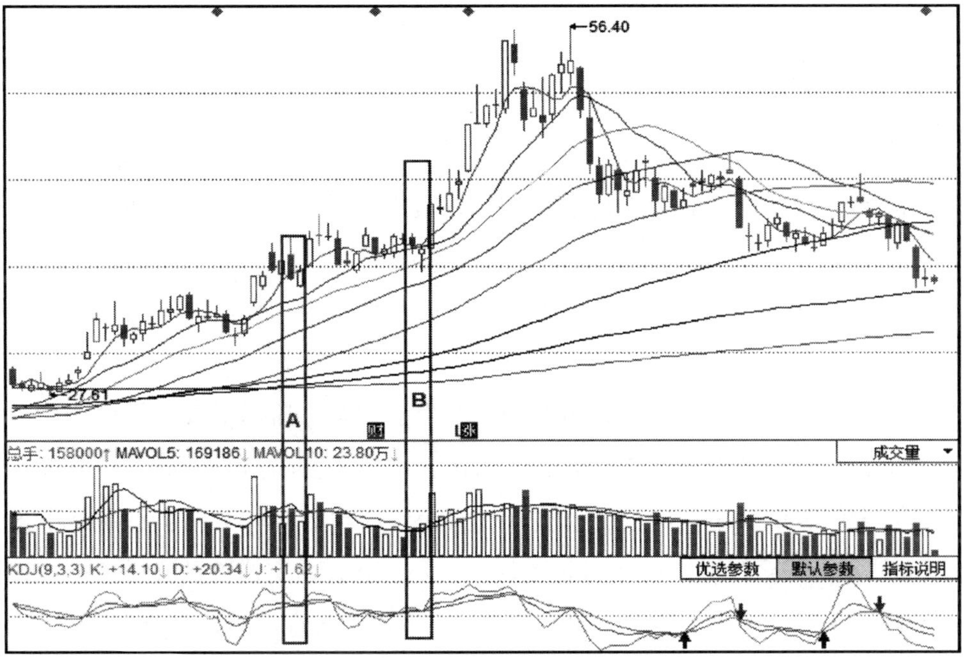

图 7－9　中科曙光日线图

J 线向下与 K 线和 D 线即将形成死叉时，却未形成向下交叉即转为掉头继续向上运行的情况，形成死叉不死形态，成交量也由阴量转为阳量，表明上涨趋势并未中止，均应买入股票持股待涨。

实战要点

（1）死叉不死出现时，往往处于一种 J 线在 K 线和 D 线之上向上运行的形态，并且多数发生在 50 线之上或附近，即指标区间相对较高的区域，因此是一种上涨趋势的表现，如图 7－9 中的情况。

（2）死叉不死形态出现时，必须是 J 线向下即将形成死叉但并未形成与 K 线和 D 线的死叉即出现掉头上行，如图 7－9 中 A 区域与 B 区域的情况。如果是形成死叉后 J 线即掉头向上再形成金叉时，则不能以死叉不死形态来对待。

（3）死叉不死形态出现时，成交量要求不大，只要由阴量转为阳量即可。

7.3.2 50线以上的金叉

50线以上的金叉，是指出现在50线以上的指标区域的金叉。

由于50线以上的金叉出现时，金叉是位于50线之上，而作为中分线，50线又是趋势强弱的分界线，所以这种形态表明的是一种强势中的加强征兆，是一种买入信号。

50线以上的金叉出现时，由于趋势为上涨趋势，所以对成交量的要求并不严格，只要是呈阳量状态，即表明后市会持续上涨。这是因为，在此期间主力资金依然在，除非是上涨末端，在成交量出现较多较大的阴量状态下出现50线以上的金叉时，就要引起注意。如果没有大的阳量推动，后市涨幅往往有限，应保持观望的态势。即使参与，也应做到快进快出，以免高位被套。

实战案例

图7－10是大港股份（002077）周线图，在上涨趋势中，当进入A区域后，KDJ三线在50线之上运行的行情下，J线向下跌破K线和D线后出现上行，并与K线和D线形成金叉，形成50线以上的金叉，说明涨势未止，应及时买入股票。

图7－11是正海磁材（300224）1分钟图，在短期上涨趋势中，于A区域同样出现50线以上的金叉，成交量同样为阳量，但由于K线的周期图过短，买入后当日一旦转为下跌则无法卖出，因此应回避操作。

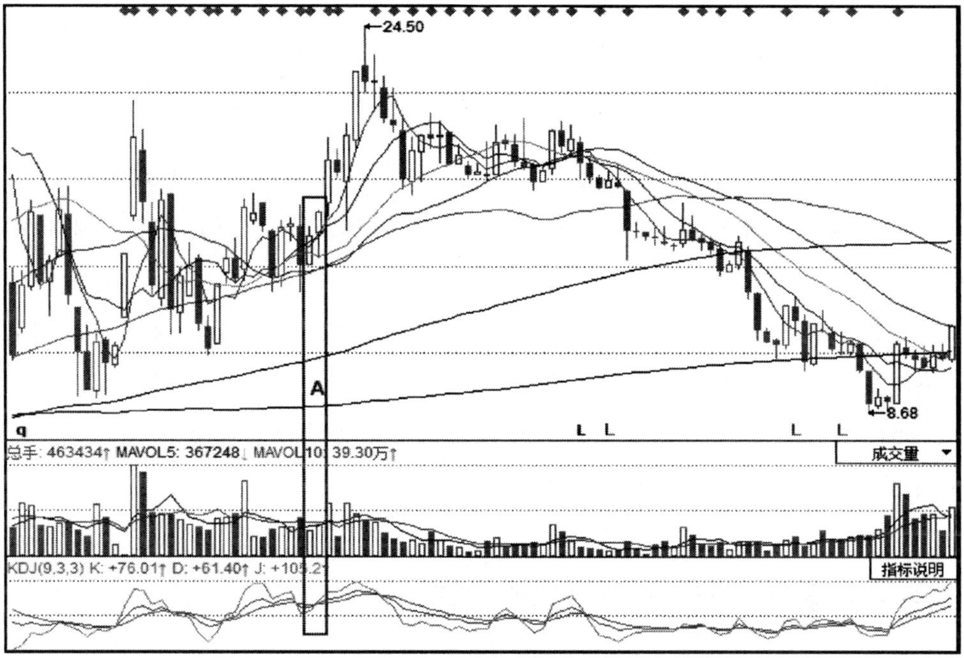

图 7－10　大港股份周线图

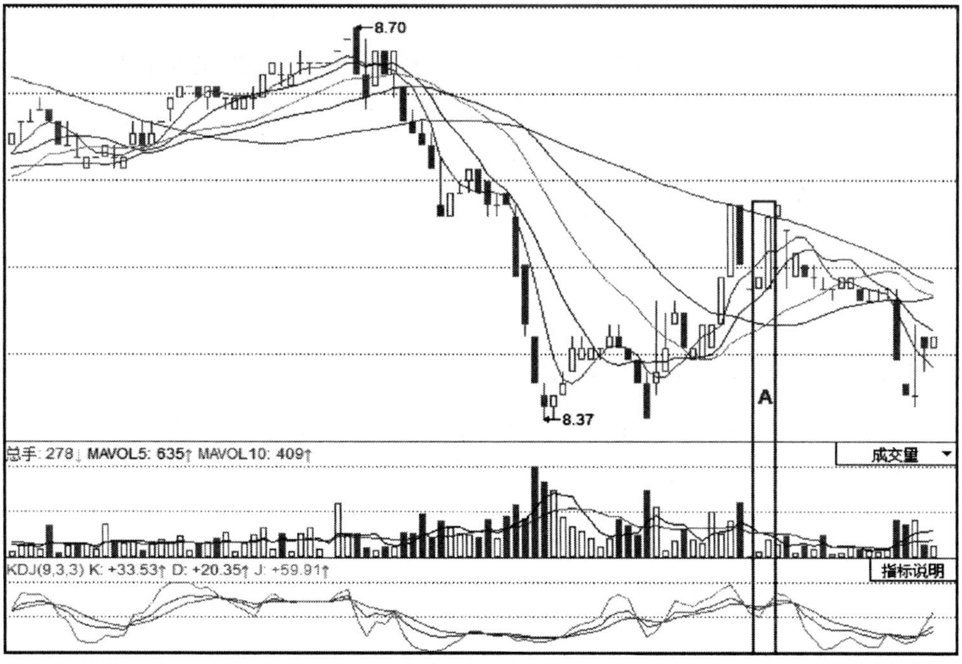

图 7－11　正海磁材 1 分钟图

实战要点

（1）50线以上的金叉出现时，必须是相对较长周期图上出现的位于50线以上的金叉，才能确保趋势为强势，如图7－10中A区域的情况，周期图为周线图。

（2）如果50线以上的金叉出现，是发生在5分钟图或1分钟图等短期K线图上，代表的只是一种短期的涨跌，因A股市场实施T+1交易制度，当日买入的股票要下一个交易日方可卖出，所以不能作为买入的依据，以免高位被套，如图7－11中A区域的情况。

7.3.3 K、D线平行略向上的金叉

K、D线平行略向上的金叉，是指在KDJ向下运行的情况下，当J线出现转为向上运行，与K线和D线形成向上交叉时，K线和D线是处于平行略向上的形态。这种金叉是一种助涨的金叉，即使是发生在50线以下的低位区，后市上涨的概率还是极高的。但是，这种形态的金叉出现时，成交量必须出现支持上涨的情况，才能确保其后出现上涨。

在介绍KDJ买入与卖出形态时，我们几乎均谈到了成交量的配合，这一点会在后面章节中详细讲到，在这里必须强调的一点是，成交量由于更能体现盘中买卖双方的状况，所以股价的涨跌，都得到成交量的配合时，方才说明KDJ买入或卖出形态充分体现出买方或卖方资金的支持。

因此，当K、D线平行略向上的金叉出现时，成交量必须为阳量，呈现出持续放大或格外放大的迹象时，方可确认股价的转强，再买入股票。

实战案例

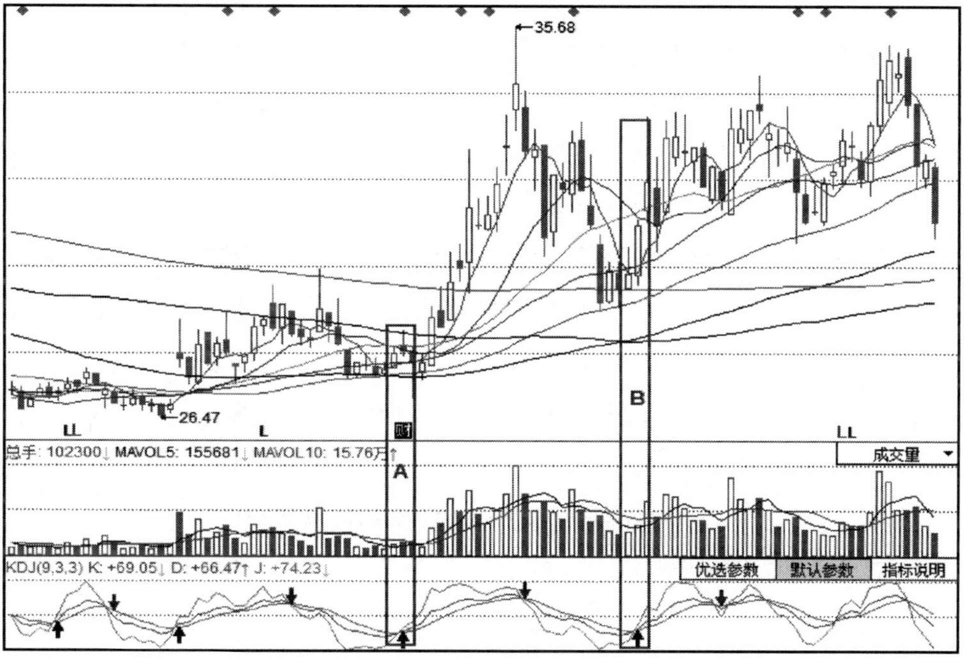

图7－12　北斗星通日线图

图7－12是北斗星通（002151）日线图，在B区域，J线在K线和D线下方向下运行过程中，出现了转为向上运行的情况。此时的K线和D线同样在转为平行的情况下形成略向上运行的情况，形成K、D线平行略向上的金叉形态，此期间的成交量为阳量，呈逐渐放大后的快速放大状态，表明趋势已经转强，应果断买入股票。

同样在之前的A区域也出现了K、D线平行略向上的金叉形态，但此时成交量保持在较低水平，未出现持续阳量或阳量格外放大，所以不应买入股票。

实战要点

（1）K、D线平行略向上的金叉出现之前，KDJ三线是处于向下运行的情况，所以属于一种短线的弱势，如图7－12中B区域之前的情况。

（2）K、D线平行略向上的金叉出现时，必须是J线先行出现向上运行，同时K线和D线才转为平行后略向上运行，再发生金叉，如图7－12中A区域与B区域的情况。

（3）K、D线平行略向上的金叉出现时，如果要确认为转强的信号，应结合成交量来观察，只有成交量出现阳量持续放大或格外放大时，方可买入股票，如图7－12中B区域的情况。如果成交量未放大或出现持续阳量，那么表明这时股票处于震荡期，不应买入股票，如图7－12中A区域的情况。

第 8 章 KDJ 卖出形态与交易技巧

在交易过程中，卖出股票与买入股票一样重要，甚至是只会买而不会卖也无法获利。当低位买入了一只股票，并学会了在高位卖出，才能真正获利，否则只能像坐一回过山车，落个空欢喜一场的结果。当卖点出现时，KDJ 同样会发出某些明显的信号，而这些 KDJ 指标的卖出形态，以及各种股价转弱的征兆，无一例外都指向了炒股的终极目的——买入后获利卖出。

8.1 KDJ 卖出形态特征

在上涨趋势中，当股价出现反转向下时，KDJ 指标就会形成明显的顶部特征，因此在上涨趋势中选择卖出时机，其实就是寻找 KDJ 顶部形态的过程。

8.1.1 顶部形态特征

当一只股票形成顶部时，KDJ 指标同样会出现一些明显的特征，从而成为卖出股票时的参考依据。

股票形成顶部形态时，首先要判断 KDJ 指标与股价是否出现顶背离，因为一旦出现顶背离，KDJ 指标的趋势就会持续向下，此时根据顶背离形态的具体要求来操作就可以了。关于顶背离，在背离一章中已详细讲过，因此在这里我们只介绍不发生顶背离时的 KDJ 顶部特征。

当未发生顶背离时，股票一旦形成顶部，KDJ 指标就会运行到指标区间的顶部高位区，尤其是 J 线，会处于向上接近区间上沿的情况，甚至会形成高位钝化。但高位钝并不能成为判断顶部真正到来的依据，特别是在周线以下级别的 K 线图上。

因此，只有在 KDJ 于高位区向上运行时，三条线均出现了不再上行的情况，尤其是 K 线和 D 线出现平行震荡，而 J 线出现了向下运行的状态，则表明顶部已经到来。同时，成交量处于明显的较大状态，而且会不时放出较大的阴量，股价也会表现为滞涨和高位震荡的情况。这时候就要格外关注了，一旦形成 KDJ 卖出形态，投资者就要及时卖出股票。

实战案例

图 8-1　金证股份日线图

图8－1是金证股份（600446）日线图，在上涨趋势中，当进入A区域后，KDJ三线已经运行到了高位区，K线和D线出现平行小幅震荡，J线在向上触及区间上沿后转为向下运行，并做出微略震荡的小幅运行，尤其是在A区域末端的B区域，股价出现小幅震荡的滞涨行为，成交量间或出现放大状态的阴量。此期间虽然并未形成顶背离，但短期涨幅已经达到80%，说明上涨趋势已经到了尽头，开始构筑顶部。

实战要点

（1）当股价顶部到来时，如果不发生顶背离，KDJ指标就会运行到区间的高位区，尤其J线在大多数情况下会出现向上触碰区间上沿的情况，而后出现下行震荡，如图8－1中A区域的情况。

（2）当KDJ形成顶部时，股价方面会出现高位滞涨的小幅震荡，成交量方面会形成较高水平下的间或阴量出现，如图8－1中A区域的情况。

（3）KDJ指标形成顶部时，不一定会出现股价的大幅上涨。股价的涨幅在理论上与顶部关系并不大，但在大幅上涨或短期内涨幅较大的情况下，一旦出现KDJ顶部特征，就要引起注意了，应随时观察趋势的变化。

8.1.2 顶部反转时的特征

KDJ顶部形态特征出现，但并不能说明此时的股价就不会继续创出新高和短期上涨，所以当一只股票的股价顶部形成后，应当时刻观察是否出现顶部反转，只有出现顶部反转，方是卖出股票的时机。

关于顶背离出现顶部反转的情况，在背离一章中已经详细介绍过，因此，在这里我们只介绍在未出现顶背离时，顶部反转时的KDJ特征。

在一只股票不出现股价顶背离的情况下，一旦形成顶部后，如果出现反转，就会形成明显的KDJ卖出形态，比如周线的高位钝化后J线下行、高位

死叉 + 三线向下发散、J 线大角度向下 + 死叉等形态。在成交量方面，会出现阴量的突然放大，或持续放大状态的阴量。股价方面，也会出现持续的大阴线或较长上影线的阴线。

这时候，就说明已经出现了顶部反转，应果断卖出股票。

实战案例

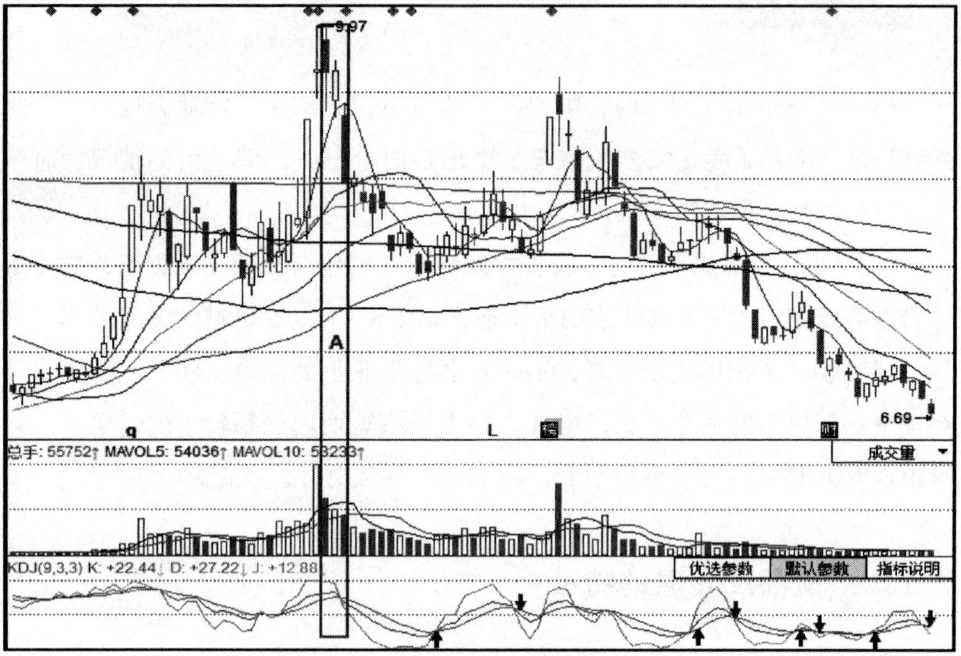

图 8－2　常铝股份日线图

图 8－2 是常铝股份（002160）日线图，在上涨趋势中，当进入 A 区域后，KDJ 三线已经运行到 50 线以上的高位区，J 线在形成高位钝化后，K 线和 D 线也由上行转为平行。当 J 线出现下行时，突然转为向下的大幅倾斜，向下的水平角度超过 60 度，形成 J 线大角度向下，同时成交量也出现两根量能较大状态下的阴量，表明出现顶部快速反转，所以应及时卖出股票。

实战要点

（1）顶部反转时，首先应确定在上涨趋势中，KDJ 三线已经向上运行到 50 线以上的高位区，J 线在冲高形成高位钝化时，K 线与 D 线已经转为平行，即确认已经形成顶部，再观察是否出现顶部反转，如图 8－2 中的情况。

（2）顶部反转时，KDJ 会形成高位死叉、J 线大角度向下等卖出形态，同时成交量必须出现格外阴量放大，或是放大状态下的持续阴量，方为趋势反转的征兆，此时应卖出股票，如图 8－2 中 A 区域的情况。

8.1.3　震荡趋势转弱时的特征

前面已经介绍过，震荡趋势就是 K 线与 D 线处于相距较近状态下的横盘小幅震荡状态，J 线做略大些幅度的上下震荡，或与 K 线和 D 线同样处于相距较近状态的小幅震荡。在掌握震荡趋势的形态特征后，投资者就很容易明白震荡趋势转弱时的 KDJ 特征。

不管是不是震荡趋势，转弱时都会出现 KDJ 三线向下发散、J 线大角度向下死叉等形态，而震荡趋势转弱由于是 K 线和 D 线在相距较近状态下的转弱，所以经常会出现金叉不叉、三线向下发散等形态。

这是 KDJ 指标转弱的情况，而成交量方面，由于在震荡趋势中，成交量往往是处于地量水平下的运动状态，所以成交量在此时不会出现大的变化。因为震荡趋势本身就已经形成弱势，买卖盘已经相对清淡，所以此时的下跌，是无须大的成交量来推动的。这种震荡趋势转弱的出现，就是一种阴跌状态的开始。如果出现放量，反而极易在转弱后形成底部。

因此，判断震荡趋势转弱时，只需要观察 KDJ 是否出现金叉不叉或三线向下发散形态，即可判断趋势是否已经转弱。

实战案例

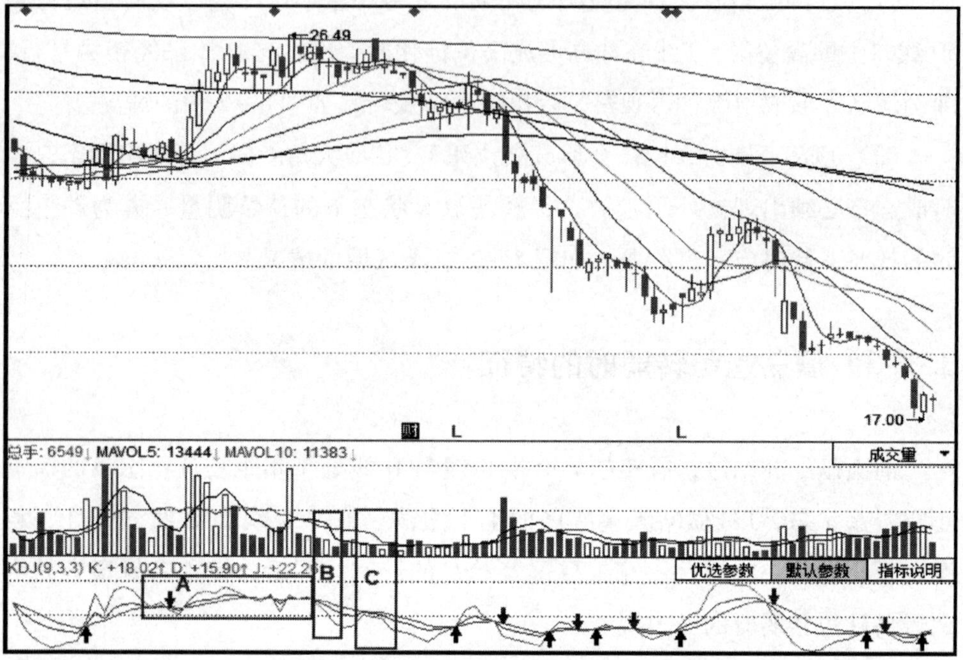

图 8－3 三特索道日线图

图 8－3 是三特索道（002159）日线图，在下跌反弹中，当进入 A 区域后，出现 KDJ 三线相距较近状态的几近黏合的横盘小幅震荡，表明此期间处于震荡趋势。当进入 B 区域后，J 线运行到 K 线和 D 线之下，引领 K 线和 D 线向下运行，并形成向下发散的形态，表明趋势已经转弱。进入 C 区域后，又形成金叉不叉形态，再一次表明趋势已经转弱，虽然成交阴量不大，但因是震荡趋势结束后接连形成 KDJ 转弱的形态，表明其后股价会出现持续走弱，因此应及时卖出股票。

实战要点

（1）震荡趋势转弱时，首先应判断此前趋势为震荡趋势，即至少 K 线和 D 线处于相距较近几近黏合状态下的小幅震荡，或是三线黏合小幅震荡，如图 8－3 中 A 区域的情况。

（2）在判断好震荡趋势后，只要出现三线向下发散或金叉不叉形态中的任意一种形态，均应判定趋势已经转弱，而成交量只要是阴量即可，无须有放大的表现，如图 8－3 中 B 区域和 C 区域的情况。

8.2　顶部卖出形态与技巧

KDJ 指标形成顶部反转向下时，会形成明显的卖出形态，只要及时把握住这些 KDJ 顶部卖出形态，就能把握住趋势反转向下的卖出股票时机。

8.2.1　三线向下发散

三线向下发散，是指 KDJ 指标在运行过程中，当 J 线在 K 线和 D 线之下运行时，J 线向下运行，并引领 K 线和 D 线出现向下的运行，KDJ 三线形成向下发散的运行。

由三线向下发散的定义可以得知，三线向下发散是一种弱势形态，尤其是当三线向下发散是出现在高位区时，往往是股价出现回落下跌的象征。但是在判断趋势是否出现反转向下时，应结合量能的变化。只有 KDJ 出现三线向下发散，成交量出现持续放大状态的阴量，或格外放大的阴量时，才说明趋势已经出现快速转弱，应果断卖出股票。

实战案例

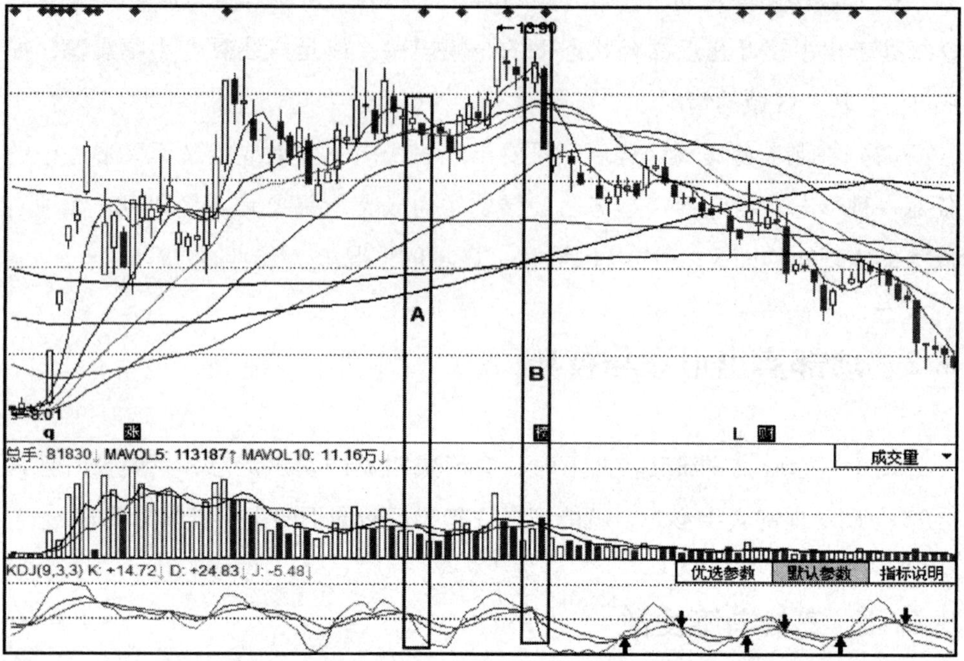

图 8-4　远望谷日线图

图 8-4 是远望谷（002161）日线图，在上涨趋势中，当运行到 A 区域后，形成 J 线在下的 KDJ 三线向下发散的形态，但由于此时成交量较之前出现明显的缩量，尤其是阴量出现时缩量行为更明显，所以此时不能以顶部反转形态来对待，只能说明为上涨震荡中的震荡调整。到了 B 区域后，KDJ 三线再次形成明显的三线向下发散形态，此时的成交量迅速由阳量转为放大状态的阴量，量能放大明显，表明趋势已经出现反转，应果断卖出股票。

实战要点

（1）三线向下发散出现时，必须确保 KDJ 三条线呈向下的发散状态，如

图 8 –4 中 A 区域与 B 区域的情况。

（2）如果三线向下发散为趋势反转，成交量必须出现明显的放大状态的阴量，如图 8 –4 中 B 区域的情况。如果成交量未出现明显的阴量放大，或持续放大状态的阴量，而是出现明显的缩量，通常是高位震荡的象征，不应作为顶部反转时的卖出形态对待，如图 8 –4 中 A 区域的情况。

8.2.2　J 线大角度向下

J 线大角度向下，是指 J 线在 K 线和 D 线上方运行时，突然出现向下运行，且向下的水平角度等于或大于 60 度的形态。

从 J 线大角度向下的形态中可以发现，J 线大角度向下出现时，趋势为上涨趋势，因此这种形态往往是发生在 50 线以上的高位区，一经出现，如果成交量此时转为持续放大状态的阴量，或格外放大的阴量，就表明抛盘较大，趋势已经出现快速反转向下，应果断选择卖出股票，以免高位被套。

因此，J 线大角度向下是一种典型的趋势快速反转向下的形态。

实战案例

图 8 –5 是莱茵生物（002166）日线图，在反弹趋势中，当进入 A 区域后，J 线在向上冲高的过程中，突然转为下行，接着又出现以大于 60 度的水平角度的向下运行，形成 J 线大角度向下形态，成交量也保持在当前较大水平状态下的持续阴量，表明趋势已经出现反转向下，应果断卖出股票。

图 8 –6 是纳思达（002180）日线图，在上涨趋势中，当进入 A 区域后，KDJ 运行到高位区后，出现 J 线向下运行，随后向下的水平角度突然加大到 60 度以上，成交量在前面小阴量的情况下出现明显的放大，表明趋势出现快速反转，应果断卖出股票。

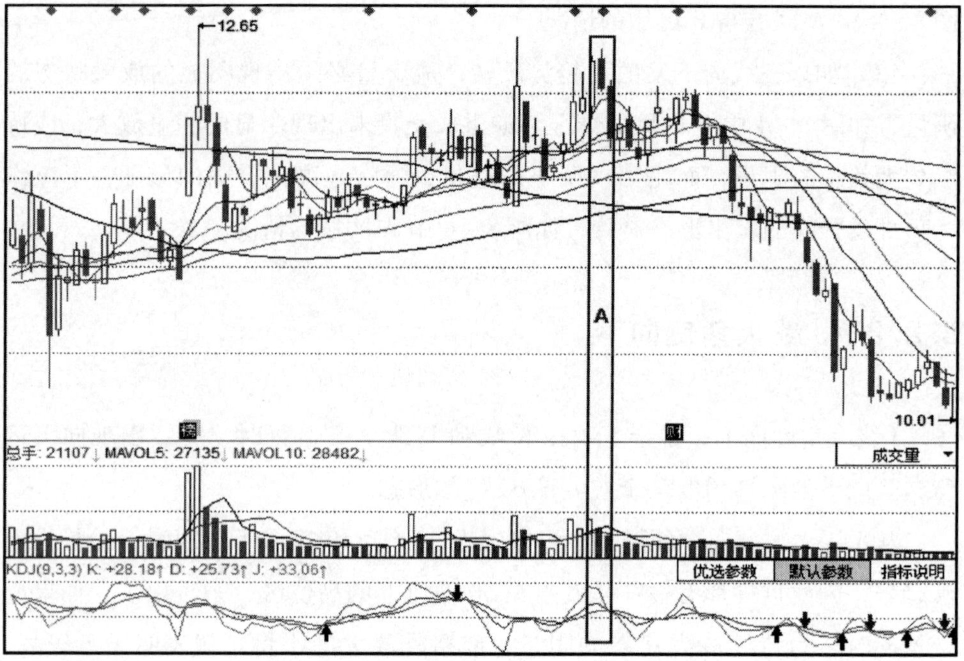

图 8－5 莱茵生物日线图

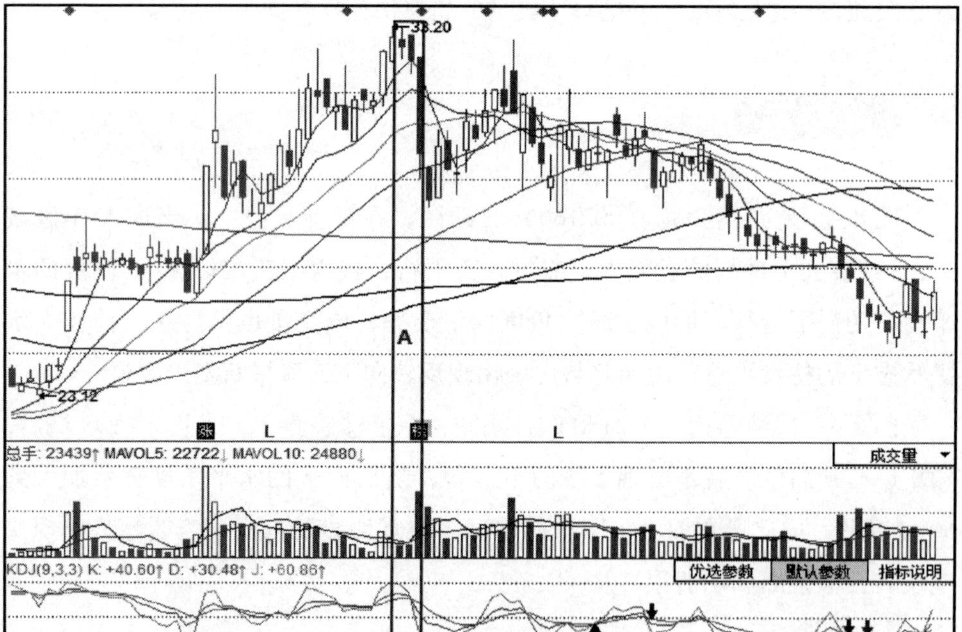

图 8－6 纳思达日线图

实战要点

（1）J 线大角度向下出现时，KDJ 三线已经运行到 50 线以上的高位区，J 线向下的角度不一定在开始向下时形成大于水平角度 60 度的水平，只有 J 线变为向下大于 60 度的角度时，方可确认为大角度向下形态，如图 8－5 与图 8－6中的情况。

（2）J 线大角度向下出现后，如果要确认为趋势反转形态，必须出现持续放大状态的阴量，如图 8－5 中 A 区域的情况，或是格外放大的阴量，如图 8－6 中 A 区域的情况。否则，其只能作为一种高位盘整的走势来看待。

8.2.3　J 线大角度向下＋死叉

J 线大角度＋死叉是高位反转向下时经常出现的形态，因为此时 J 线是位于 K 线和 D 线之上向上运行的状态，并且是在 50 线以上向上运行，因此是明显的上涨趋势，而 J 线大角度向下运行又证明了趋势的快速反转，此期间必然会出现死叉。

然而，J 线大角度向下＋死叉形态出现时，有两种不同的情况：

（1）J 线大角度向下出现在先，然后形成死叉；

（2）J 线先出现向下运行形成死叉，其后形成大角度向下运行。

无论 J 线大角度向下与死叉是哪一种情况最先出现，都不影响趋势的反转判断。只是在判断趋势是否出现反转时，由于 KDJ 指标波动较快，尤其是 J 线的运行更为敏感，所以应结合成交量的情况进行判断。当 J 线大角度向下＋死叉出现时，成交量出现格外放大的阴量，或放大状态下的持续阴量，表明趋势已经开始反转，应果断卖出股票。

实战案例

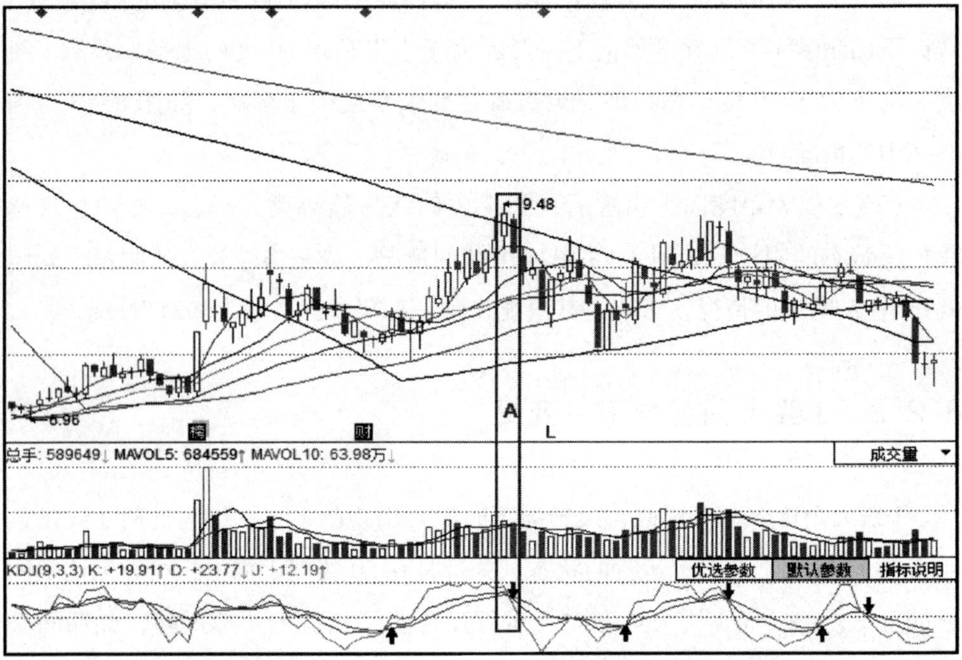

图8-7 华天科技日线图

图8-7是华天科技（002185）日线图，在上涨趋势中，当进入A区域后，KDJ运行到顶部高位区后，J线在转为向下运行的过程中，突然出现以大于60度水平角度的情况下行，并形成死叉，形成J线大角度向下+死叉形态，同时成交量为放大状态下的阴量，表明趋势即将反转向下，应果断卖出股票。

图8-8是金风科技（002202）60分钟图，在上涨趋势中，当进入A区域后，指标已运行到高位区，J线在转为下行后，先与K线和D线形成死叉，然后才以大于60度水平角度的方式下行，形成J线大角度向下+死叉形态，同时成交量为持续放大状态的阴量，表明趋势已经反转向下，应果断卖出股票。

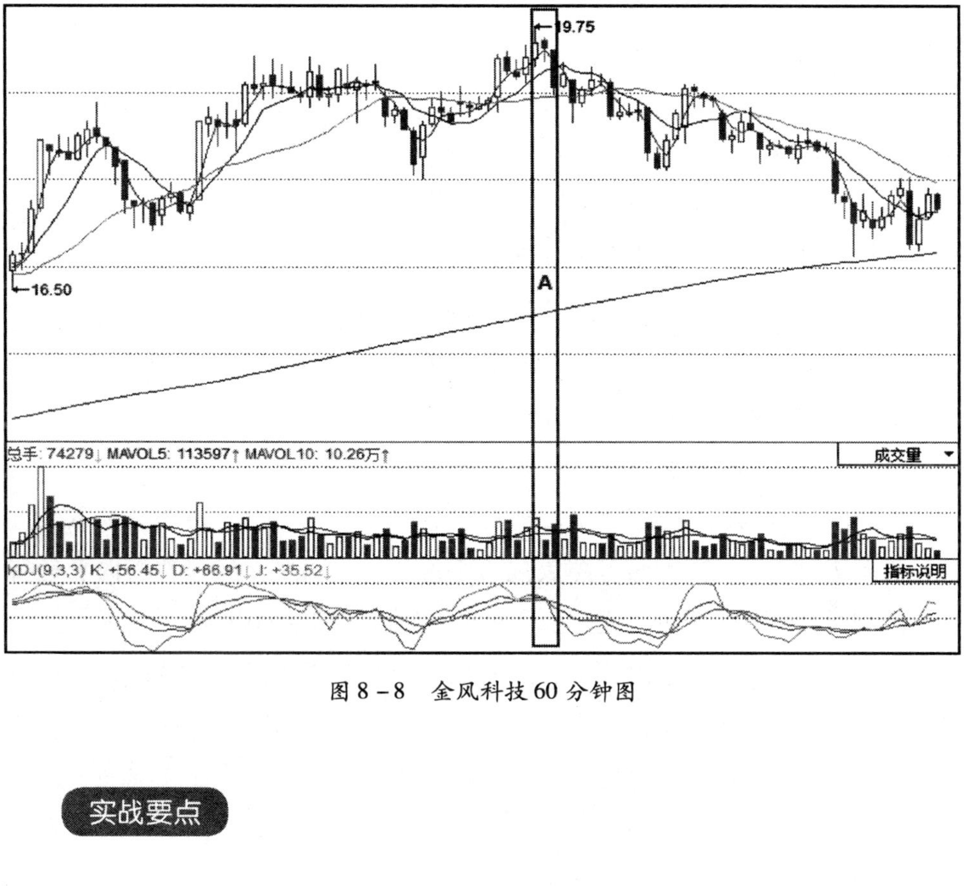

图8-8　金风科技60分钟图

实战要点

（1）J线大角度向下+死叉出现后，如果为顶部反转，必须确保KDJ指标已经运行到指标区间的高位区，如图8-7与图8-8中A区域的情况。

（2）顶部反转时的J线大角度向下+死叉出现时，可以是先形成死叉后出现J线大角度向下，如图8-8中的情况，也可以是先出现J线大角度向下再形成死叉，如图8-7中A区域的情况。不管哪种情况，成交量都必须为较高水平的持续阴量，或格外放大的阴量，方可确认为顶部反转的征兆。

8.3　弱势延续卖出形态与技巧

当趋势表现为弱势时，并不一定都会直接转为强势，因为弱势同样可以再次延续，所以，一旦发现 KDJ 指标在弱势运行中形成弱势延续的形态，同样应采取卖出股票的回避策略。

8.3.1 金叉不叉

金叉不叉，是指当 J 线在 K 线和 D 线之下向上运行，在即将与 K 线和 D 线向上交叉形成金叉而未形成交叉时即转头向下运行的形态。

由此可见，金叉不叉形态出现时是 J 线在 K 线和 D 线之下运行的一种弱势状态，因此这种形态是一种弱势延续的形态。

我们都知道，在弱势状态下，成交量往往保持在较低的水平，市场参与的资金较少。所以，当金叉不叉出现时，成交量往往不会出现明显的放大迹象，当 J 线即将形成金叉时可能表现为阳量，但 J 线未交叉即转头向下运行时，成交量必然转为阴量，或是地量水平下的再度缩量的阳量。

因此，金叉不叉出现时，成交量不是参考的重要依据，只要是 KDJ 形态形成这种形态，即可确定已经出现弱势延续。

这里有一种情况，就是在金叉不叉形态中，标准的形态是 J 线向上即将与 K 线和 D 线形成交叉但未交叉。然而在实战中，有时 J 线向上与 K 线和 D 线相距的距离还比较大时即出现回落向下，这种情况同样是金叉不叉，只是表明此时的趋势更弱。所以，同样需要采取卖出股票持币观望的策略。

实战案例

图 8－9 是机器人（300024）日线图，在下跌趋势中，进入 A 区域后，J 线在 K 线和 D 线之下出现向上运行，此时为反弹行情。但当 J 线即将向上与 K 线和 D 线形成向上交叉时，却未出现交叉即掉头向下继续运行，形成金叉不叉形态，成交量也转为阴量，表明反弹结束，趋势再次转弱，应果断卖出股票持币观望。再来看 C 区域，虽然 C 区域看似金叉不叉形态，却出现了短

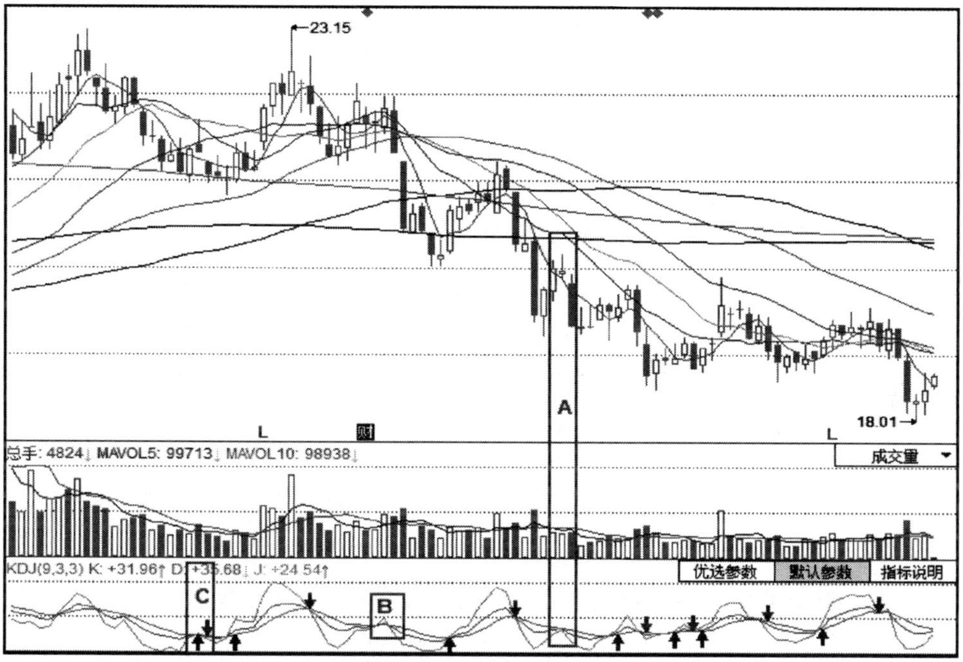

图 8－9　机器人日线图

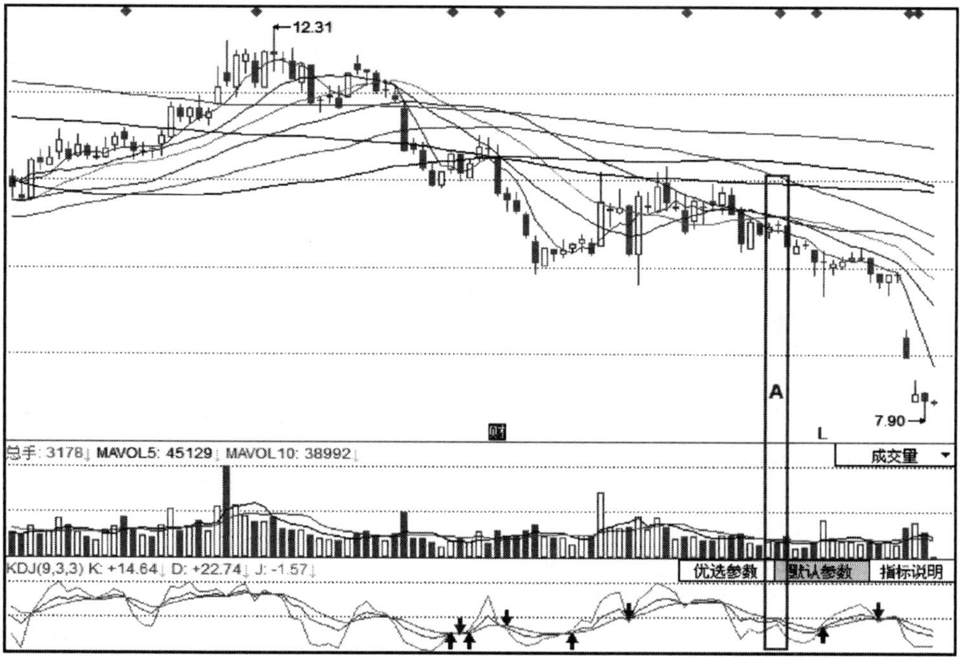

图 8－10　九洲电气日线图

暂的金叉后死叉，所以不能看作金叉不叉形态。而 B 区域，同样是 J 线出现向上交叉后转为下行，也不能看作金叉不叉形态。

图 8－10 是九洲电气（300040）日线图，在下跌趋势中，进入 A 区域后，同样出现 J 线欲向上与 K 线和 D 线交叉，但未交叉即掉头向下运行的情况，形成金叉不叉形态，并且可以明显看出 J 线向上与 K 线的距离较大，成交量也转为阴量。这表明反弹的力度极小，说明趋势弱势延续，同样需要回避。

实战要点

（1）金叉不叉形态出现前，往往是下跌趋势的反弹行情，如图 8－9 与图 8－10 中的情况。

（2）金叉不叉形态出现时，必须是 J 线向上未与 K 线和 D 线形成交叉即出现掉头向下运行的情况，如图 8－9 与图 8－10 中 A 区域的情况。如果出现交叉，哪怕是时间极短即恢复下行，也不能以金叉不叉形态看待，如图8－9 中 B 区域与 C 区域的情况。

（3）金叉不叉形态出现时，成交量往往不会出现明显的变化，所以只根据金叉不叉形态来判断趋势即可。

8.3.2 50 线附近的死叉

50 线附近的死叉，是指当 KDJ 指标运行到 50 线附近时，出现 J 线由上向下与 K 线和 D 线的死叉形态。

这种形态出现时，必须确保此时未形成 K 线和 D 线相距较近的小幅震荡，即趋势不属于震荡趋势，因为震荡趋势下的金叉与死叉均为无效的。同时，从 J 线所处的位置可以发现，此时为弱势反弹行情，因为 J 线是处于 K 线和 D 线之上的向上运行转为下行的形态。

正是由于 KDJ 三线此时的状态，所以在判断是否为趋势弱势延续形态时，仍然要观察成交量的表现。只要发现成交量转为当前水平的阴量，就可确认为股价趋势的弱势延续。

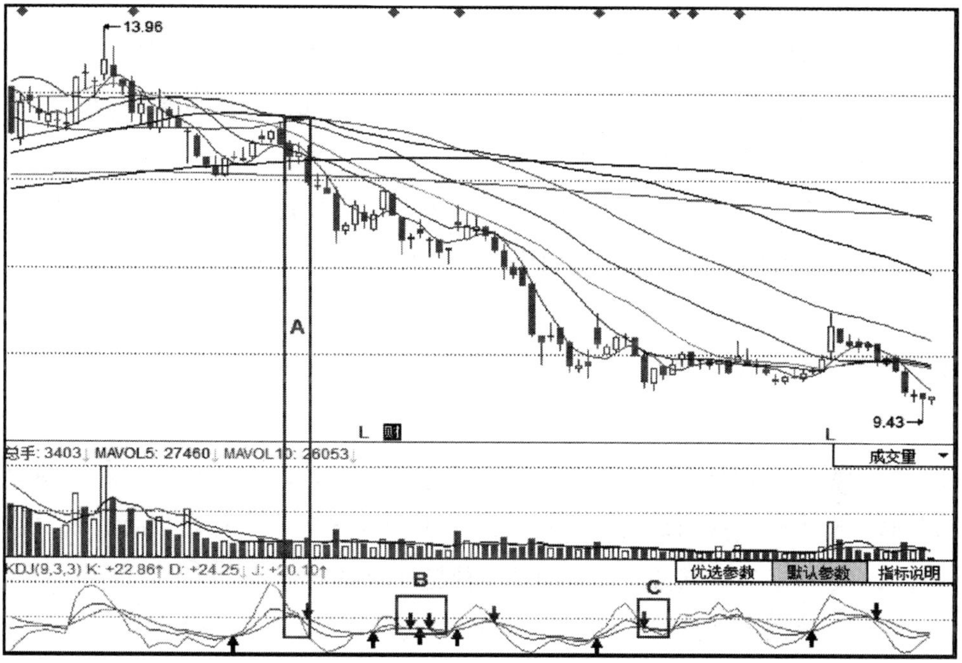

图 8 – 11　回天新材日线图

实战案例

图 8 – 11 是回天新材（300041）日线图，在下跌趋势中，KDJ 指标已经运行到 50 线附近，在 J 线由高位向下回落的过程中，与 K 线和 D 线在 50 线附近形成死叉，成交量也转为阴量，说明反弹已经结束，股价将继续转为下跌，因此应果断卖出股票，采取观望策略。同样，在其后的 B 区域与 C 区域出现 50 线附近的死叉，但由于此时 K 线和 D 线处于相距较近的黏合震荡，属于震荡行情。此时出现的死叉为无效死叉，所以不能以 50 线附近的死叉形态对待，其表明的只是一种弱势震荡而已。

实战要点

（1）50线附近的死叉作为趋势弱势延续的征兆时，通常是发生在大趋势为下跌趋势的时候，如图8－11中A区域的情况，此时成交量只要为当前水平阴量即可确认趋势的弱势延续，通常不会表现出明显的放大。

（2）如果震荡趋势中出现50线附近的死叉，说明此时只是一种弱势震荡，不能作为买卖股票的参考依据，如图8－11中B区域与C区域的情况。

8.3.3 K、D线平行略向下的死叉

K、D线平行略向下的死叉，是指在发生J线自上向下与K线和D线形态交叉时，K线和D线由最初的上行转为了平行或略向下的状态，而后才发生了死叉。这种形态的死叉，表明的是一种趋势的弱势延续。

然而，判断死叉是否为弱势延续的依据，同样需要结合量价关系，即股价出现阴线下跌，成交量转为当前水平下的持续阴量或格外阴量放大时，方可确定趋势的弱势延续。否则，就只能作为一种震荡来对待。

同样，当K线与D线处于相距较近状态下的小幅震荡趋势时，也不可单独以这种死叉形态来确定趋势的弱势延续。

实战案例

图8－12是星辉娱乐（300043）周线图，在A区域、B区域、C区域，均出现J线向下与K线和D线的死叉，观察中发现，当J线向下与K线和D线形成自上而下的交叉时，K线和D线均已由平行状态转为略向下行的状态，因此形成K、D线平行略向下的死叉。同时观察成交量的情况，死叉发生时，均表现为阴量柱。这表明，在每次出现K、D线平行略向下的死叉时，均说明

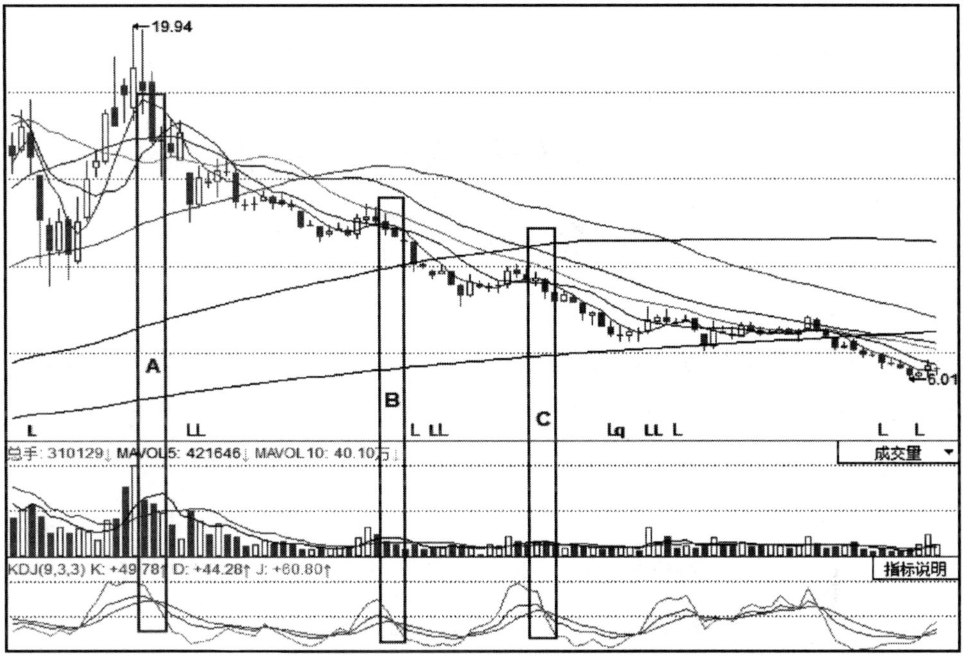

图 8－12　星辉娱乐周线图

趋势已经弱势延续，应卖出股票远离，采取观望的策略。

实战要点

(1) K、D 线平行略向下的死叉出现时，必须确保在 J 线向下与 K 线和 D 线形成交叉时，K 线和 D 线已经由平行转为略向下运行，如图 8－12 中的情况。

(2) K、D 线平行略向下的死叉出现时，通常在趋势最初转为向下时，成交量处于格外放大或持续放大状态，如图 8－12 中 A 区域的情况。如果此时的趋势已经转为下跌，则成交量不一定会出现明显放大，但必须是持续的阴量状态时，方可确认反弹已经结束，如图 8－12 中 B 区域与 C 区域的情况。

第9章 KDJ与其他指标综合应用技巧

在全面掌握了KDJ指标的基础知识、交易策略与交易技巧后，实战中要想做到准确应用KDJ指标，就要学会综合判断行情，这就涉及对其他指标的综合利用。比如，在把握趋势时，哪些指标要优于KDJ指标，如MACD对大趋势的把握，CCI对小趋势的把握。再有就是量价关系对KDJ指标买入与卖出形态的影响，以及各种趋势变化时的量价关系。这些就是根据KDJ指标的各种形态结合其他指标的综合判断，而综合应用的目的只有一个，就是确保KDJ指标的有效性，提高实战交易的成功率。因为尺有所短，寸有所长，只有结合其他指标的"长"，才能克服KDJ指标的"短"。

9.1 趋向类指标判断趋势

尽管KDJ指标也能够单独判断趋势，但是因KDJ指标的震荡状态可以表现为K线、D线相距较近的小幅震荡，或KDJ三线相距较近的小幅震荡，相对来说，不如其他趋向类指标的提示更为明显，因此在判断大趋势时结合其他趋向类指标的情况来确定。

9.1.1 MACD对大趋势的判断

在利用KDJ指标进行趋势判断的时候，虽然可以通过50线来判断大趋势，但是由于KDJ指标波动较快，尤其是当投资者观察的K线图周期较短时，经常会出现 KDJ 刚刚进入三线突破 50 线后的上行，很快又出现 KDJ 三线跌破 50 线向下的弱势运行，或是在 50 线附近震荡的情况。此时的趋势，却依然处于上涨趋势。因此，为了弥补 KDJ 指标在趋势判断上的过于灵敏所造成的失误，投资者可以结合 MACD 指标来判断大趋势。因为与 KDJ 相较，MACD 的反应相对迟缓，所以其对趋势的反应更为准确。

MACD 指标由 DIFF 线与 DEA 线两条线组成，同时还有绿色的柱线和红色的柱线之分，在利用 MACD 判断趋势时，关键在于对 0 轴的判断。0 轴的判断，是指 MACD 红柱与绿柱之间的那条水平线，并不是 MACD 指标区间位于中间位置的那条水平虚线。

MACD 0 轴为多空趋势线，当 MACD 双线在 0 轴之上向上运行时，为多头上涨趋势；当 MACD 双线在 0 轴之下向下运行时，为空头下跌趋势；当 MACD 双线以相距较近的状态水平小幅震荡时，为震荡整理的趋势。

当 MACD 双线呈震荡趋势时：如果是在 0 轴附近，为标准的震荡整理行情；如果是在 0 轴之下小幅震荡，为弱势震荡整理行情；如果是在 0 轴之上小幅震荡，为多头震荡整理行情。

在此，我们还要强调一点，利用 MACD 指标只是作为一种对大趋势的判断，因为相对而言，MACD 指标对趋势的判断较为准确。至于操作过程中的买卖点判定，依然可根据 KDJ 指标的买入形态与卖出形态来判断。

实战案例

图 9－1 是延华智能（002178）日线图，将 K 线图调整到“向前复权”后发现，在进入 A 区域后，MACD 双线在向上突破 0 轴后呈向上运行，形成标准的多头趋势，此期间即可根据 KDJ 指标的买入形态逢低买入股票。进入 B 区域后，MACD 双线略下移后形成双线相距较近的多头震荡行情，此时同样可以根据 KDJ 指标的提示寻找低点反转的买入点。

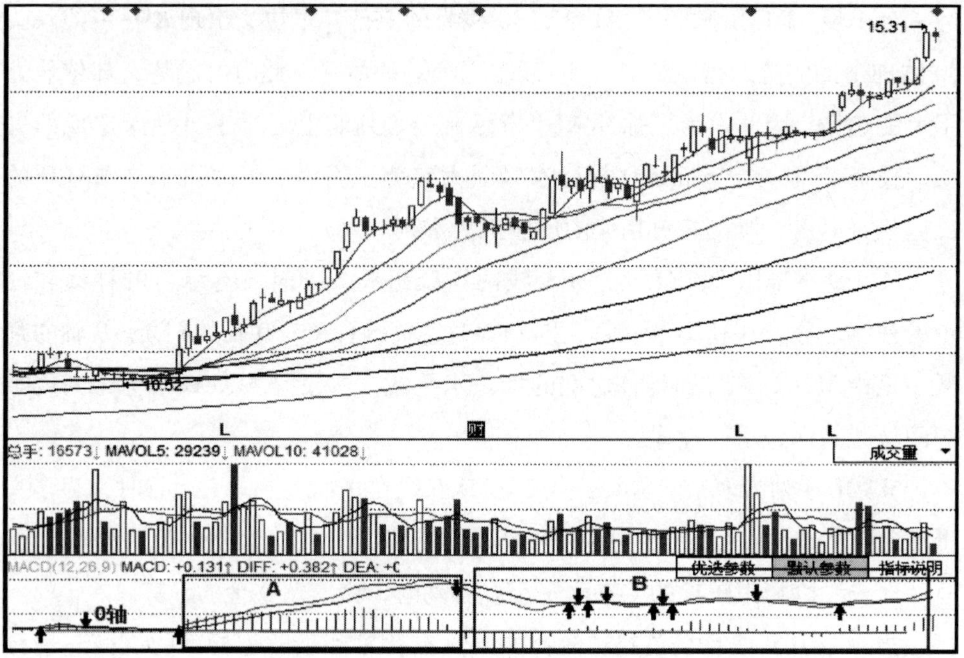

图9-1 延华智能日线图

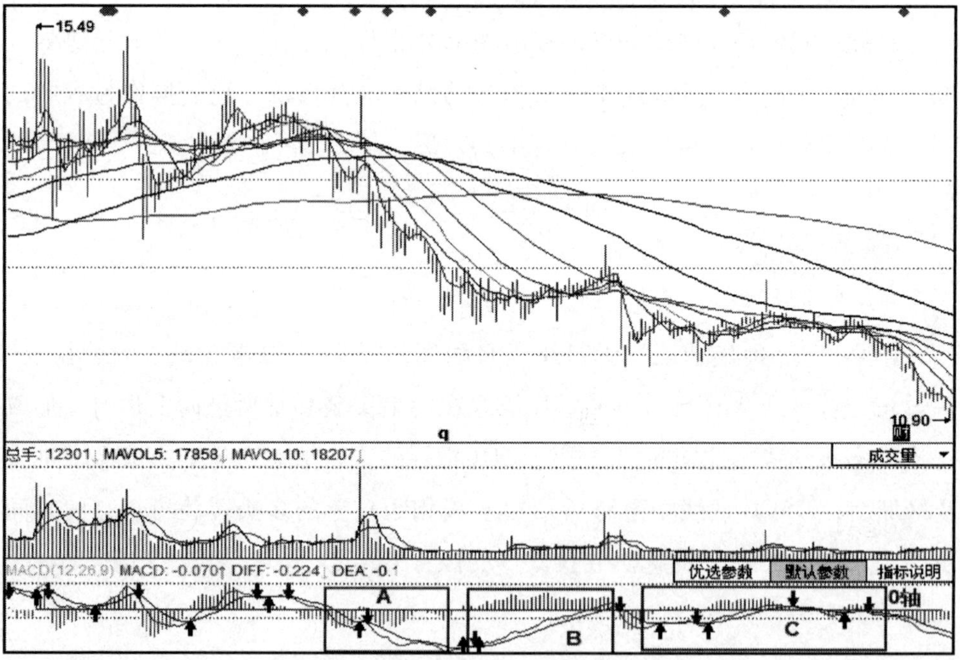

图9-2 广百股份日线图

图 9-2 是广百股份（002187）日线图，在进入 A 区域后，MACD 双线向下跌破 0 轴，进入空头趋势，并出现 MACD 双线向下运行，表明为空头下跌趋势，此时不宜操作。进入 B 区域双线在 0 轴下向上运行，表明为弱势反弹行情，可根据 KDJ 指标买入形态与卖出形态的提示参与行情。MACD 双线在 B 区域末端触碰 0 轴转下行后，进入 C 区域，双线处于相距较近的水平小幅震荡，表明为弱势整理状态，此时不宜操作。其后双线震荡下行，表明趋势再次转弱，此时仍应回避操作，尽管 KDJ 指标可能会发出买入信号，但也不可轻信。

实战要点

（1）在结合 KDJ 指标和 MACD 指标操作过程中，MACD 指标只是一种对大趋势的判断，具体的操作应选择在大趋势处于多头趋势或多头整理趋势中，再根据 KDJ 指标的提示选择买点，如图 9-1 中 A 区域与 B 区域的情况。

（2）在根据 MACD 判断趋势时，一旦发现趋势转弱，即使如图 9-2 中的 B 区域出现反弹时，只要发现量价配合情况较弱，同样可采取持币观望的策略。直到发现趋势真的转强后，投资者再行考虑参与。

（3）在利用 MACD 指标判断趋势时，关键是要认准 0 轴，即 MACD 红柱与绿柱之间的那条水平线，而不是区间中间位置的那条水平虚线。

9.1.2　CCI 对短期运行方向的判断

虽然 KDJ 指标对短期趋势的反映较为准确，但波动仍然较快，尤其是短线操盘时，对趋势的把握依然不够准确，所以在这时候可以根据 CCI 指标的趋势提示进行辅助判断。

CCI 是顺势指标，只有一根线，与 KDJ 指标一样，同属于一种超买超卖类指标。不同的是，CCI 指标不像 KDJ 指标中的 J 线，会出现钝化的现象，因为 CCI 指标可能上下无穷大或无穷小地进行波动，并不需要像 MACD 围绕 0 轴震荡或像 KDJ 围绕50 线上下波动，即 CCI 指标的显示不会受区间的约束，能够真实地反映出运行的趋势。这样更有利于投资者根据 CCI 指标的运行方向的提示，及时做出准确的判断，尤其是当行情出现暴涨或暴跌时，很多技术指标会形成无法显示的钝化现象，CCI 指标却完全能够克服这一缺点，依然准确地显现出趋势的细微变化。

CCI 指标的这一优点，刚好弥补了 KDJ 指标钝化的缺点，所以成为短线操盘中趋势变化时的指路灯。

在使用 CCI 指标判断趋势时，应当留意一种特殊的情况，就是 CCI 背离，尤其是当上涨末端或是下跌末端，如果发现 CCI 与股价运行方向相反，应暂时放弃 CCI 小趋势的方向提示，直到 CCI 与股价同步运行时，再根据 CCI 趋势的提示，利用 KDJ 指标的买入与卖出形态来判断买卖点。

实战案例

图9-3 是三全食品（002216）日线图，在上涨趋势中，当 A 区域出现 CCI 明显的向上运行时，表明短线趋势是上涨的，此时可根据 KDJ 指标的买入形态积极参与行情。到了 B 段落区域后，CCI 出现下行，说明短线调整出现，可及时根据 KDJ 指标的运行情况选择卖点。当 C 区域 CCI 又恢复上行时，应根据 KDJ 指标的情况积极参与，直到 CCI 出现反转下行时，再根据 KDJ 指标的形态卖出股票。这些操作，就是根据 CCI 指标对小趋势的把握。

图9-4 是利达光电（002189）日线图，在 A 区域，出现股价震荡下行、CCI 指标上行的背离，为底背离，此时不可以只看到 CCI 指标的上行，就贸然买入股票。到了 B 区域，股价在上涨过程中出现持续上行、CCI 指标却出现震荡下行，此时切不可只观察到 CCI 指标的震荡下行，就过早地卖出股票。

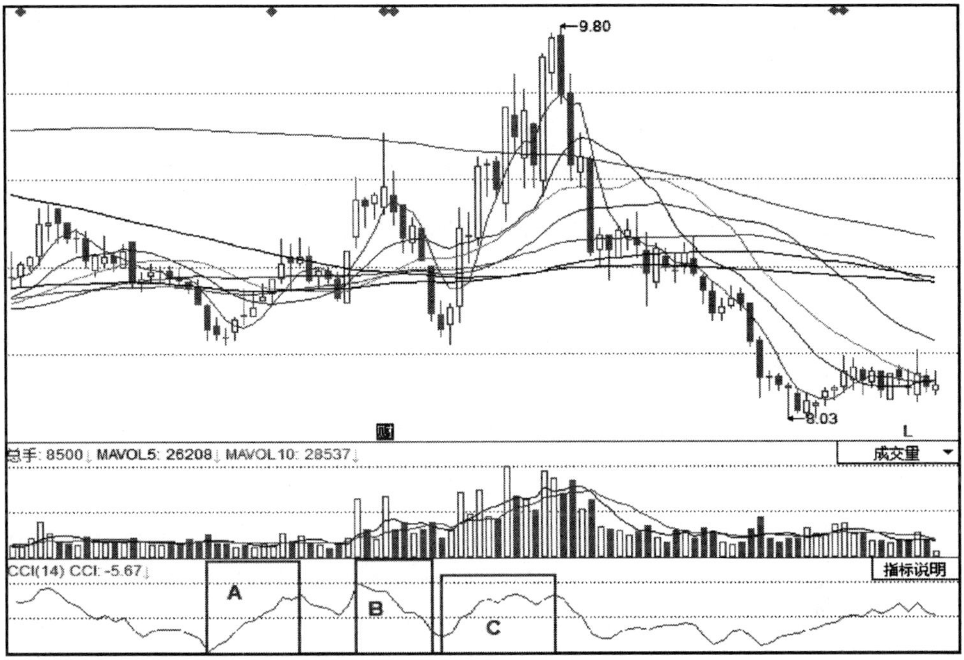

图 9－3　三全食品日线图

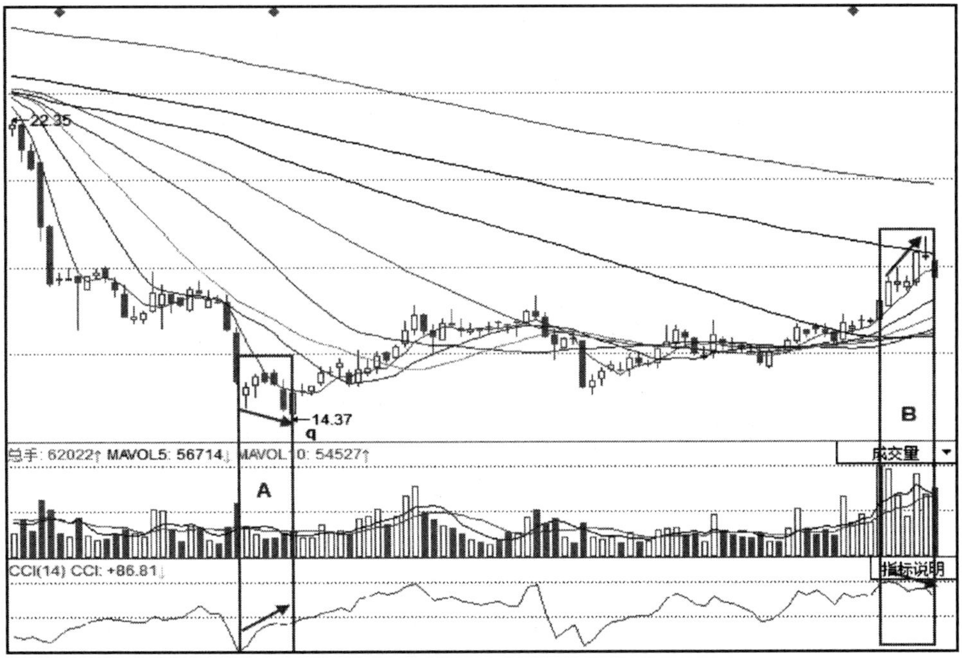

图 9－4　利达光电日线图

实战要点

（1）CCI 指标的运行不会受到数值的限制，所以在 CCI 指标区域，CCI 指标能够真实地反映出运行的趋势。但买入或卖出股票时，应参考 KDJ 指标的买入形态或卖出形态来确定，而不能只根据 CCI 的提示就做出买入或卖出的判断，如图 9－3 中的情况。

（2）在利用 CCI 指标判断趋势的演变时，应时刻注意是否发生股价上行、CCI 指标下行，或是股价下行、CCI 指标上行的背离状态。一旦发生 CCI 背离，应中止买入或卖出的操作，如图 9－4 中的情况。

（3）判断 CCI 背离时，主要是从股价与 CCI 指标的运行方向和趋势上来判断。当 CCI 上行或震荡上行、股价下行或震荡下行时为底背离，如图 9－4 中 A 区域的情况；当 CCI 下行或震荡下行、股价上行或震荡上行时为顶背离，如图 9－4 中 B 区域的情况。

9.2　KDJ 买卖点的判断与量价关系

在根据 KDJ 指标的买卖形态来判断买点与卖点时，量价关系成为辅助判断的关键。量价齐升状态下的 KDJ 买入形态，才是最好的买入时机；量价齐跌的 KDJ 卖出形态，才是准确的卖出时机。

9.2.1　KDJ 买入形态时的量价关系

当 KDJ 指标形成金叉、三线向上发散、J 线大角度向上、死叉不死等买入形态时，总体而言，会出现持续阳量或阳量格外放大的表现，但由于之前的趋势会影响到成交量大小的变化，所以这种情况下成交量也会有两种情况。

（1）弱势趋势反转向上时的成交量情况。

这时候由于是弱势转为强势，所以之前的成交量往往处于地量水平，因此观察成交量不能只看 KDJ 指标形成买入形态时的放量情况，而应结合之前弱势震荡时是否持续出现小阳量。一旦出现这种小阳量持续的情况，当 KDJ 指标发出买入信号时，成交量就会出现持续地量状态下的明显阳量放大，只要是量能不过于放大，就不会引发后市的短线调整，甚至是继续弱势震荡的情况。

（2）上涨趋势中调整结束时反转向上的成交量情况。

由于此时大的趋势为上涨趋势，所以当出现调整时，成交量是处于较高水平的，调整过程中，只有成交量出现持续萎缩后的再放阳量时，才出现 KDJ 的买入形态。另外，因为此时的主力资金持筹较为集中，所以量能有时不会过大，只要是持续的阳量，或恢复较高水平的成交阳量即可。

因此，当 KDJ 指标出现买入形态时，一定要分清当时所处的趋势，再结合成交量的情况来判断趋势的反转。

实战案例

（1）弱势趋势反转向上时的成交量情况。

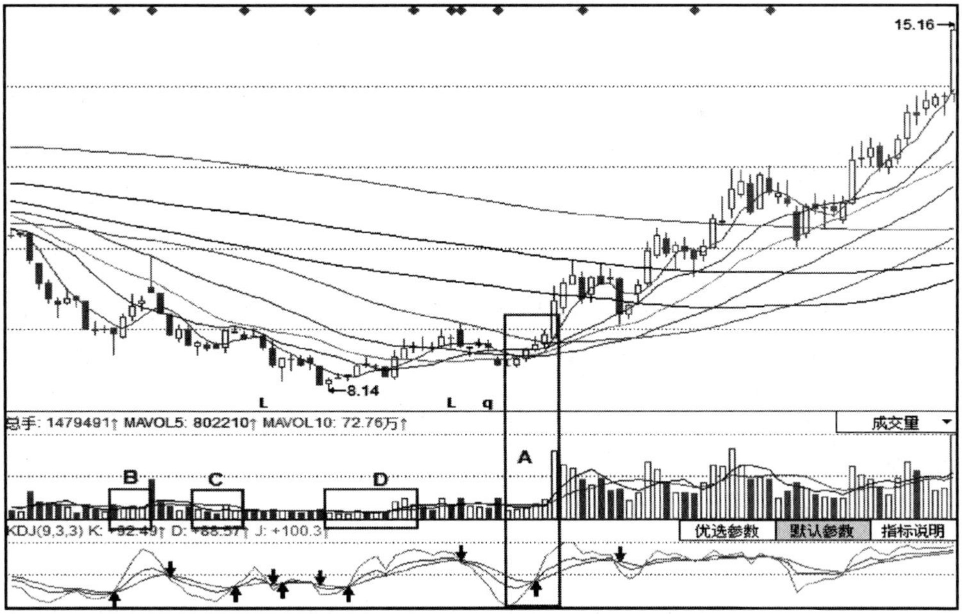

图 9－5　江特电机日线图

图 9-5 是江特电机（002176）日线图，在弱势震荡中，B 区域、C 区域、D 区域持续不断地出现小阳量，表明资金在持续介入。当进入 A 区域后，形成金叉后三线向上发散的买入形态，成交量也出现持续温和的阳量放大，并最终出现阳量明显的格外放大，说明趋势已经快速转为上涨，应果断买入股票。

（2）上涨趋势中调整结束时反转向上的成交量情况。

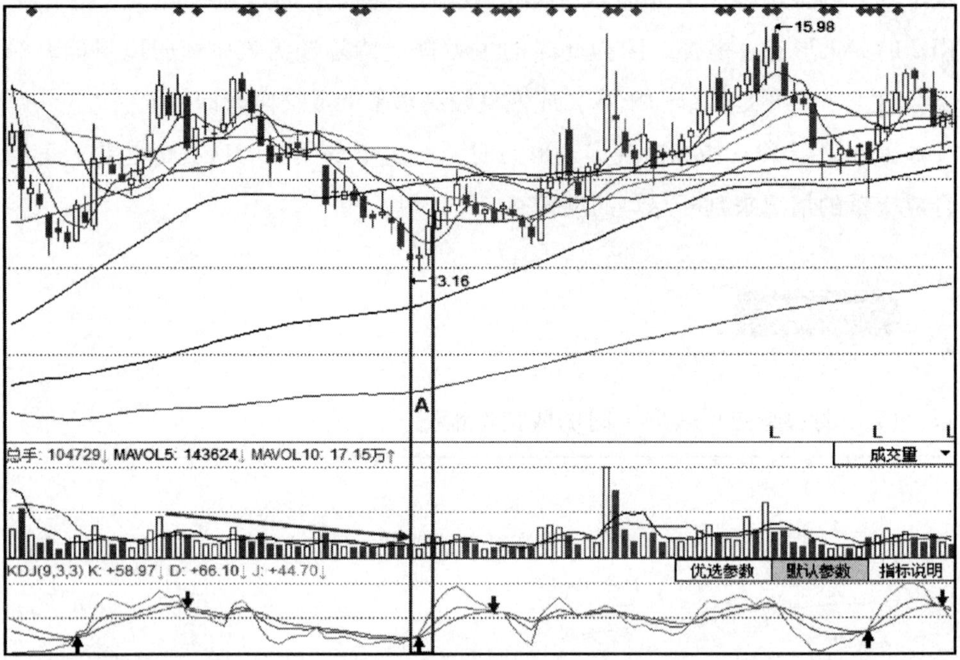

图 9-6　深圳惠程日线图

图 9-6 是深圳惠程（002168）日线图，在上涨趋势中，当进入调整时，成交量出现持续的缩量，最终进入 A 区域，成交量出现极度萎缩后的阳量放大，KDJ 形成金叉后三线向上发散的买入形态，表明调整已经结束，应及时买入股票。

实战要点

（1）当 KDJ 指标发出买入信号时，首先应判断整个大趋势是处于一种什么趋势，这样才能根据不同的成交量的变化来具体判断，如图 9－5 与图 9－6 中的情况。

（2）当 KDJ 指标形成买入形态时，如果之前为弱势震荡趋势，不仅 KDJ 买入形态时需要出现明显的阳量放大，同时也应观察之前弱势震荡中的成交量，必须持续出现小阳量，后市的反转成功率才大，如图 9－5 中 A、B、C、D 区域的情况。

（3）当 KDJ 指标形成买入形态时，如果前面是上涨趋势的调整行情，此时的成交量往往已经持续萎缩到较低水平，则只要成交量为持续阳量即可，如图 9－6 中 A 区域的情况。

9.2.2　KDJ 卖出形态时的量价关系

当 KDJ 指标形成卖出形态时，此时的量价关系会出现放量下跌的形态，K 线上会出现持续阴线，或有着较长上影线的阴线，成交量会出现持续放大状态的阴量，或是格外放大的阴量。这就说明，趋势已经出现明显的反转向下，应及时卖出股票。

这是上涨趋势反转向下时，KDJ 出现卖出形态时的量价关系。在大波段震荡行情，或是弱势反弹行情中，当阶段顶形成后，KDJ 同样会发出明显的卖出信号，比如高位死叉、三线向下发散、J 线大角度向下等形态。这时候，成交量依然会处于较高水平，一旦 KDJ 出现卖出形态，成交量同样会转为较高水平下的阴量，或是格外放大的阴量，K 线图上会出现中阴以上的阴线，或是上影线较长的阴线，呈高位滞涨状态的震荡，或持续下行。这时候，就意味着阶段顶部到来了，趋势将再次转弱，也应果断卖出股票。

如果下跌趋势中出现暴力反弹，在短期涨幅较大的情况下，当KDJ形成卖出形态时，成交量会在放大状态下，出现持续放大的阴量，或是格外放大的阴量甚至是天量阴量，K线图上形成明显的中阴以上的阴线。这表明趋势出现了反转向下，应及时卖出股票。

如果是上涨趋势中发生顶背离，KDJ即使发出卖出信号，量价关系出现同步向下，只要背离未结束，就应在顶背离结束、股价与KDJ指标同步向下时再卖出。

实战案例

图9－7是纳思达（002180）日线图，在上涨趋势中，当进入A区域后，KDJ指标中J线先是向下运行，接着向下的角度快速加大，超过60度，形成大角度向下死叉。此时股价出现接连向下的阴线，并出现一根大阴线，成交

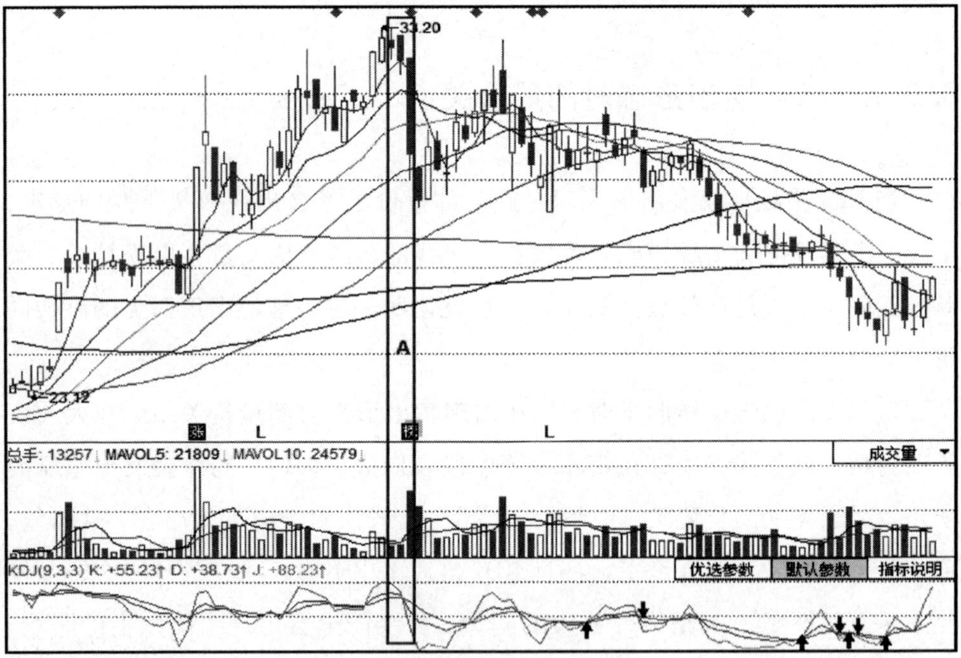

图9－7　纳思达日线图

量也出现了小阴量状态下的突然格外放大，由10558手的3040万元突然放大为59429手的1.77亿元，放大到近6倍，说明趋势已经出现快速反转，应及时卖出股票。

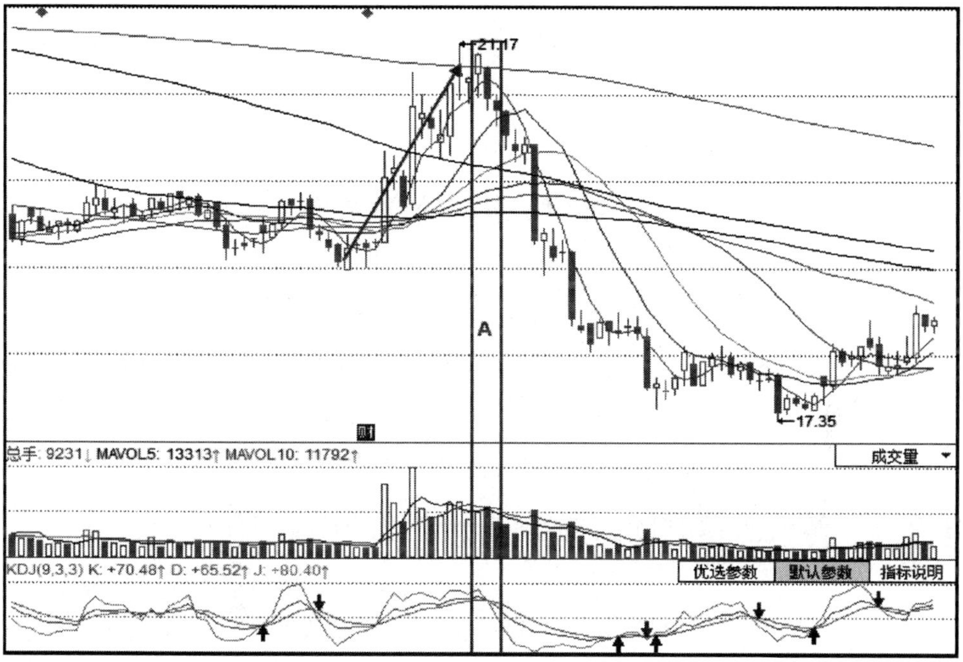

图9－8　全聚德日线图

图9－8是全聚德（002186）日线图，在弱势反弹中，进入A区域，股价在经历了放量上涨后，突然KDJ指标形成死叉后向下发散的形态，成交量持续出现当前放大状态下阴量，K线上也出现持续的阴线下跌，表明反弹已经结束，应果断卖出股票。

实战要点

（1）无论是上涨趋势中还是下跌趋势中，甚至是弱势暴力反弹行情中，当KDJ发出明显的卖出信号时，成交量都会出现持续阴量，或格外放大的阴量。同时，K 线图上也会出现持续阴线下跌，或大阴线下跌，如图 9 - 7 与图 9 - 8 中的情况。

（2）如果是在顶背离状态下出现 KDJ 指标的卖出形态，此时也会出现放量下跌的状态，但只要顶背离尚未结束，就不应卖出股票，而应在顶背离结束、股价与 KDJ 指标同步向下时再卖出股票，详细情况可参阅 KDJ 背离交易技巧一章中的相关介绍。

9.3 KDJ 买卖形态与趋势和量价的关系

在实战交易中，当 KDJ 指标形成买入或卖出形态时，一定要观察当时的大趋势与小趋势的状态，同时结合量价的情况，才能更准确地判断出相应的趋势变化时的买卖点。

9.3.1 量价关系判断大趋势与小趋势的反转

当 KDJ 指标出现趋势反转时，量价关系同样会表现出不同的形态，但是这里存在着一些差异，如大趋势反转时与小趋势反转时。由于趋势反转时的不同，KDJ 指标虽然都会形成一样的明显的买入与卖出形态，但量价关系会表现出某些细微的不同。

这种量价关系的不同，是要通过细致的观察才能够分辨出来。因此，投资者在实战中观察行情时，应尽量做到细致入微的观察，这样才能准确把握住每一次趋势反转的时机，并减少操作的失误率。

这一点，不仅是 KDJ 指标，其他指标的应用同样是这个道理，很多投资者之所以在使用指标分析时感觉不够准确，最大的原因就是在指标综合运用过程中观察不够仔细。如果囫囵吞枣地观察，再好的指标也无法帮投资者观察到正确的行情。

首先谈谈大趋势的反转，大趋势的反转向上通常都是一个演变的过程，即只有经过下跌的反弹整理后的再次下跌震荡，大趋势才有可能出现反转，此时重要的技术应用就是底背离，这一点可以参看背离交易技巧介绍的相关章节内容。不发生背离时，并不是说大趋势就不会出现反转，这时候，KDJ 指标发出买入信号，量价关系会形成明显的量价齐升状态，或表现为突然的格外阳量放大，或表现为温和的小阳量放大。而此时的成交量过于放大则是不健康的，其后必然会引发再次的回调，反而是持续的阳量放大状态更健康。

其次就是小趋势反转向上，这种反转有两种情况：一是下跌大趋势中的反弹；二是上涨大趋势中下跌调整的反转。

（1）下跌大趋势中的反弹。

通常在下跌大趋势中的反弹，成交量会出现一定的萎缩，此时的反弹属于短期大幅下跌后的反弹，KDJ 会发出明显的低位反转信号，成交量会出现明显的放大迹象，呈现出量价齐升的状态。若是地量状态下出现的反弹，KDJ 发出明显的买入信号时，成交量变化通常不会明显，股价经常出现无量上涨与下跌，此时是不宜参与的。

（2）上涨大趋势中下跌调整的反转。

在上涨趋势中，一旦出现调整，由于此时为多头趋势，所以量能会出现明显的逐步萎缩，一旦结束调整，量能会出现缩小状态的阳量，或是较大的阳量，股价上涨。

以上是趋势反转向上的情况。那么，趋势反转向下的情况呢？

大趋势的反转向下，KDJ 发出高位卖出信号时，通常会出现持续的阴量放大状态，或突然格外放大的阴量。

小趋势的反转向下，属于下跌大趋势中的反弹结束。通常在 KDJ 发出高位卖出信号时，成交量会出现明显的缩减，股价滞涨。如果此前反弹的力度较大，量价关系会与大趋势反转向下时相同。

这就是量价关系在大趋势与小趋势出现反转时的形态，虽然 KDJ 指标会在趋势反转时发出同样的买入与卖出信号，但不同时期的量价关系有细微的差别，在实战中一定要区分清楚，这样才能准确地判断出趋势的演变。

实战案例

（1）大趋势反转时的量价情况。

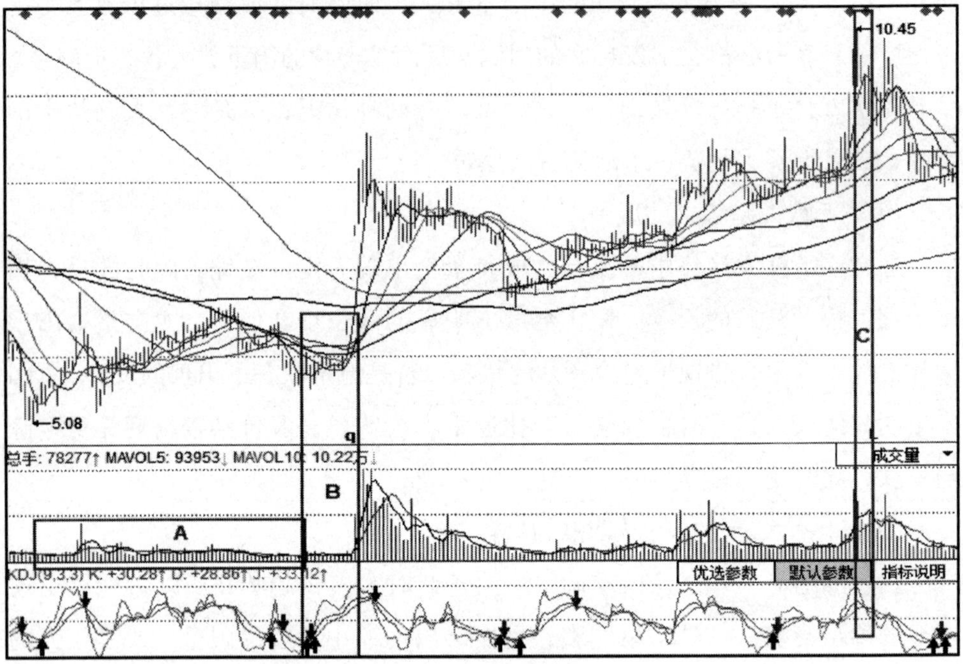

图 9－9 奥克股份日线图

图 9－9 是奥克股份（300082）日线图，在弱势震荡趋势中，A 区域在持续出现小阳量的情况下，进入 B 区域后，KDJ 指标出现低位接连金叉后的 J 线大角度向上，此时小阳量持续出现。其形成死叉不死形态后，阳量出现格外放大，股价上涨，说明大趋势已经出现反转向上，应及时买入股票。其后震荡上涨至 C 区域时，KDJ 指标出现高位 J 线大角度死叉，成交量呈放大状态的持续阴量，股价下跌，说明大趋势已经反转向下，应果断卖出股票。

（2）小趋势反转时的量价情况。

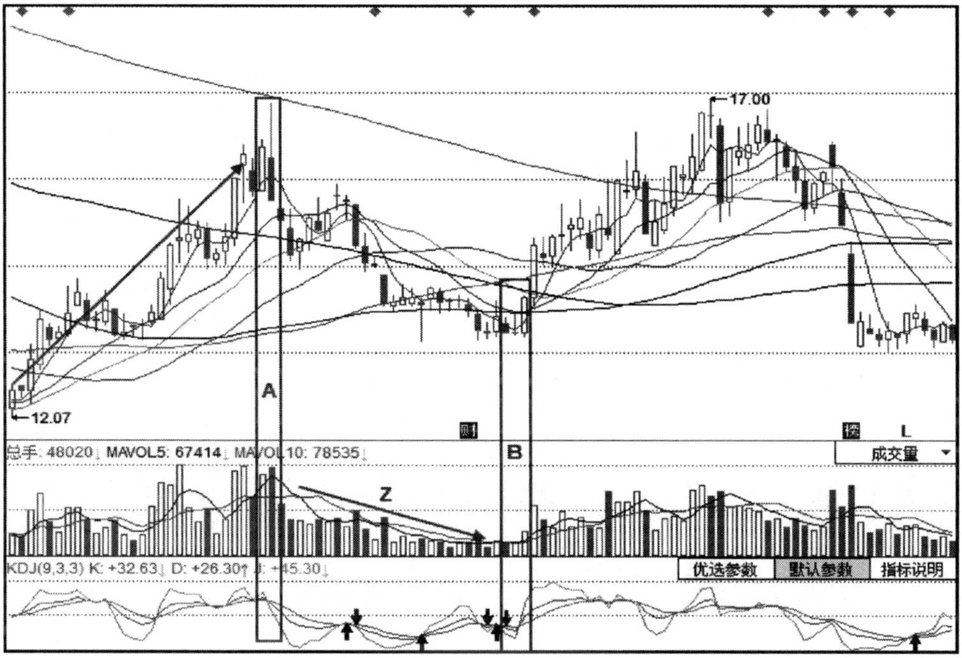

图 9－10　振芯科技日线图

图 9－10 是振芯科技（300101）日线图，在上涨趋势中，当进入 A 区域后，KDJ 指标出现 J 线大角度向下死叉，K 线形成一根带有较长上影线的阴线，成交量突然放大为阴量，表明短线小趋势的调整已经开始，应暂时卖出股票。其后的 Z 区域，股价震荡走低，成交量逐步萎缩，意味着调整即将结束。进入 B 区域后，KDJ 出现 J 线大角度向上金叉，成交量呈现逐渐放大的阳量，表明短线调整的小趋势下跌已经结束，应果断再买回股票。

图 9－11 是长盈精密（300115）日线图，在下跌趋势初成后，进入 A 区域时，KDJ 发出低位金叉的买入信号，成交量出现明显的阳量放大，表明小趋势的反弹已经开始，可控制好仓位适当参与。当反弹至 B 区域时，成交量在缩小状态下股价出现高位滞涨，意味着小趋势的反弹即将结束，应果断卖出股票离场。

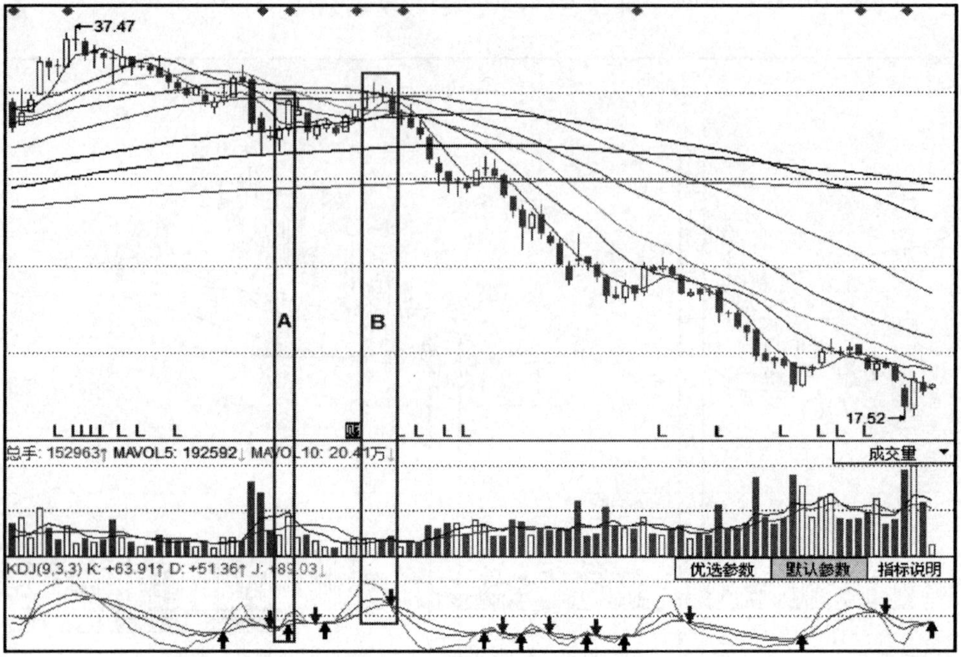

图 9－11　长盈精密日线图

实战要点

（1）无论是大趋势反转还是小趋势反转，KDJ 指标都会形成明显的买入与卖出形态，但由于股票所处时期的不同，会出现量能大小的不同，量价关系也会出现细微的不同，应在实战中引起注意。

（2）当大趋势出现反转时，KDJ 发出明显的买入或卖出信号时，成交量必然会出现明显的放大，反转向上时为阳量，反转向下时为阴量，但反转向上之前必须有明显的小阳量持续出现的情况，如图 9－9 中的情况。

（3）当小趋势出现反转时，应先观察是上涨趋势中的小趋势反转，还是下跌趋势中的小趋势反转，再根据 KDJ 指标发出买入或卖出的信号，选择对应的量价形态判断反转的买点与卖点，如图 9－10 与图 9－11 中的情况。

9.3.2　上涨末端反转时的量价关系

当股价处于上涨趋势时，经过较大幅度的上涨后，首先应观察此时是否出现顶背离。如果出现顶背离，应按照顶背离的要求来判断行情；如果没有出现顶背离，就应时刻关注量价关系的微妙变化。

这里需要明白一个问题，就是当股价经过较大幅度的上涨后，因受到市场的追捧，成交量会逐渐形成一个较高的大量水平。所以，一旦在不发生顶背离的前提下 KDJ 指标出现明显的高位卖出形态，成交量就会即刻由最初的阳量转变为阴量，一种是持续放大状态下的阴量，一种是格外放大的阴量。股价则会表现为上影线较长的创新高的阴线下跌，或是持续的中阴以上的阴线下跌。

另外还有一个关键性的问题需要注意，就是大盘股和小盘股的区别。从资金介入或离开一只股票的角度来看，资金介入时因在低位，所以资金通常要掩盖介入的迹象，但是当股价大幅上涨后，资金要获利离开时，却是越快越好。不过问题也来了。

中小盘股由于盘子小，主力资金相对较容易获利卖出，卖出股票的行为通常是迅速的，所以此时在 KDJ 发出卖出信号时，量价关系会呈现出量价齐跌的形态，并且成交量通常为持续放大状态的阴量或格外放大的阴量，K 线呈上影线较长的阴线，是资金拉高后快速卖出的征兆。或是接连出现较长的阴线，也代表着主力资金的快速离开。

而大盘股由于盘子较大，主力资金很难在短期内实现快速离场，所以 KDJ 即使出现如小盘一样的情况，还会有一个股价维持在高位的震荡，此期间以阴量为主，表明的是主力资金大举卖出股票的行为。因此，在股价高位快速反转时卖出股票当然最好，如果错过最佳时机，在次高位选择离开同样为明智之举。

因此，在一只股票涨幅较大的情况下，如果不出现顶背离，就首先应观察是大盘股还是小盘股，然后随时关注量价关系的微妙变化，寻找最佳的卖出机会。

实战案例

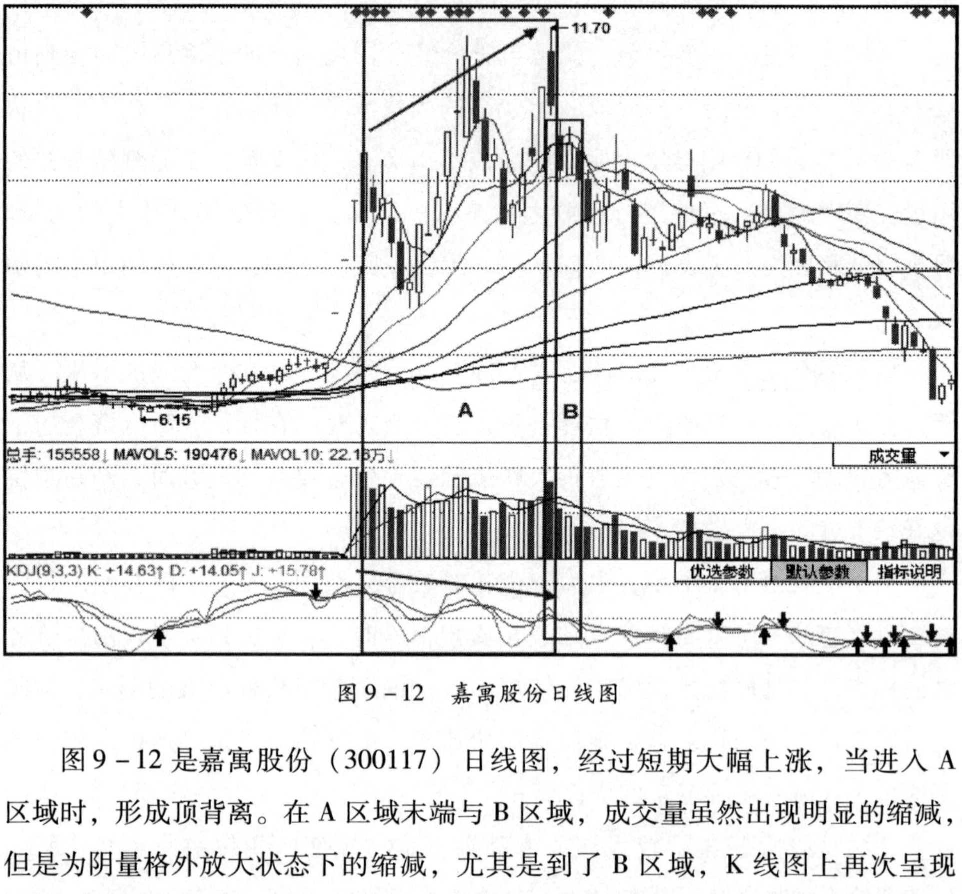

图 9－12　嘉寓股份日线图

图 9－12 是嘉寓股份（300117）日线图，经过短期大幅上涨，当进入 A 区域时，形成顶背离。在 A 区域末端与 B 区域，成交量虽然出现明显的缩减，但是为阴量格外放大状态下的缩减，尤其是到了 B 区域，K 线图上再次呈现出阴线的持续下跌。KDJ 发出了向下发散的卖出信号，表明股价未能再继续冲高，出现与 KDJ 指标同步的情况，所以是上涨末端的表现，同时嘉寓股份的流通市值仅有 30 亿元左右，为典型的小盘股，应果断在顶背离结束时卖出股票。

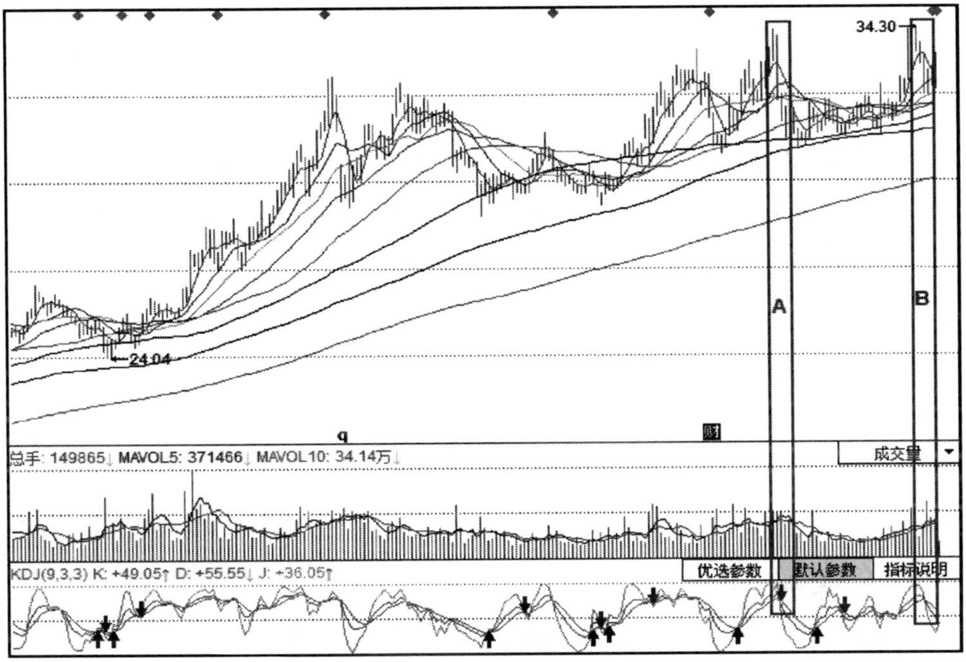

图9-13 上汽集团日线图

图9-13是上汽集团（600104）日线图，观察发现，经过长期较大幅度的上涨后，当进入A区域后，出现J线大角度向下形态，成交量为持续放大状态的阴量，K线图上出现持续的较长阴线的下跌，表明该股已经进入上涨末端。此时上汽集团的整个流通市值为3800多亿元，为明显的大盘股，所以在A区域出现KDJ卖出形态时应果断选择清仓或是卖出大部分股票，而进入B区域后，这种卖出形态与量价关系再次重现，若错过前面A区域的卖点，这时应果断卖出股票。

实战要点

（1）上涨末端反转的形成，是因为股价经过较长期的上涨，累积涨幅较大，如图9-13中A区域的情况，或是短期快速上涨、涨幅较大，如图9-12中A区域的情况。

（2）当出现上涨末端的反转时，通常都是以快速反转的形式出现，因此KDJ会形成明显的卖出形态，股价出现阴线下跌，成交量呈持续放大状态的阴量，或格外放大的阴量。但是大盘股，往往在上涨末端会出现一波三折式的反复冲高，但持续大量的阴量是无法掩盖主力资金大举卖出的行为的，如图9－13中A区域与B区域的情况。因此，投资者在分清个股是大盘股或小盘股的前提下，均应在上涨末端采取卖出股票的举措。

9.3.3 下跌尾声反转时的量价关系

当一只股票在下跌尾声时，成交量往往已经缩减到不足高点时期20%的地量水平。此时KDJ即使发出明显的买入信号，也不可轻易买入股票，而要观察是否出现底背离。如果出现了底背离，应严格按照底背离的判断方法寻找买点。如果没有发生底背离，就应观察KDJ形成买入形态时的量价关系变化。

这里需要引起注意的是，当一只股票长期处于弱势趋势时，如果想要改变这种弱势格局，必须受到资金的持续关注和介入，否则其后的上涨是难以持续的。因此，当下跌尾声到来，KDJ发出买入信号时，有两种不同的量价关系。

（1）快速反转时的量价关系。

快速反转，必须有大的成交阳量的支持，因为是弱势，所以这种量能应当是持续的放大状态下的阳量，因此单一的大量只能短时改变这种弱势格局，也就是反弹。所以真正从趋势上的改变，必须有持续的大量，较高的换手率，但股价的表现并不一定会上涨，经常会形成一种阴线与阳线的反复震荡。所以，当KDJ指标发出明显的买入信号时，就是大胆介入的良机了。

（2）渐进反转时的量价关系。

这是一种正常的量价状态。此时的成交量会在地量水平震荡的过程中，于低位弱势震荡中不断出现小阳量，当阳量放大略明显时就会转为阴量，之后再次出现持续小阳量。一旦 KDJ 发出买入信号，就会有明显略高于之前弱势震荡的小阳量持续放大，或是格外阳量放大，股价出现缓慢上涨或突然快速上涨。这就说明，下跌已经进入尾声，弱势格局结束，应果断买入股票。

实战案例

（1）快速反转时的量价关系。

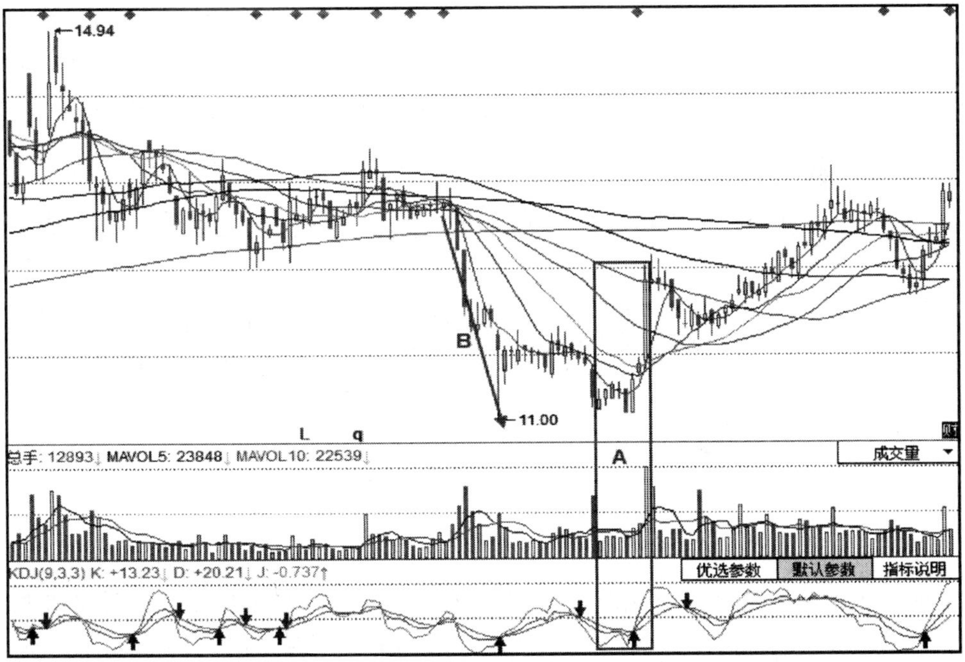

图 9－14　晨光生物日线图

图 9－14 是晨光生物（300138）日线图，将 K 线图调整到“向前复权”后发现，在由上涨趋势转跌，经过震荡以及 B 段下跌后，成交量并未出现快速萎缩至地量水平。在进入 A 区域后，出现明显的 KDJ 指标的 J 线大角度向上金叉后三线向上发散的强烈买入形态，成交量出现小幅缩减后的持续阳量，

并突然呈快速放大为之前 2 倍以上的情况。这一点从成交柱的长度即可观察到，K 线图上也出现小阳线持续上涨后突然大阳线上涨。这说明，资金在快速下跌后出现持续快速地涌入，下跌已进入尾声的时期，应果断买入股票。

（2）渐进反转时的量价关系。

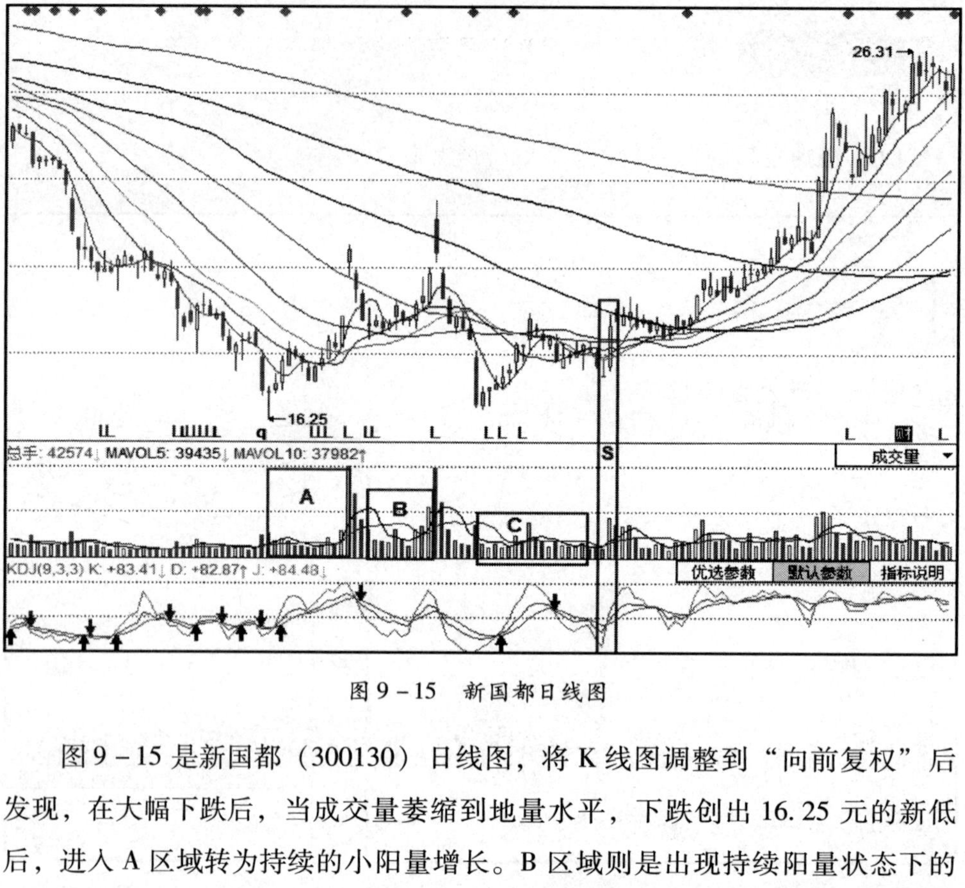

图 9－15　新国都日线图

图 9－15 是新国都（300130）日线图，将 K 线图调整到“向前复权”后发现，在大幅下跌后，当成交量萎缩到地量水平，下跌创出 16. 25 元的新低后，进入 A 区域转为持续的小阳量增长。B 区域则是出现持续阳量状态下的突然放大，其后虽然爆出大的阴量，但量能出现快速萎缩到地量水平。在 C 区域再次出现持续的小阳量放大状态。直到进入了 S 区域后，J 线形成大角度向上的买入形态，成交量也突然出现打破地量水平的放大，说明下跌趋势已结束，应果断买入股票。

实战要点

（1）在正常的情况下，当下跌进入尾声时，通常会在之前有过较长时间的下跌和整理，并且下跌幅度已经很大。如其后出现反转时，必须确保在弱势震荡期间，持续出现小阳量，因为这是资金介入的征兆，如图 9－15 中 A、B、C 区域的情况。但当 KDJ 形成明显的买入形态时，量价关系会出现明显的放量上涨形态，如图 9－15 中 S 区域的情况。

（3）如果在短期快速下跌后出现反转，此时的成交量往往未萎缩到地量水平，因此在 KDJ 形成明显的买入形态时，必须出现量能在较大状态下的持续和突然放大，方可确认下跌的结束，如图 9－14 中 A 区域的情况。

9.3.4　阶段底的量价状态

阶段底，是指大的趋势为震荡行情，当形成底部时，除了 KDJ 指标会发出明显的买入信号，量价关系也会出现明显的变化。最为直接和可信的表现，就是量价齐升状态，即成交量呈阳量状态下，出现明显的放量上涨，股价也会持续出现阳线上涨。

这里所谈的阶段底，是大趋势为上涨趋势时形成 KDJ 买入形态的助涨量价关系下的阶段底。阶段底的出现分为三种情况：第一种情况，如果下跌过程中出现反弹，同样需要这种量价齐升的配合，只是量能上或许会出现相对小些的情况；第二种情况，如果大趋势为上涨行情，一旦出现调整，或形成阶段底时，往往成交量会出现逐渐萎缩后的阴量转为阳量，此时无须放量即可引发股价阳线上涨，原因是主力资金此时筹码集中；第三种情况，如果在调整的过程中，量能没有出现明显的大举缩量行为，而 KDJ 发出了买入信号，则成交量必须出现明显放大，股价出现阳线上涨。

实战案例

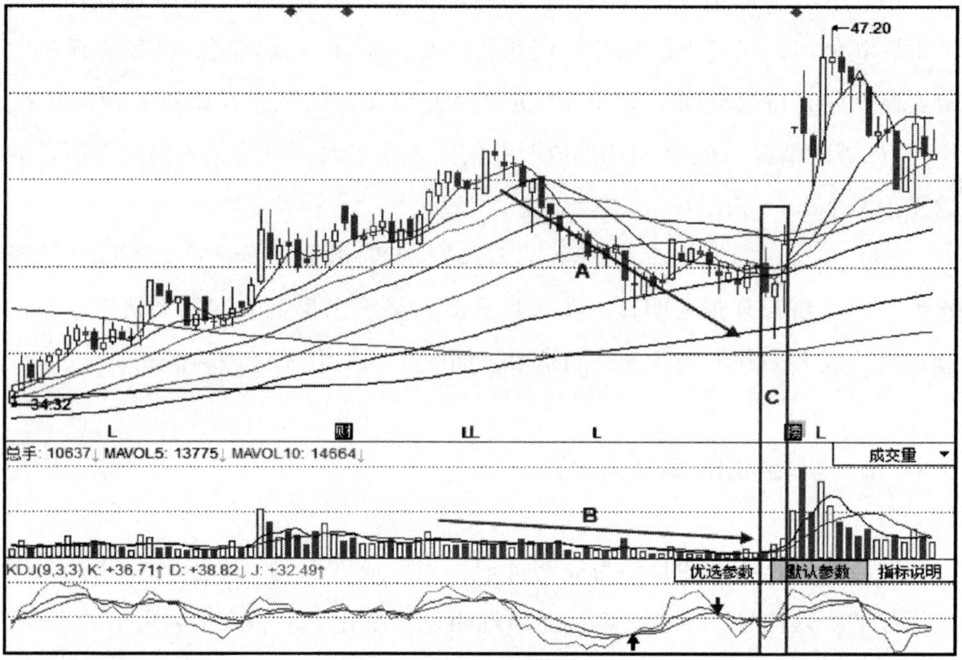

图 9-16　迪瑞医疗日线图

图 9-16 是迪瑞医疗（300396）日线图，在上涨趋势中出现 A 段调整时，成交量出现 B 段走势的明显逐渐萎缩，到 C 区域，KDJ 发出明显的 J 线大角度向上后三线向上发散的形态，成交量也出现持续放大，股价出现持续阳线上涨，表明阶段调整的底部已经形成，股价已恢复上涨，应果断买入股票。

图 9-17 是科隆股份（300405）日线图，在弱势震荡趋势中，当进入 A 区域后，KDJ 形成低位金叉后三线向上发散的买入形态，同时成交量也出现明显的放大，从前面的 1080 万元的卖出阴量，突然放大为 4525 万元的买入阳量，放大到 4.5 倍。股价出现震荡上行，说明震荡趋势的阶段底已经出现，反弹行情已经来临，应果断买入股票。

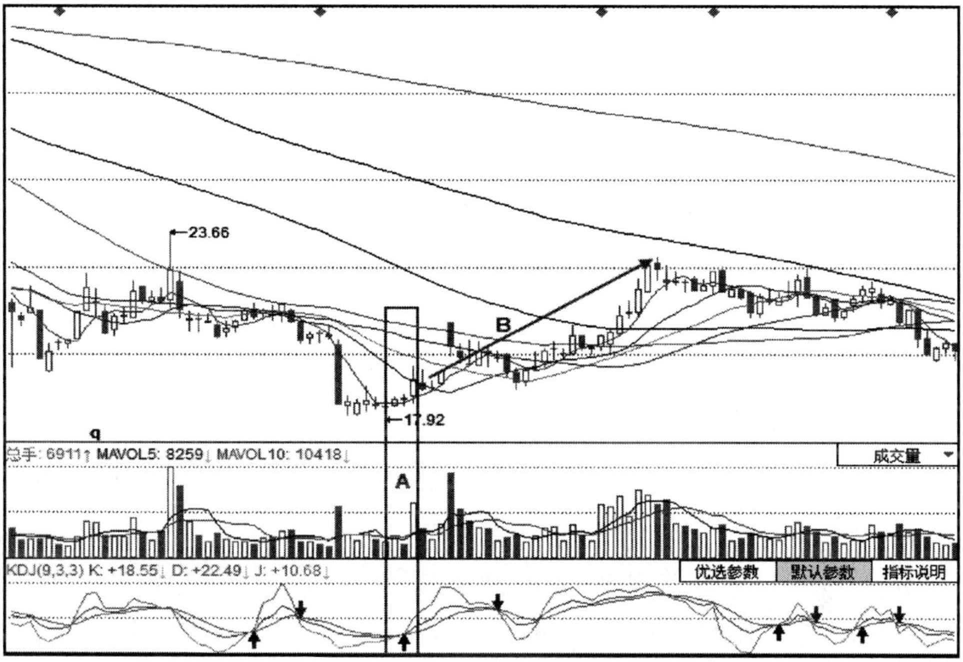

图 9－17　科隆股份日线图

实战要点

（1）当阶段底出现时，应分清当时是处于震荡行情，如图 9－17 中 A 区域的情况，还是上涨趋势中的调整行情的阶段底，如图9－16中 C 区域的情况。这样是为了结合成交量的大小情况下的量价齐升状态，来确认底部的位置。

（2）如果阶段底出现在下跌途中，尤其是在地量水平下的震荡下跌中，阶段底出现时的量能表现不会明显，股价却出现震荡走高。这种情况下，即使 KDJ 发出强烈的买入信号，也应以观望为主，或是控制好仓位的情况下少量参与，且一定要做到快进快出。

9.3.5 阶段顶的量价状态

阶段顶，是和阶段底相对应的情况，即当在某一阶段的上涨过程中，形成顶部，KDJ 指标在发出明显的卖出信号时，量价关系也会出现一些明显的细微变化，从而确认阶段顶部的到来。

从趋势行情上看，阶段顶的出现同样有三种情况，在这三种情况下，KDJ 指标都会发出明显的卖出信号。

（1）震荡趋势中的阶段顶。

首先需要明确的一点是，这种震荡趋势必须是大幅度的震荡，因地量状态下的震荡由于幅度较小，是不适于参与的。

当趋势为震荡时，K 线与 D 线往往处于相距较近的小幅震荡格局，J 线上下做较大幅度的上下震荡；当震荡走高到顶部时，成交量会出现无法再继续放大为阳量的情况，股价此时表现为高位震荡滞涨。

（2）上涨趋势中的阶段顶。

当趋势为上涨时，如果出现阶段上涨的顶部，成交量往往会在放大的状态下，转为阴量，并持续出现缩量，K 线上表现为阳线后的大阴线，然后出现震荡走低。这表明涨势已经暂时中止，应及时卖出股票，待调整结束后再行买入股票。

（3）下跌趋势中反弹行情的阶段顶。

下跌趋势中，当出现反弹时，反弹结束时即是阶段顶出现的时候，此时如果成交量较大，说明反弹的幅度相对较大，一旦转跌，就会出现大阴线下跌，成交量为较大的阴量。如果反弹幅度有限，成交量放大的情况就不会过于明显，此时的量价形态与上涨趋势中的阶段顶形态相似，呈现出缓慢地变弱。

无论是哪一种形态出现，都意味着短期的涨势已经结束，应及时做好短线卖出股票的准备。

实战案例

（1）震荡趋势中的阶段顶。

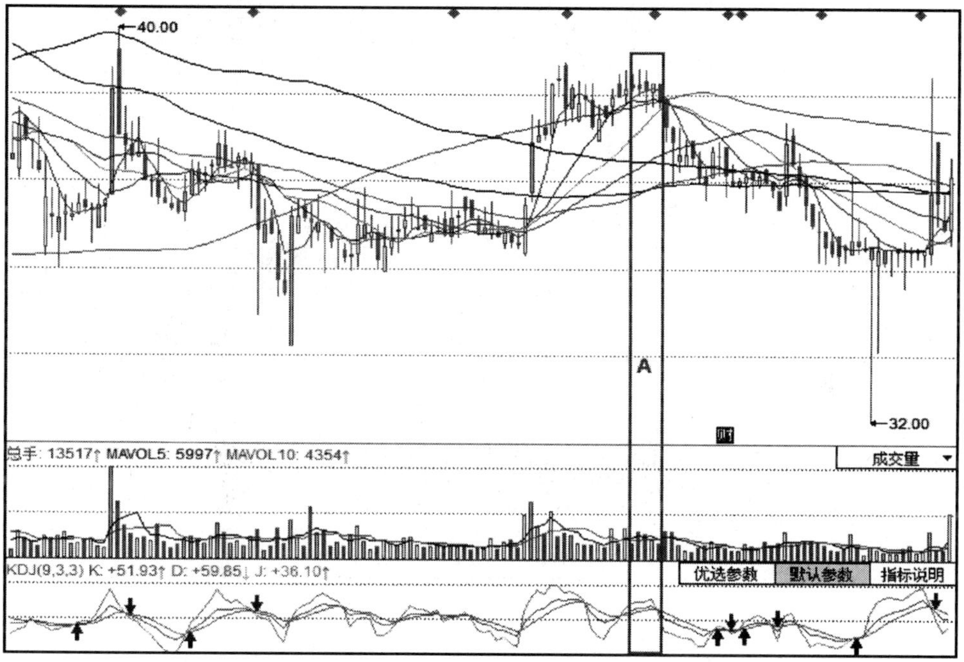

图 9－18　金盾股份日线图

图 9－18 是金盾股份（300411）日线图，在 K 线与 D 线相距较近状态的小幅震荡格局中，J 线一直做上下震荡幅度较大的上下波动，表明趋势为较大幅度的震荡行情。当进入 A 区域时，KDJ 发出 J 线大角度向下的卖出形态，成交量为持续的阴量，股价出现高位震荡滞涨，表明阶段顶已经到来，应果断卖出股票。

（2）上涨趋势中的阶段顶。

图 9－19 是正业科技（300410）日线图，在上涨趋势中，当进入 A 区域时，KDJ 发出死叉后三线向下发散的卖出信号，成交量此时为格外放大的阴量，K 线图为一根较长的阴线，说明短期的上涨已经结束，阶段高点即将出

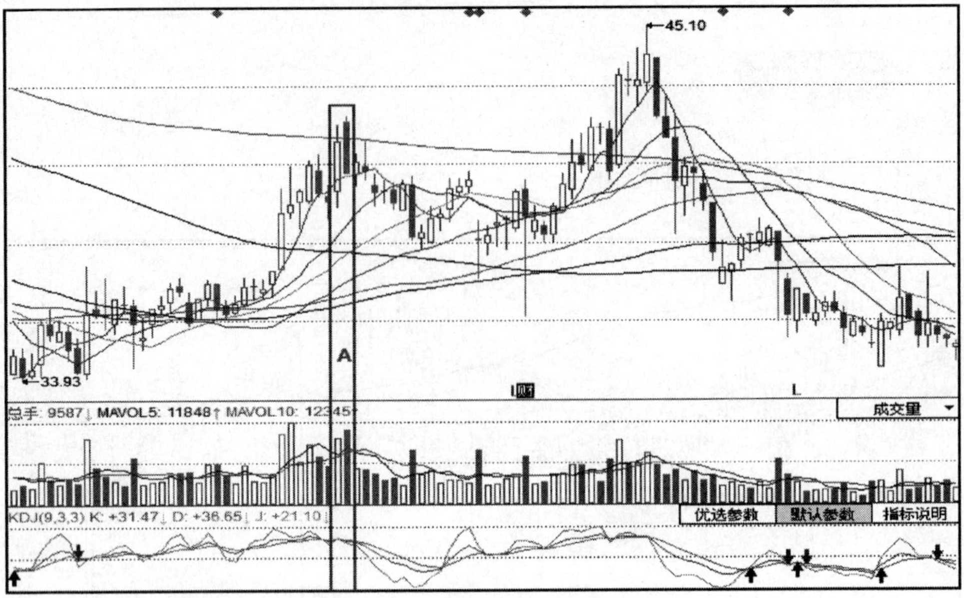

图 9－19　正业科技日线图

现，股价将步入调整，因此这时同样应果断卖出股票。

（3）下跌趋势中反弹行情的阶段顶。

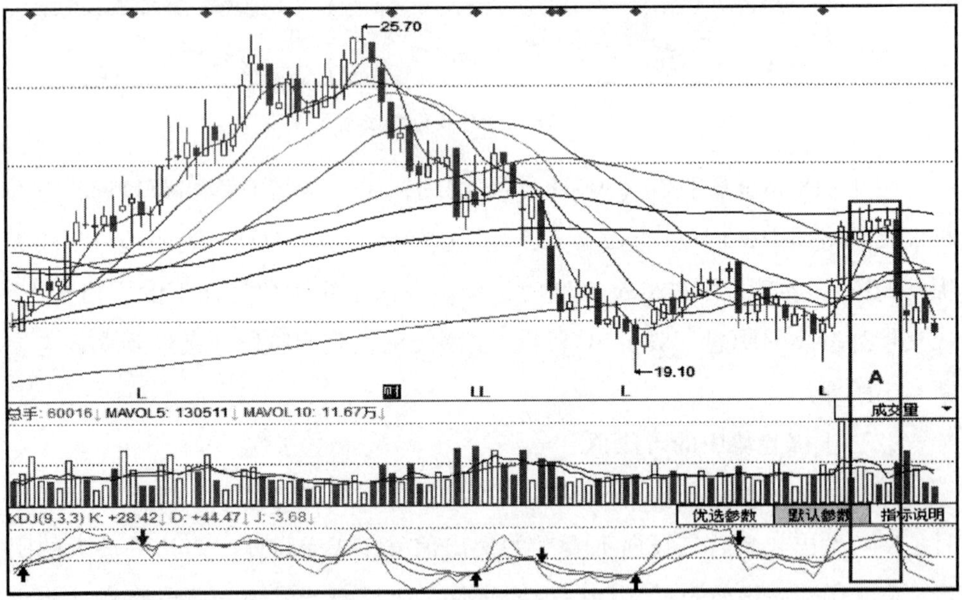

图 9－20　三环集团日线图

图 9－20 是三环集团（300408）日线图，在下跌趋势中，当出现反弹时，进入 A 区域后，KDJ 出现 J 线大角度向下的卖出形态，成交量出现明显阳量缩小后的放大阴量，股价出现高位震荡，表明反弹已经结束，应及时卖出股票。

实战要点

（1）不同情况下的阶段顶出现时，虽然 KDJ 指标均形成卖出形态，但量价关系会有细微的差别，因此首先应分清此时的短期上涨是在何种趋势中出现的，以便及时根据量价的不同状态做出反应。

（2）下跌过程中的阶段顶，由于下跌中的反弹往往时间较短，所以投资者可以不参与行情。即使参与也应控制好仓位，做到快进快出，如图 9－20 中的情况。

（3）震荡趋势中，如果发现震荡的幅度不大，同样应拒绝操作，保持观望。因震荡幅度小时，获利空间也相对小，如果出现突然向下变盘，若反应较慢则难以获利。因此，只有在幅度较大的震荡行情中，才具有小波段操作的空间，如图 9－18 中的情况。

第10章 KDJ量化战法

量化是运用大数据的一种实战交易方法，是通过一定的数据分析，给出数学化的操作指令，属于一种高级战法。在实际操作中，目前国内尚没有一个统一的量化判断标准。根据KDJ指标的特点，针对市场具体的趋势，对参数进行一定的修改，同样是一种狭义上的量化应用，目的是依据KDJ指标的特点，让KDJ指标能够更准确和真实地反映出行情。

10.1 认识KDJ交易系统

在运用KDJ指标进行量化实战前，一定要充分了解KDJ交易系统，比如KDJ指标的统计、计算原理，KDJ三线的具体意义，以及KDJ指标的优劣性，这样才能够对这一指标进行相应的修改，实现量化运用。

10.1.1 KDJ交易系统简介

从实质上讲，KDJ指标是根据统计学原理计算出的数据结果，再通过一个特定的周期，市场上的炒股软件均是以9日、9周等为基础，计算出期间内出现过的最高价、最低价和最后一个计算周期的收盘价，以及三者之间的比例关系，从而计算出最后一个计算周期的未成熟随机值RSV，然后根据平滑移动平均线的方法来计算K值、D值与J值，将这三个数值分别绘成曲线图，来研判股票价格的走势。

KDJ 的计算方法比较复杂，首先要计算出一定周期（n 日、n 周等）的 RSV 值，即未成熟随机指标值，再计算出 K 值、D 值、J 值等。例如，以 9 日 KDJ 数值的计算为例，其计算公式为：

9 日 RSV =（$C_9 - L_9$）÷（$H_9 - L_9$）×100

在上面的公式中，C_9 为第 9 日的收盘价，L_9 为 9 日内的最低价，H_9 为 9 日内的最高价。

K 值 =2/3×第 8 日 K 值 +1/3×第 9 日 RSV

D 值 =2/3×第 8 日 D 值 +1/3×第 9 日 K 值

J 值 =3×第 9 日 K 值 −2×第 9 日 D 值

如果没有前一日的 K 值和 D 值，则可以分别用 50 来代替。

从 KDJ 数值的计算方式看，这一过程相对复杂，所以投资者只需要了解一下即可。然而，通过 KDJ 指标的计算方法可以看出，KDJ 指标反映更多的是股价在趋向性上的变化，KDJ 数值表达的就是这种股价最高价与最低价之间的差异性和同向性。

因此，在实际应用中，投资者要明白，KDJ 指标主要是利用价格波动的幅度来反映股价走势强弱的一种指标。K 值、D 值、J 值的大小，反映出来的就是这种变化的差异大小，绘制成曲线后，通过 KDJ 三条线的不同演变情况，更能准确和直观地捕捉到这种趋向性的变化。其中的最大差别，在于 K 线和 D 线的波动较慢，J 线的波动较快。根据 KDJ 指标的这一特性，就能够提前做出交易的反应。

实战案例

图 10－1 是上证指数（000001）日线图，在 C 区域与 D 区域，KDJ 指标显示出 K 线和 D 线处于相距较近状态下的小幅震荡，此时的大盘趋势为震荡行情，因此是不适宜操作的，应保持观望。在 A 区域，KDJ 三线出现明显的向下运行，表明大盘趋势此时为下跌，盘中个股多数会出现同步下跌，应持

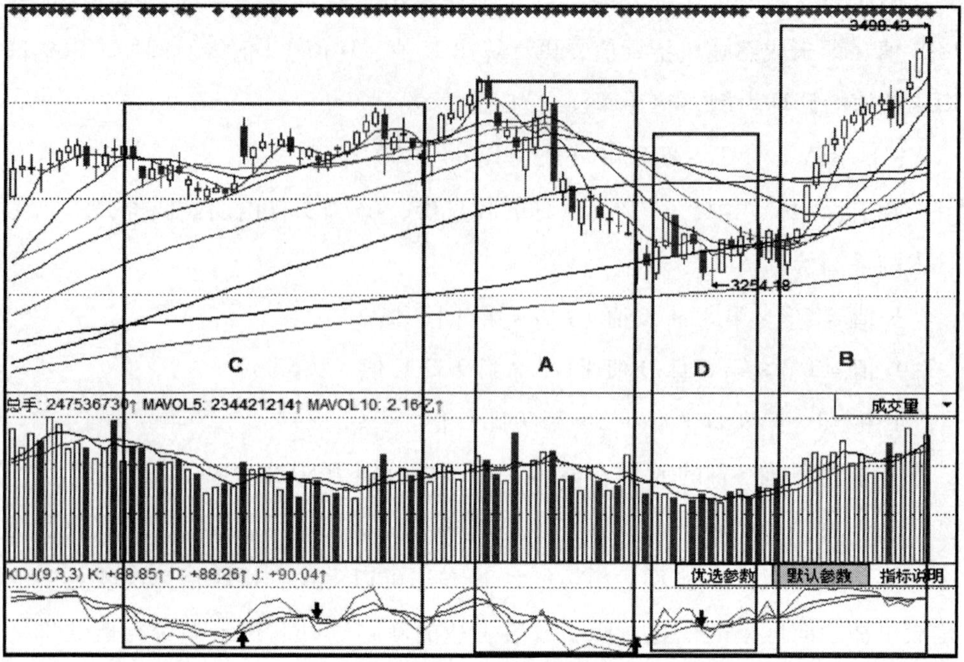

图 10－1　上证指数日线图

币观望。进入 B 区域后，KDJ 三线在 50 线上震荡上行，大盘处于强势上涨阶段，可选择盘中与大盘同步运行的股票积极参与。

由此可以看出，无论上证指数、深证成指或是其他板块指标，KDJ 显示的结果，代表的都是一种大趋势分析，不是买入或卖出股票的依据。但往往盘中绝大多数的股票都会与大盘走势同步运行，所以具体的个股趋势变化，应根据个股的 KDJ 显示情况来确定。

图 10－2 是白云机场（600004）日线图，在进入 C 区域后，KDJ 指标中的 K 线与 D 线处于相距较近的小幅震荡，表明此时的趋势为震荡，应回避操作。进入 A 区域后，KDJ 三线向上突破 50 线后上行，表明股价进入上涨期，应积极参与。进入 B 区域后，KDJ 三线呈跌破 50 线后向下运行的形态，为空头下跌趋势，此时应回避任何操作。

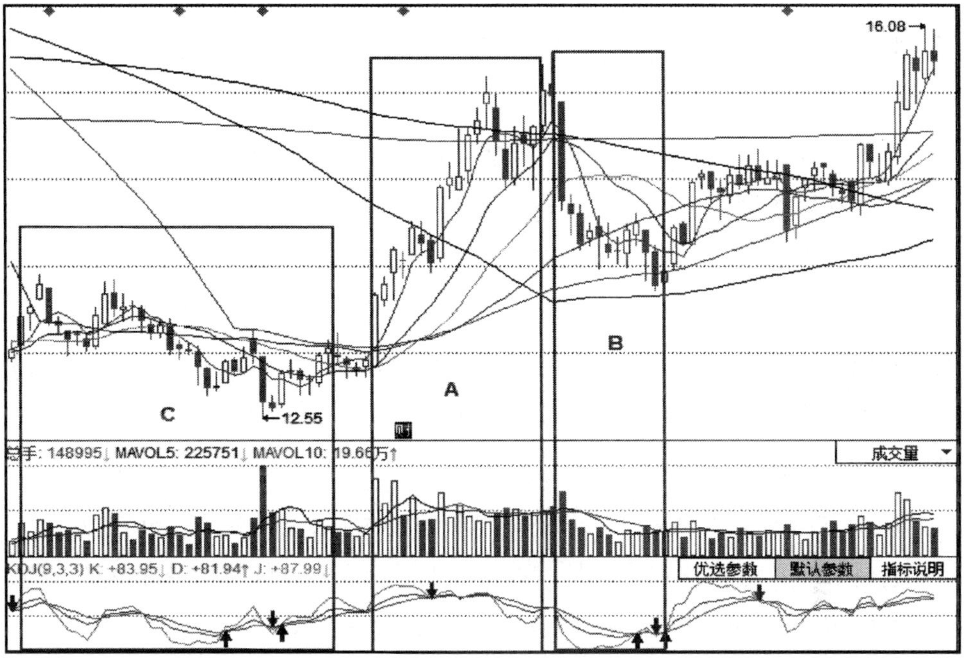

图 10－2　白云机场日线图

实战要点

（1）KDJ 指标在反映行情时，往往更大的功能是反映中短期趋势的变化，而趋势的变化又直接反映了大盘指数或个股的涨跌行情，因此是一个相对独立的交易系统。

（2）在利用 KDJ 指标分析行情时，大盘趋势反映的是大趋势，一般不作为买入或卖出股票的直接参考依据，但盘中多数股票会出现与大盘同步运行的情况，如图 10－1 中的情况。个股趋势反映的是个股的具体形势，应根据个股 KDJ 指标的提示，实施相关的买卖策略，如图 10－2 中的情况。

10.1.2 KDJ 交易系统的优劣势

作为一种统计学的技术指标，KDJ 在趋势分析中形成自己独特又完整的交易方式和操作策略，因此是一种独特的交易系统。然而，和任何交易指标的设定是一样的，不同的统计依据和原理，虽然有其偏重的一面，却因此形成独特的优势。比如 KDJ 指标，其最大的优点就是：在判断股价中短期趋势上，有极高的准确性。这是由其特有的统计方法所决定的，因为其计算和统计时参阅的是一定周期内的最高价、最低价与收盘价，从而计算出其中的差异，所以才准确捕捉到价格波段的规律。尤其是在判断买卖点时，J 线和 K 线与 D 线所做出的快速的反应，让投资者能够准确地捕捉到趋势转折时的节点。

这是 KDJ 指标的优点。但是，不仅是人无完人，任何技术指标也是一样，优点越鲜明，缺点也就越清晰。KDJ 指标也是这样。

和均线系统中的中短期均线一样，KDJ 指标虽然能够较快地反映出股价短期的趋势变化，但也正是由于这种反映趋势的及时，造成了其更为明晰的缺点。这个缺点就是 KDJ 指标判定会让局部趋势放大，就像利用短期均线与中期均线判断行情时一样。在此，不妨比较一下，就像通过 5 日均线与 20 日均线和 30 日均线来判断趋势时，很容易就能够判断出短期波动的情况。如果中长期趋势发生变化，这种判断就经常会出现失误，这就是 KDJ 指标的局限性，也是它最大的缺点。

KDJ 指标的这一缺点，也是由其优点所产生的，就是滑动过快，导致指标经常失真。比如在大趋势为震荡行情时，如果利用 KDJ 指标的金叉买入、死叉卖出，就容易出现买入时股价涨幅已近尾声，卖出时股价趋势早已转跌。这也就是在利用 KDJ 交易系统操作时，一定要结合其他指标来辅助分析与判断的原因，因为其他指标的辅助判断是为了提高 KDJ 指标的准确性。

另外，KDJ 指标在极端行情中，如高位钝化或低位钝化行情中，J 线会出现钝化，因此这时 KDJ 指标无法准确和细腻地反映出局部小趋势的变化。

还有一点就是，KDJ 金叉经常会被主力资金利用，借以达到欺骗投资者的目的，尤其是 K 线和 D 线在震荡行情里出现的频繁交叉。这也就是很多投资者在利用 KDJ 指标判断行情时，会觉得这一指标不够准确的原因所在。资金在短期内对股价的干预造成 KDJ 指标在统计计算中，尽管能够准确地反映出资金介入的情况，但因资金的短期介入目的不同，使得资金的这一短期行为形成很大的欺骗性。

正是基于 KDJ 指标的这些优点与缺点，投资者在操作过程中，应当以安全为主。比如在趋势反转发生的时候，投资者的操作理念和操作方法应当适当改变一下，如买入股票时可适当慢半拍，不要过于激进，要结合量价关系和大趋势的情况，待确认趋势已经反转向上时，再买入股票。当趋势即将反转向下时，只要涨幅较为可观的情况下，KDJ 形成 J 线大角度向下，量能为较大的阴量时，就不要等待 J 线形成死叉时再卖出股票，而应根据成交量在短周期图上出现持续阴量放大时即选择卖出股票。

这种买入股票时适当放缓交易、卖出股票时适当提前的操作方法，可能会错过低点的最佳买入时机，增加一定买入的股价成本，同时也有可能不同程度地卖在了高点的前方，造成收益上的减少。所以在大趋势转折时，投资者一定要结合背离技术来判断大趋势。同时，尽量减少通过 KDJ 指标的变化进行小波段甚至是超级短线波段的操作，而应以较大波段的操作为主。这样做，不仅能够在趋势反转时，及时看清趋势的反转，抓住买入或卖出时机，也能够避免趋势的急转，造成收益的进一步缩水。操作周期的加长，增加的无疑是资金的安全性和收益的稳定性。

因此，所有基于 KDJ 交易系统的操作，都应结合 KDJ 指标的优缺点做适当的调整，交易中尽量扬其长、避其短，以达到投资获利的最终目的。

实战案例

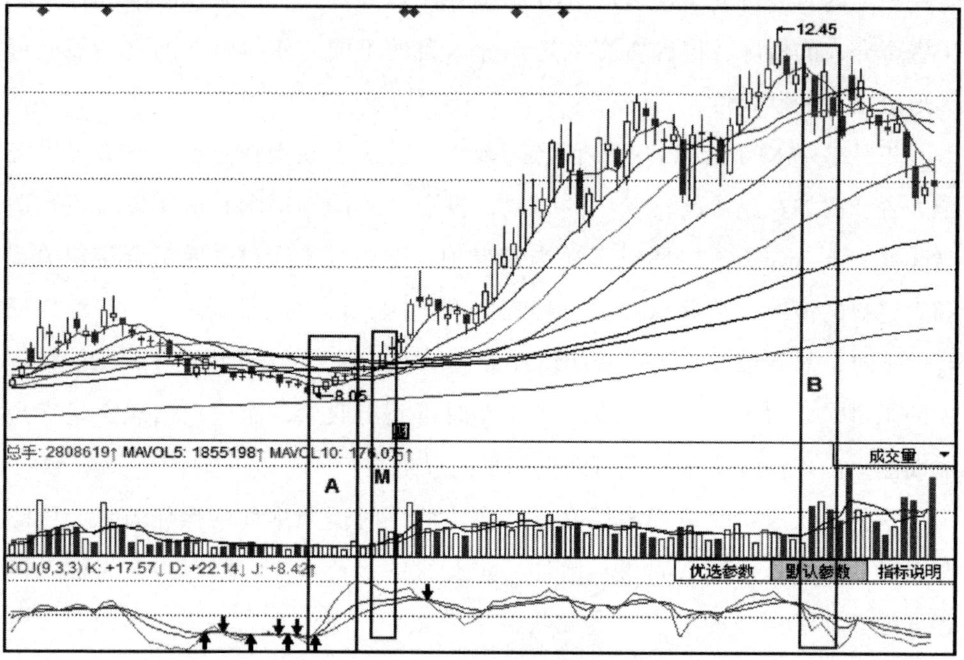

图 10－3 南方航空日线图

图 10－3 是南方航空（600029）日线图，在弱势震荡行情中，当进入 A 区域后，出现持续阳量温和放大状态下的 KDJ 金叉后三线向上发散形态，J 线向上的角度也大于 60 度形成 J 线大角度向上形态，表明趋势已经反转为向上。但考虑到此时的量能较小，稳健的投资者可在其后进入 M 区域，量能明显出现阳量持续放大、股价与 KDJ 三线同步上行时，再买入股票，这就是买入时慢半拍的操作。当上涨到 B 区域时，形成 KDJ 三线向下发散状态下的金叉不叉形态，表明趋势已经转弱，但在实战中无须等到 KDJ 转弱时再卖出。操作中在 B 区域初期成交量转为放大状态的阴量，KDJ 三线初步形成向下运行时，即卖出股票，这样的操作就是卖出股票时的提前半拍。这样操作，虽然获利相对小些，但是更为安全。KDJ 指标在日线上的波段提示，充分反映出其快

捷反映趋势转变的优点，利于较大波段的操作。

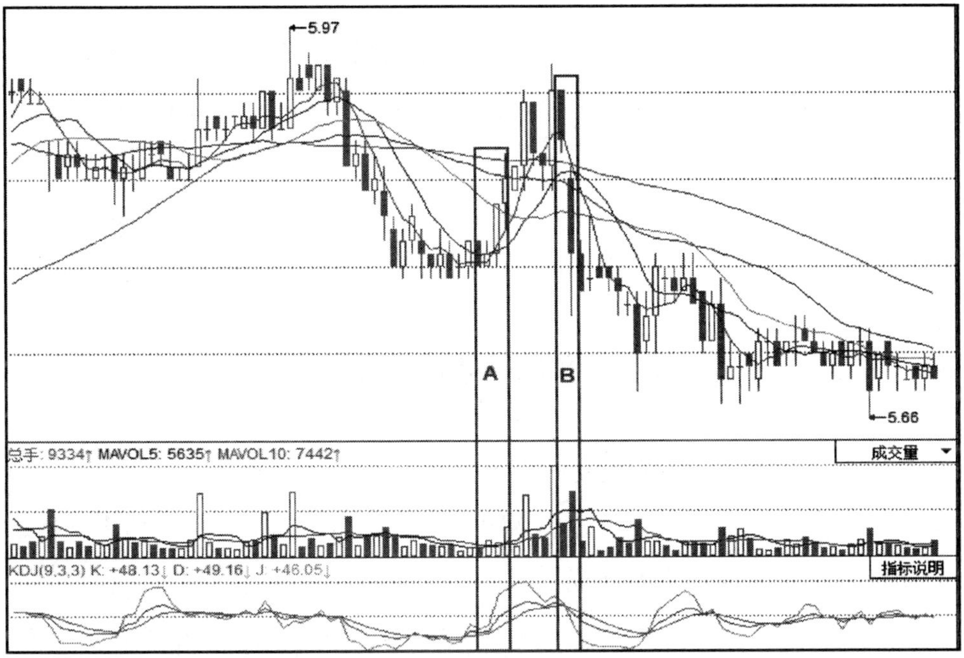

图 10 -4　东风汽车 30 分钟图

图 10 -4 是东风汽车（600006）30 分钟图，在 A 区域，KDJ 三线在向上运行的时候出现 J 线大角度向上和三线向上发散形态，成交量也出现持续的阳量放大，形成买入形态，此时为 2018 年 1 月 12 日上午 10 点 30 分，但随即进入 B 区域后，成交量出现突然转为较大阴量状态下的持续放量。KDJ 三线出现死叉后向下发散的卖出形态，表明趋势已经转弱，而此时为 2018 年 1 月 15 日的上午 10 点，虽然完全可以卖出，但很难实现获利，甚至还会出现一定的亏损。因为观察的周期图过短，尽管一买一卖时成交量也得到了配合，但对大趋势把握不准，才会出现这种情况。

实战要点

（1）KDJ 指标和其他所有指标一样，存在明显的优点和缺点。只不过对于 KDJ 指标而言，其反映趋势变化迅捷的优点，也构成其最大的缺点，如图 10－3 与图 10－4 中的情况。

（2）在参考 KDJ 指标进行操作时，一定要根据其优点，选择相对较大的波段进行操作，并且在此基础上，买入时慢半拍，卖出时快半拍，如图 10－3 中的情况。避免操作波段过短时其缺点引发的失误，如图 10－4 中的情况。

（3）在参考 KDJ 指标做短线交易时，一定要考虑到其缺点，对大趋势进行判断后再根据大趋势的演变，进行短线操作。

10.2 建立属于自己的 KDJ 交易系统

KDJ 指标的量化，其实就是根据 KDJ 指标的原理和优劣性，按照自己的操作习惯，设置适合于自己操作的 KDJ 指标的参数。因此，量化战法就是建立一个属于自己的 KDJ 指标交易系统。

10.2.1 更改交易软件系统参数的方法

通过第一节的介绍，我们基本掌握了 KDJ 交易系统中的指标所反映的到底是什么——股价的趋向性，以及在这种趋向性反应中，KDJ 三条曲线各自反映的情况怎样。然后，我们通过交易实践的积累，结合 KDJ 指标的优缺点，可以对交易软件中 KDJ 指标的参数进行修改。

在更改炒股软件中 KDJ 的指标参数时，应当注意一点，不要以自己的喜好和偏爱来修改参数，而应根据 KDJ 指标的优点和缺点，通过具体的参数修改，让这一指标尽量发挥出自身的优点，克服自身的缺点，趋于更加完美，能够更真实地反映出股价的趋势变化。

这样做，就是基于股票投资的最终目的。因为改变 KDJ 指标的统计周期和参数不是目的，只是一种方法。所以，在修改 KDJ 参数指标时，一定要遵守修改的目的。否则，就会造成南辕北辙的结果。

至于如何修改 KDJ 指标参数，以同花顺炒股软件为例，方法其实很简单：

（1）打开炒股软件中任意一只股票，找到自己想要修改的周期 K 线图，再调出 KDJ 指标显示。

（2）鼠标指针对准 KDJ 指标区域的任意一个位置，或空白位置，或 KDJ 三条线中的任意一根线均可，然后点击鼠标右键，就会跳出一个对话框。

（3）找到对话框中“修改指标参数（C）”一行，移动鼠标指针到“修改指标参数（C）”这一行，对准这一行字，发现这一行字变为带阴影的情况时，点击鼠标左键。

（4）屏幕上再次出现一个长方形的对话框。这里需要注意的一点是，在所有炒股软件中，系统都会默认为 KDJ 的统计参数为（9，3，3）。在对话框中，只要对其中“默认参数”下方的 9 天、3 天、3 天三行的统计时间周期进行修改就可以了。

（5）修改完成后，鼠标指针再对准对话框下方的“确定”按钮，点击左键，系统就会在修改统计周期后，自动生成修改后的 KDJ 指标显示。

完成这 5 步操作后，此时的炒股软件中，就自然变成参数修改后的显示结果。这时候，为了确保之前的参数修改成功，应再次按照（1）、（2）、（3）步骤调出 KDJ 指标参数的情况进行检查，以确认参数修改是否成功。这样做的目的是确保修改已经成功，因为如果投资者的电脑短时出现故障，或是网络一时出现断线等，可能会出现修改不成功的情况。

另外一个问题，同样应引起注意，就是按照以上 5 步操作后，只是针对炒股软件中这一周期的 K 线图上的 KDJ 指标参数进行修改，炒股软件的系统会自动默认这一周期图上包括个股、指数等 KDJ 参数修改后的情况。至于其他周期图，则应另行修改才能改变，如需修改仍然应按照上面的 5 个步骤进行。

实战案例

在此以同花顺炒股软件为例，要改变日线图上的 KDJ 指标参数时，可以先行打开一个日线图，可以是大盘指标，或个股，只是保证是日线图即可。比如，我们打开的是民生银行（600016）的日线图，调出其 KDJ 指标显示，此时再选择 KDJ 指标区域中任意一个地方，然后将鼠标指针对准其中图 10－5 中 A 区域的任意一个位置即可，如图 10－5 所示。

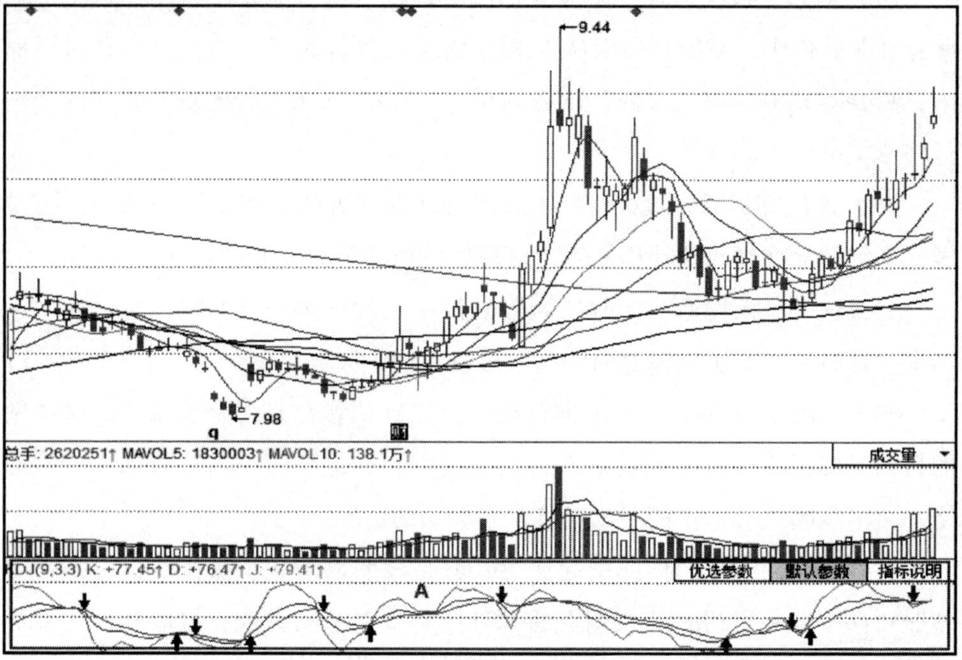

图 10－5　民生银行日线图

鼠标指针在对准 KDJ 指标显示区域中的任意一个位置后，点击鼠标右键，屏幕上就会出现一个对话框，如图 10－6 中所示。

这时候，将鼠标指针顺势移动到对话中的“修改指标参数（C）”的位置，“修改指标参数（C）”一行字便会显示为带阴影，如图 10－7 中所示。

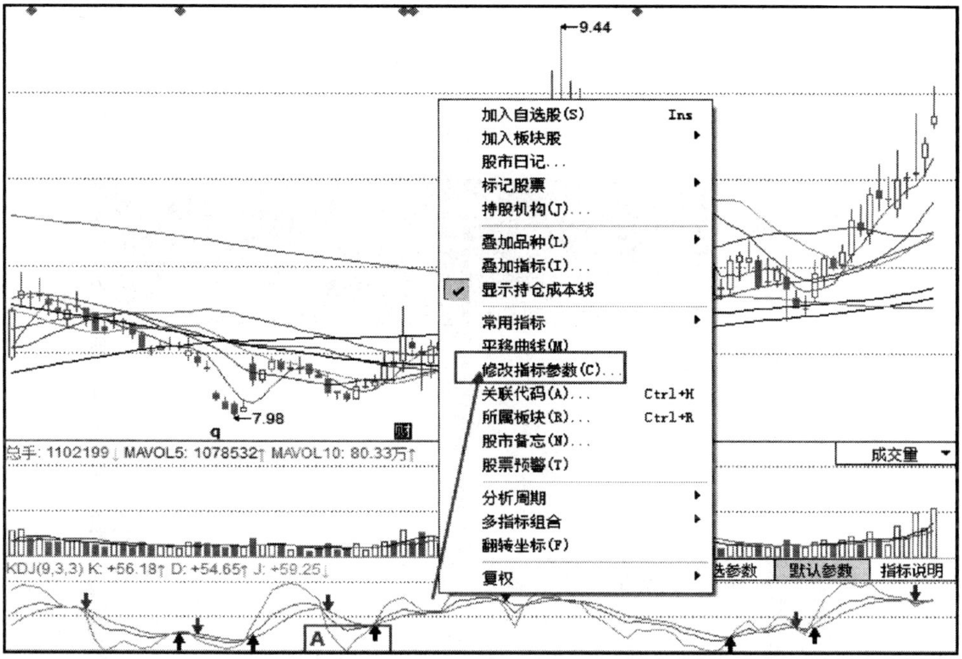

图 10－6　民生银行日线图

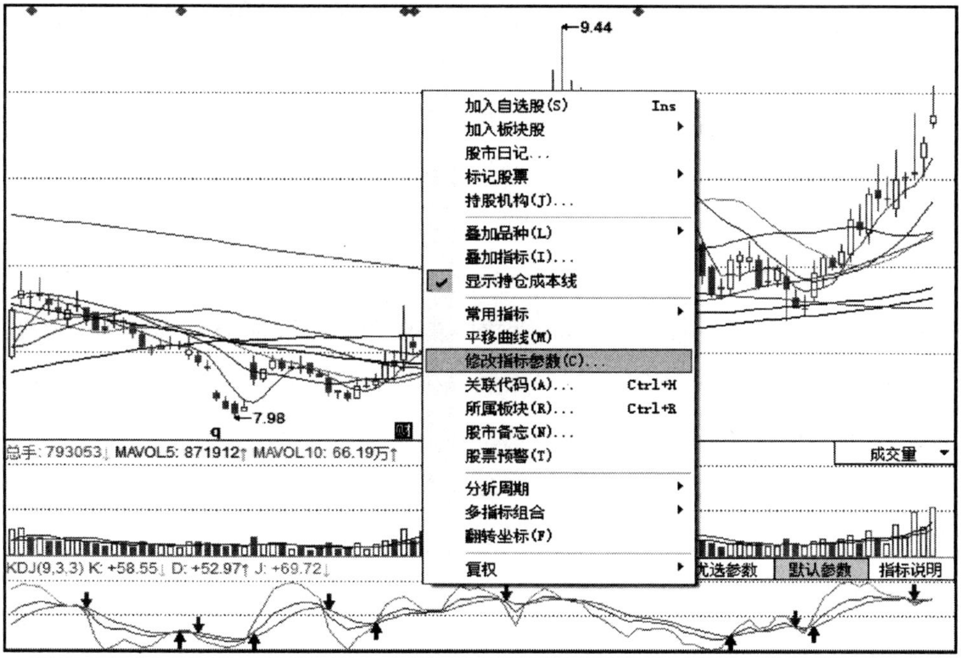

图 10－7　民生银行日线图

然后，点击鼠标左键，屏幕上就会再次跳出一个略大些的长方形对话框，如图 10－8 所示。

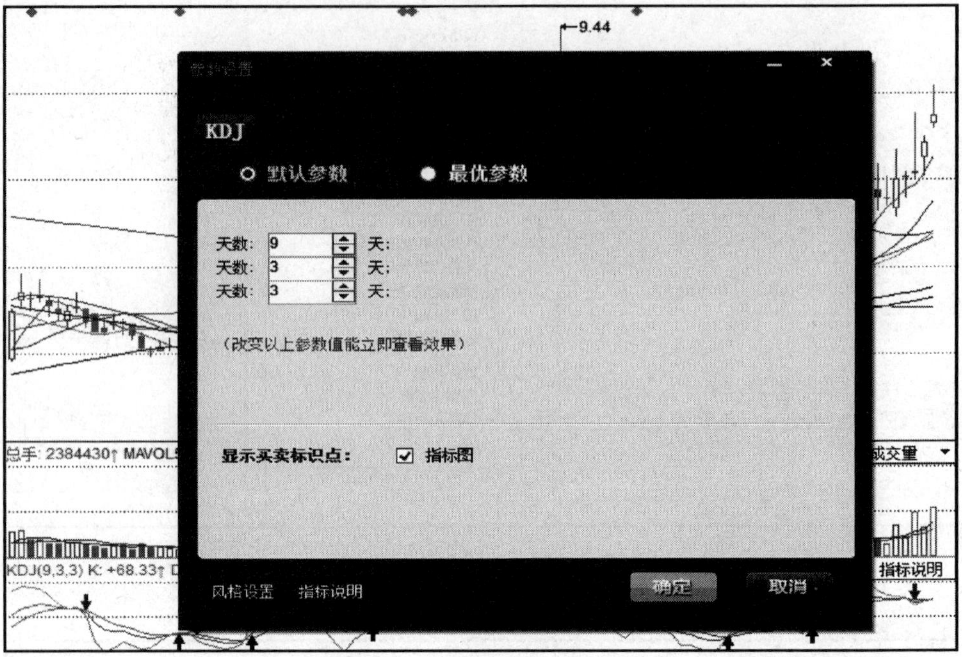

图 10－8　民生银行日线图

这时候，在这一小对话框中显示的，就是 KDJ 指标的参数情况，然后可以根据自己的需求，来改变其中的参数。比如我们将其中的 9 天统计时期改为 10 天，只需将鼠标指针对准其中的 9，输入 10，或是点击 9 后面的上下按钮，调整到 10 即可，如图 10－9 所示。

这时候，只要再对准对话框右下角位置的“确定”，点击鼠标左键，炒股软件中所有日线图上的 KDJ 指标参数就自动生成修改后（10，3，3）的显示，如图 10－10 中所示。

最后再根据这一方法检查一下，看看 KDJ 指标是否已经改了过来，进行确认一下即可。

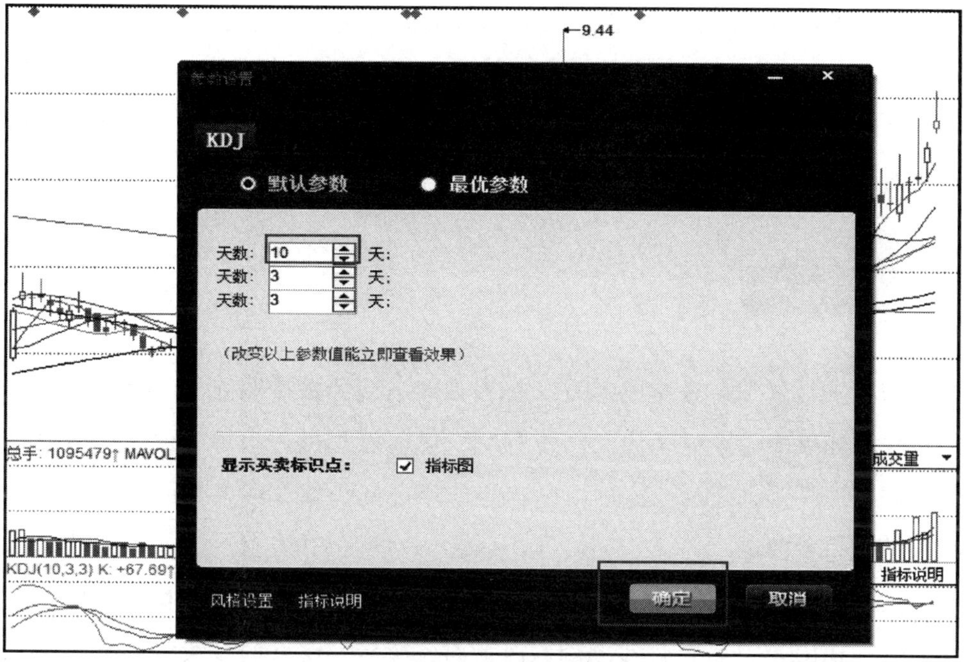

图 10-9　民生银行日线图

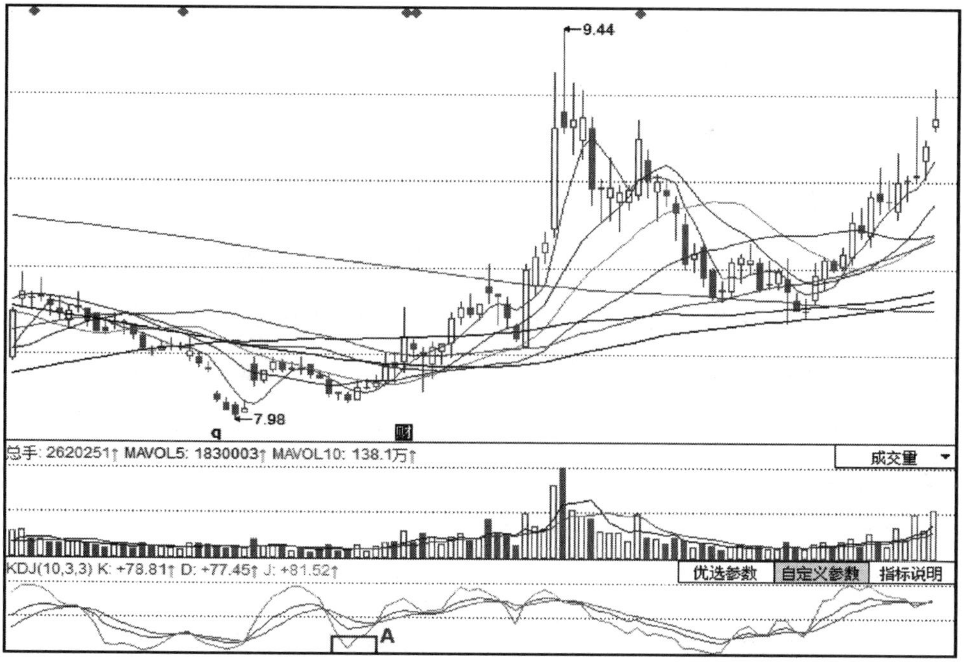

图 10-10　民生银行日线图

指标参数修改后，日线图上 KDJ 指标的显示就会在新的参数（10，3，3）下出现一些细微的变化，比如图 10－10 中的区域，J 线未出现向下触及区间下沿的情况。但在最初（9，3，3）的参数下的图 10－6 中的 A 区域，J 线却出现短时向下触及区间下沿的情况。

实战要点

（1）更改炒股软件中的 KDJ 指标参数时，应严格按照前文的 5 个步骤逐一操作。如果中途未显示出某一步骤时，说明操作过程出现失误。这种失误的原因可能是多方面的，比如电脑程序应用上的出错，或是某一步骤操作快出现的点击失误等。

（2）修改 KDJ 指标参数时，只能对当前的周期 K 线图进行修改，比如图 10－6 到图 10－10 中对日线图的修改，而修改后，所有的日线图显示都会自动更改。如需修改其他周期的 K 线图上的 KDJ 指标，应调出相对应的 K 线图，再次修改方可。

10.2.2 如何创建自己的 KDJ 交易系统

在炒股软件中，KDJ 指标的参数，系统会默认为（9，3，3）的数值，这一参数的设定，是创立者根据统计规律制定的，有一定的科学性。但这并不是说，在这一默认数值之下，KDJ 指标就一定是准确的、科学的，只不过 KDJ 指标出现后，投资者基本都是在这一参数值的设定下，进行使用。

随着不断实践，已经有很多人认识到 KDJ 指标的优点和缺点，而为了 KDJ 指标能够更为准确地反映行情，才有了修改指标参数的做法。

只是对修改 KDJ 指标不能盲目地进行。作为一名理性的投资者，在修改 KDJ 指标参数时，一定要在充分了解这一指标的基础上，结合自己在实际操作中的理解和认识，选择更为贴切的指标参数。在不断修改指标的前提下，再经过反复的实践摸索，结合 KDJ 指标的优缺点，对参数进行反复修改。这样，才能够建立起一个只属于自己的 KDJ 交易系统，才能让 KDJ 指标达到最理想的显示状态，准确识别出股价的运行趋势和转折点，从而让自己准确地捕捉到真正的行情。

实战案例

比如，如果投资者喜欢以日线为基础操作，又感觉到 K 线和 D 线的反应过快，又考虑到 KDJ 指标为外国人创立的，在 A 股市场上应用不贴切，所以打算按照中国 A 股市场的规律修改。这时候就可以对 KDJ 统计周期进行修改，比如中国股市每周有 5 个交易日，所以可以将原有的（9，3，3）修改为（10，5，5）。

在此，我们以中国石化（600028）为例来观察一下。未修改 KDJ 指标参数时，KDJ 指标的显示如下：

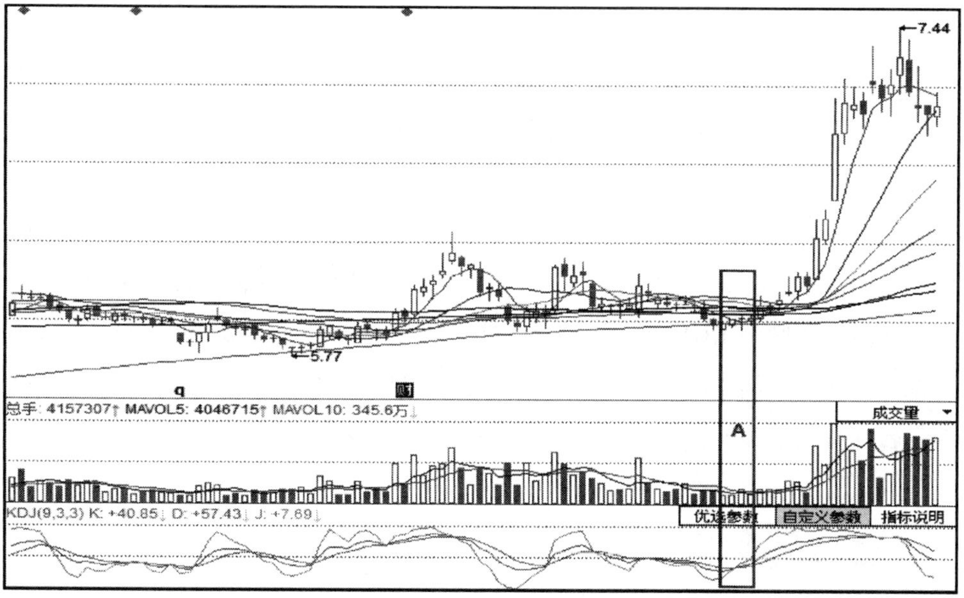

图 10－11　中国石化日线图

将 KDJ 指标参数修改为（10，5，5）后，其 KDJ 指标显示如下：

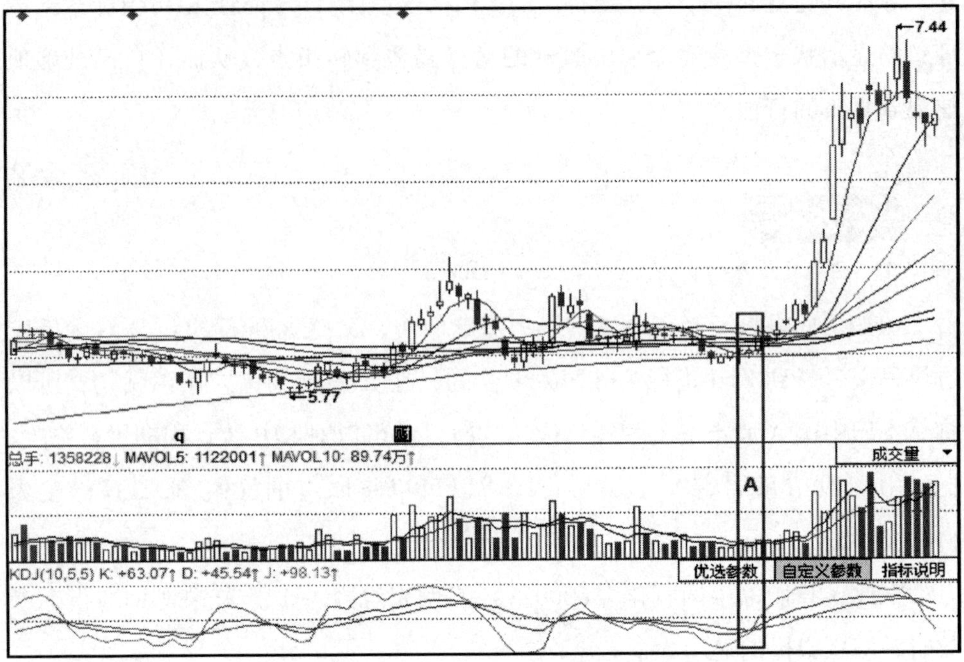

图 10－12　中国石化日线图

综合图 10－11 与图 10－12 的 KDJ 指标情况发现，在相同的 A 区域，KDJ 指标却发生不同的变化，在成交量同样出现小阳量持续放大、股价持续震荡上行的情况下：未修改参数时的图 10－11 中，A 区域只是形成 KDJ 金叉后三线略向上发散的形态；在修改指标参数后的图 10－12 中，A 区域却出现 KDJ 金叉后 J 线大角度向上的三线向上发散形态，也就形成明显的 KDJ 买入信号。

然而，这样的 KDJ 指标参数的修改，是不是就更为准确呢？投资者应当通过自己在其后的不断实践与摸索中不断观察和改进，最后才能建立起一个真正属于自己的应用起来较为准确的 KDJ 交易系统。

实战要点

（1）建立一个完全属于自己的 KDJ 交易系统时，不能过于盲目，尤其是

KDJ 指标参数的修改，不能太随意，因为改变后并不一定就意味着强过原有的默认参数的显示。

（2）即使是投资者带着自身的思考来修改 KDJ 指标参数，也应在随后的实践中去验证其准确性，并不断调整参数，直到找到一个完全适合自己操盘理念的 KDJ 指标参数时，才真正拥有了一个完全属于自己的 KDJ 交易系统。

10.3　KDJ 参数设定方法与技巧

虽然 KDJ 指标的量化战法就是建立一个属于自己的 KDJ 交易系统，但是在大市表现为牛市、熊市或猴市时，根据具体的趋势行情，仍然有一个相对的 KDJ 指标的参数设定标准。当然，这一标准并不一定非要如此，同样可以适当调整，直到找到适合自己的操作。

10.3.1　牛市中的参数设定与技巧

当市场处于牛市行情时，市场的特点是涨多跌少，所以牛市中的投资思路是积极做多。同时，牛市还有一个显著的特征：牛长熊短。这也是中国 A 股市场的重要特征。

在这一牛市的显著特征之下，当牛市来临后，如何使用 KDJ 指标来准确判断出调整行情的到来与结束，往往成为重中之重。所以，投资者必须根据 KDJ 指标自身的特点，修改其参数，以让 KDJ 这一指标能够更准确地反映出短线的趋势变化。因为牛市中是持每遇到调整结束即买入持股的操作思路，而卖出股票，只有在牛市结束时才会选择，所以应根据这一操作策略对 KDJ 指标的参数进行一定的调整。

根据笔者的经验，以及牛市持续时间较长的特点，参数应更改为（34，3，3），这样会让 KDJ 指标统计计算结果时，更为切合牛市的特点。

实战案例

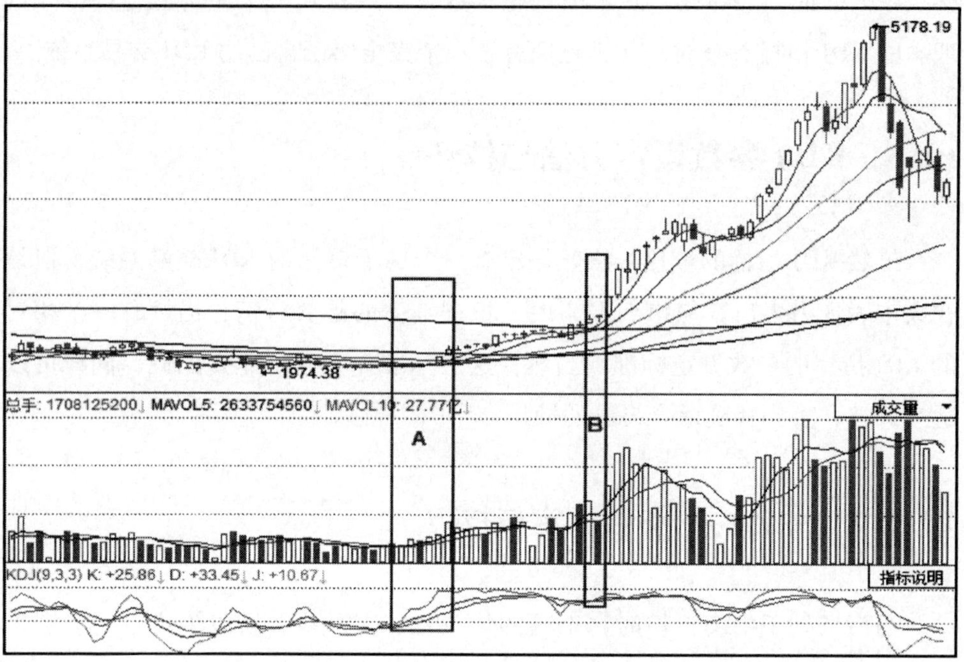

图 10－13　上证指数周线图

图 10－13 是上证指数（000001）周线图，比如在上证指数进入 A 区域后，KDJ 指标出现 KDJ 三线向上相继突破 50 线后的向上运行，这说明市场已经转暖。在进入 B 区域后，当 KDJ 三线在 50 线上震荡时，股价出现向上突破所有均线后的持续上行，表明市场进入牛市。这时候，即应对 KDJ 指标的参数调整为牛市行情中的（34，3，3）了，以便更好地观察行情的演变。

图 10－14 是安琪酵母（600298）周线图，在调整周线图 KDJ 指标参数后，比如投资者是以价值投资为主的，就可以关注类似于安琪酵母一样的白马股。从进入牛市后的表现看，安琪酵母相对落后于大盘，在上证指数已经形成牛市后，其股价依然未能成功站上 240 日均线。但此时大盘已经进入牛

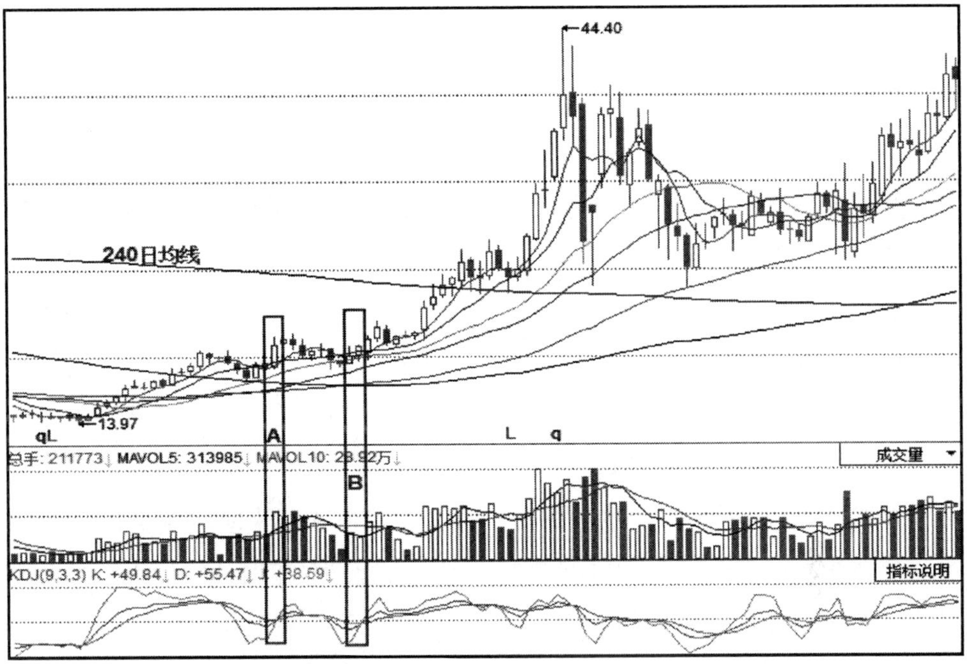

图 10－14　安琪酵母周线图

市，而安琪酵母作为主板的绩优白马股，必然不会落后于大盘，因此在A区域和B区域出现持续阳量下的J线大角度向上，就证明这种蠢蠢欲动。此时应于A区域果断买入股票，在B区域全仓买入，这样才能获得其后的快速翻倍行情。

实战要点

（1）投资者在根据牛市调整KDJ指标参数时，主要参考的应是大盘指数的情况，如图10－13中上证指数的变化，并且周期图应从周线以上的K线图来观察。

（2）当大盘趋势偏弱，个股出现牛市时，投资者修改KDJ指标参数，应参考个股更高级别的K线图。只有个股长期牛市出现时，方可进行KDJ指标参数的修改，否则就只能以局部行情对待。

10.3.2 熊市中的参数设定与技巧

当市场步入熊市以后，因为市场的特征是熊市暴跌的行情较短，往往呈现波浪式的下跌，所以在暴跌行情中是不应操作的。但熊市中仍然会出现许多反弹，并且暴跌后的首次反弹幅度往往极大，甚至有些股票还会在反弹中脱颖而出，由熊市转为个股的牛市。如果在熊市中想要做到准确捕捉到反弹的节点，捕捉到每一轮反弹的迹象，以及观察到趋势反转时的征兆，同样需要对 KDJ 指标的参数进行修改。

根据笔者的经验，出于稳健的目的，当发现熊市到来时，应当将 KDJ 参数改为（89，3，3），这样才不会错过个股由熊市转牛市时的指标提示，在熊市中准确捕捉到那些趋势反转的大牛股，同时也不会错过每一轮熊市中像样的反弹行情。

与牛市中的修改 KDJ 指标参数时一样，在判断熊市机会时仍然应以较长周期的周线为准来进行判断。

实战案例

图 10－15 是上证指数（000001）周线图，在上涨调整期间，当进入 A 区域后，KDJ 指标已经出现相继跌破 50 线的情况，说明市场已经彻底转为熊市。这时候，就应当将 KDJ 指标的参数修改为（89，3，3）。

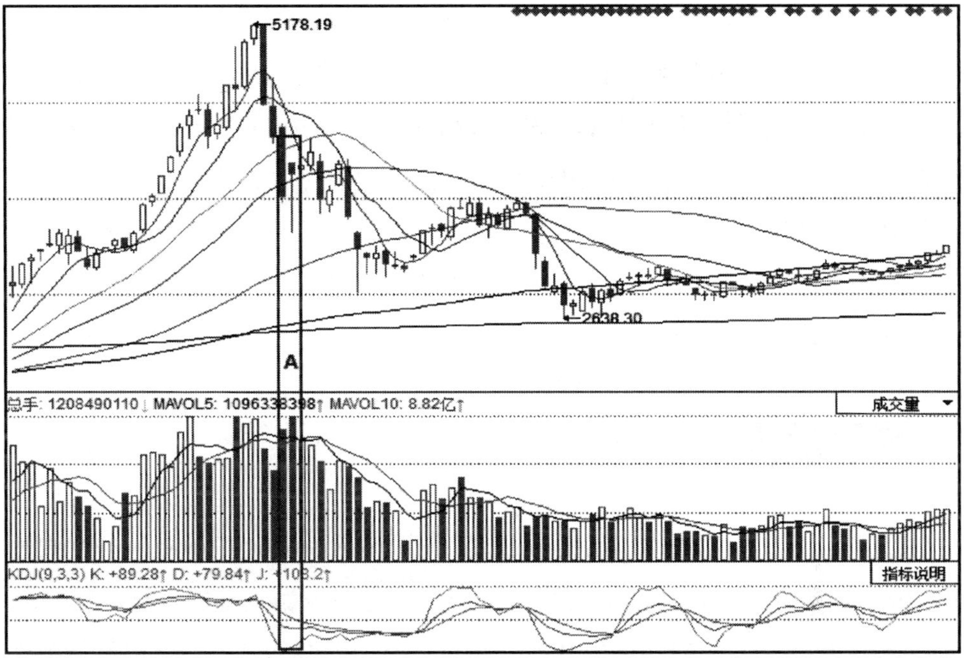

图 10－15 上证指数周线图

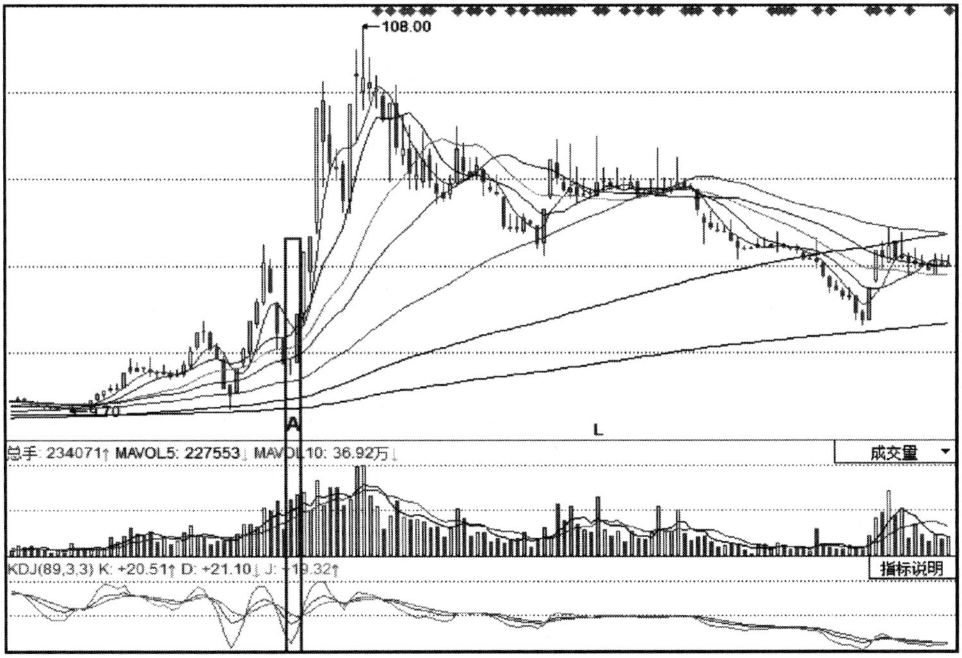

图 10－16 特力 A 周线图

图 10－16 是特力 A（000025）周线图，在调整好周线的 KDJ 参数后，会在不久后发现，在 A 区域，特力 A 出现 KDJ 指标中的 J 线大角度向上形态，向上的水平角度达到 70 度以上，成交量出现较之前阴量更为放大的阳量，且量能处于历史较高水平，股价出现阳线上涨。这些迹象都表明，这只股票已经展开强劲的反弹，应及时买入这只股票。从其后的情况观察会发现，大盘指数在震荡后恢复下跌，特力 A 这只股票却由此开启一轮凶猛的牛市行情，短期内股价快速翻了两倍。

实战要点

（1）在熊市中修改 KDJ 指标参数时，同样应和牛市时的修改一样，要根据大的趋势变化来观察，如根据图 10－15 中的上证指数周线图进行观察。

（2）熊市中修改 KDJ 指标参数，是加长统计周期的做法。一旦修改参数后，发现个股出现明显的 KDJ 买入形态，同时形成量价齐升的情况，其后的行情往往就不是凶猛的反弹行情，而是逆于大盘走势的个股独立行情，即个股的牛市行情，如图 10－16 中的情况。

10.3.3 震荡市中的参数设定与技巧

震荡市就是震荡走势的市场，又称为猴市。从股市运行的规律看，牛市有一个渐变的过程，所以相对时间较长，而熊市的到来又往往会形成狂风暴雨式的暴跌。这是所有以资金推动型为主的市场具有的一个共性。在更多的时候，市场往往会表现为一种震荡整理的形态。震荡整理是对前期的熊市下跌的一种修正，也是孕育未来牛市的温床。所以，震荡市是股市运行过程中最为长久的一个阶段市场。

在震荡市的阶段，大盘指数可能会表现得波澜不惊，或震荡向上，或震荡向下，盘中个股的表现却是冰火两重天，因为大盘的震荡和趋势不明，并不影响盘中个股的局部行情。

因此，当大盘处于震荡行情时，应将 KDJ 指标的参数调整为（55，3，3）。这样调整，主要是让统计的时间周期达到适中的程度。在修改参数的周期 K 线图选择中，仍然应当以周线图为主，操作上也应以较大波段的操作为主。

调整好 KDJ 指标参数后，就要随时进行观察。一旦发现在这种统计周期适中的情况下，KDJ 指标出现个股启动时的征兆，并得到量价的配合，就应当果断买入股票。尽管此时大盘趋势是不明朗的，但个股的春天已经到来。

实战案例

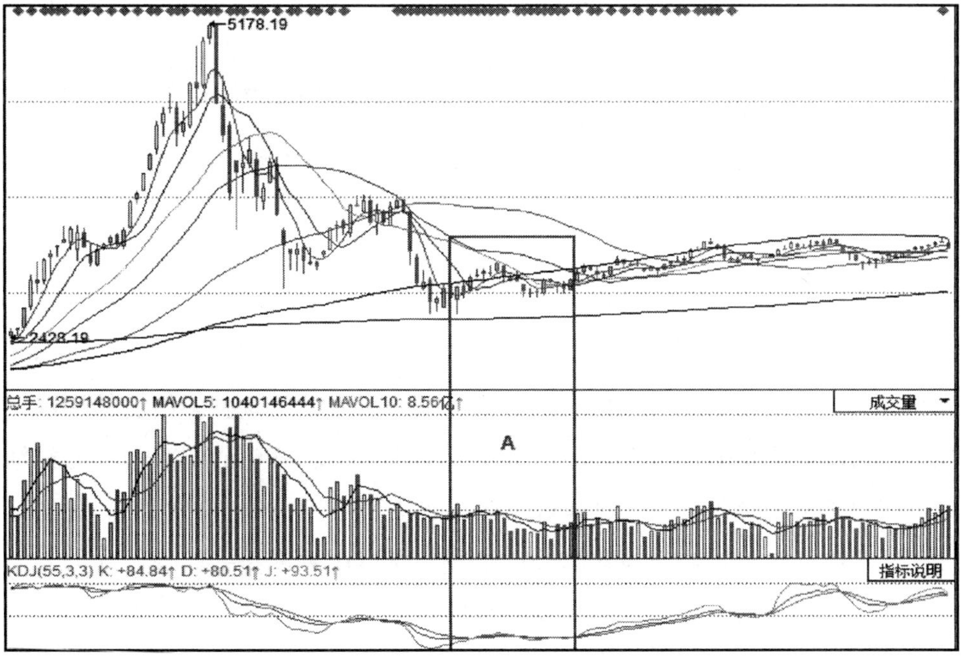

图 10－17　上证指数周线图

图 10－17 是上证指数（000001）周线图，当指数经过前期的下跌和反弹

整理再下跌后，进入 A 区域，出现 KDJ 三线处于几近黏合状态下的小幅震荡，位置处于 50 线以下，属于一种弱势震荡。这时候，就应当调整一下 KDJ 指标的参数。

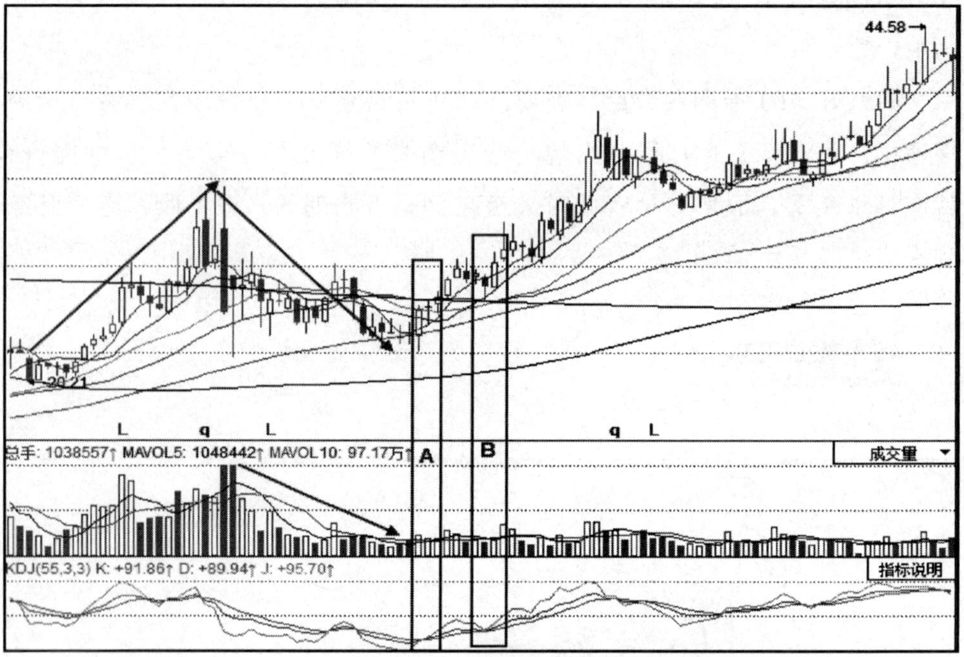

图 10－18　五粮液周线图

图 10－18 是五粮液（000858）周线图，将 KDJ 参数调整为（55，3，3）后发现，周线图上的五粮液此时处于上涨初期的调整行情。步入 A 区域时，其出现 KDJ 金叉后向上发散的买入形态，观察成交量为调整开始后的持续大幅缩量后的再持续阳量，股价小幅上涨，说明上涨趋势中的调整行情已经结束，应果断买入股票。运行到 B 区域后，其又形成放大阳量状态下的死叉不死买入形态，表明趋势为强势延续的情况，所以应重仓买入股票，并持股待涨。之后，股价一路上涨，涨幅超过 300%。

实战要点

（1）震荡趋势是股价运行过程中经常出现的一种趋势，并且持续时间较长，尤其是大盘处于震荡趋势时，如图 10－17 中的情况。

（2）当大盘处于震荡趋势时，个股的趋势并不一定也会方向不明，因为在震荡行情中最容易滋生局部的个股牛市行情，甚至个别股票会形成不逊于牛市时的涨幅，因此应将 KDJ 指标调整为统计周期适中的（55，3，3）。一旦发现在这种 KDJ 统计周期适中情况下的个股转强信号，应根据信号果断买入该股，如图 10－18 中的情况。

（3）判断震荡趋势时，应以大盘情况为准。如果是个股出现反常于大盘的震荡时，也应调整 KDJ 指标参数，但仅仅限于在这一参数下对该股的观察。

推荐阅读

一本书把主力的底细深挖到底!

书　　名：主力控盘典型形态查询手册
作　　者：李一波　著
书　　号：ISBN 978－7－5454－4593－0
定　　价：54. 80 元
出版日期：2016 年 8 月
出 版 社：广东经济出版社

一本书把筹码的底细深挖到底!

书　　名：筹码分布典型形态查询手册
作　　者：黄凤祁　著
书　　号：ISBN 978－7－5454－5446－8
定　　价：45 元
出版日期：2017 年 7 月
出 版 社：广东经济出版社

一本书把涨停的底细深挖到底!

书　　名：涨停板典型形态查询手册
作　　者：股票淘金客　著
书　　号：ISBN 978－7－5454－5448－2
定　　价：54. 80 元
出版日期：2017 年 7 月
出 版 社：广东经济出版社

一本书把盘口的语言解读透彻！

书　　名：盘口天机：盘口特征精确判定买卖点
作　　者：黄凤祁 著
书　　号：ISBN 978 – 7 – 5454 – 4594 – 7
定　　价：42.00 元
出版日期：2016 年 9 月
出 版 社：广东经济出版社

一本书把筹码的语言解读透彻！

书　　名：筹码天机：主力筹码精确判定买卖点
作　　者：股海扬帆 著
书　　号：ISBN 978 – 7 – 5454 – 4759 – 0
定　　价：42.00 元
出版日期：2016 年 10 月
出 版 社：广东经济出版社

一本书把 V 图的语言解读透彻！

书　　名：V 图天机：股票 V 图技术判定价格趋势
作　　者：李一波 著
书　　号：ISBN 978 – 7 – 5454 – 5447 – 5
定　　价：42.00 元
出版日期：2017 年 8 月
出 版 社：广东经济出版社